改訂新版

ゆるしの秘跡と内的法廷

免償を含む実践上の課題と指針

田中　昇 ［編訳］

教友社

Carlos Encina Commentz, *Qunado e come ricorrere alla Penitenzieria Apostolica* (2015)

Penitenzieria Apostolica (http://www.penitenzieria.va)
Nota della Penitenzieria Apostolica sull'importanza del foro interno e l'inviolabilità del sigillo sacramentale (2019)

Decreto, si concede il dono di speciali Indulgenze ai fedeli affetti dal morbo Covid-19, comunemente detto Coronavirus, nonché agli operatori sanitari, ai familiari e a tutti coloro che a qualsivoglia titolo, anche con la preghiera, si prendono cura di essi (19 marzo 2020)

Nota della Penitenzieria Apostolica circa il sacramento della riconciliazione nell'attuale situazione di pandemia (19 marzo 2020)

本書を読まれる方々へ

　ゆるしの秘跡において、「司祭は、裁判官と同時に医師の役割を果たし、神の正義といつくしみの奉仕者として、神の栄えと魂の救いのために神に立てられたことを心得ていなければならない」と教会法第978条第1項は明記しています。しかし多くの司牧者にとって、教会の掟や法規は福音から遠い世界のものという印象が持たれていることでしょう。イエス・キリストは、愛とゆるしを説いているのにもかかわらず、なぜ教会にはこのような法や掟があるのかと。確かにイエスは、「七の七十倍までも赦しなさい」（マタ18・22）と命じておられますが、その一方で「すべてのことが実現し、天地が消えうせるまで、律法の文字から一点一画も消え去ることはない」（マタ5・18）とも言われています。また重い皮膚病が癒された人に、「行って祭司に体を見せ、モーセが定めたものを清めのために献げて、人々に証明しなさい」（マコ1・44）と語り、共同体社会に復帰するための規定や手続きについても疎かにしてよいとは教えていません。

　これらのイエスの行いと模範は、まさに司牧現場での司祭の働きに大切な指針となるものです。すなわちゆるしの秘跡が、信者の生活に何ら刷新や潤いをもたらすことのない、そして何の保障も確かな根拠もない単なる「気休め」で終わるようなものではないということなのです。それは心から悔い改める者とゆるし飽きない主なる神との交流なのです。この交流において、罪のゆるしを心の底から感じて真に神に立ち帰ることを決意した信仰者は、深い信仰の喜びに満たされ、そこからゆるしの恵みに支えられて適切な償いを果たし、さらに同じ過ちに陥らないように細心の注意と努力を惜しまない生き方、真に福音

3

的な生き方の完成へと歩み続けていくことができるはずです。つまり人間の心、生き方そのものを善いものに変えられる神が与える浄めと照らし、導きという恵みに対する人間の側の応答としての信仰実践という努力が必要とされるのです。何よりも真の回心とは、神の聖性への招きに対する人間の側の応答であって、人間の側だけの望みや満足では成り立たないということを覚えておかなければなりません。

　古代イスラエルの父祖たち、モーセやダビデ、聖なる預言者たち、聖ペトロ、聖パウロ、聖アウグスティヌス、アッシジの聖フランシスコなどの大聖人たちが大いなる主の御業に貢献することができたのも、彼らが正しく優秀な人物だったからでも彼らが誰よりも自分で努力したからでもなく、彼らがいかに自分は弱く罪深い者であるか、どれほど主にゆるされ愛され助けられていたのかを心底悟ることができたからなのです。そのように真に心から悔い改める信仰者に対して、キリストの代理者である司祭を通して与えられる真のゆるしの恵みは、信仰者と神との関わり、真の自分自身との関わり、そして隣人、特に教会共同体との関わり方を新たにするものなのです。その先には、神に立ち返った人々が世界を福音化するという素晴らしい恩恵の実りさえも見えてくるのです。

　このたび東京教区司祭・田中昇師の優れた学識と熱意によって日本語に翻訳された貴重な資料と解説からなる本書には、司牧者と信徒にとって、カトリック教会が内的法廷において長年積み重ねてきた経験に基づいた、いわば信仰の知恵が随所に見出せることと思います。本書は、初版版の『ゆるしの秘跡と内的法廷』に比べて、適切な修正がなされているだけでなく、いくつもの新規の資料も追加され内容がより正確かつ豊かなものになっています。

　本書の構成は初版版の流れに沿いながらも、まず冒頭では内的法廷に関する内赦院長枢機卿による最新の指針が示され、つづいてゆるし

の秘跡の実践上の課題と指針、ゆるしの秘跡に関連する教会法の刑法の分野の解説、および内赦院が管轄する免償に関する諸規則、ゆるしの秘跡に臨む信仰者にとって有用な良心の糾明の手がかり、そして巻末の内的法廷に関係する諸参考資料から成っています。さらに本書においては、内的法廷の実践に関する著名な教父たちの言葉や近年の教皇たちの教えが随所に散りばめられており、この任務を遂行する司牧者にとっての基本的な指針も示されています。また巻末の参考資料の中には、内赦院の法務官カルロス・エンシナ・コンメンツ師による『いつ、どのように内赦院に請願すべきか』が収録されています。そして 2020 年 3 月に内赦院から公布された『現在のパンデミックの状況下におけるゆるしの秘跡に関して』という通達ならびに『現在のパンデミック状況下における信者への特別免償の付与に関して』という教令が紹介されており、こうした感染症が世界的な拡大をみせる緊急事態において、教会がどのように魂の救いのために内的法廷における司牧を実践していったらよいのか、どのようにそれに信者が与ることができるのか、といった課題について示唆に富む情報を得ることができます。

　このように本書は、カトリック教会の内的法廷に関する最新の司牧上の課題と指針を網羅したものとなっていると言えます。こうしたことから、本書を読まれる皆さんは必ずしもその冒頭から読み進めずとも、まずはそれぞれ関心のある章や項目から読んで行かれてもよいと思います。

　本書は、その目的からして、ゆるしの秘跡と内的法廷の実践上の課題に関して、主に教会法的な視点から説明されているため、ゆるしの秘跡に関する教義的、典礼的、倫理神学的な理解を深めるためには、それぞれの分野に関して日本語で書かれた参考文書を参照していただければよいと思います。

本文の中でも述べられているように、「ゆるしの秘跡ではどの秘跡よりも、長所も短所もある、司祭の人間的な側面が重要となり」ます。それゆえ私は本書を読まれるみなさんに法の解釈の原理の一つとして言われ続けていることを紹介したいと思いました。その第一は、「汝自身を知れ」ということです。神のいつくしみの奉仕者である司祭自身が、ゆるしと癒しを必要とする一人の人間であること、それゆえ決して裁くための教会の法にではなく、人間の救いのための法、すなわち愛といつくしみの秩序をもたらすところの法に支えられて生きることを忘れてはならないのです。教会においては、神的恩恵は無秩序な仕方ではなく常に正しい仕方において与えられると言われてきた通りです。教会法の最後の条文である第1752条に曰く、「最高の法とは魂の救い（salus animarum）を目指すもの」なのです。そして第二の原理は、今、自分の目の前にいる人が最も必要としていることは何なのかを正しく見極めること、そのために真理の霊の導きを求めて常に謙虚に祈って識別し行動することです。つまり、いかなる法や掟も、条文そのものによってではなく（not by the law）、法の規定や条文を念頭に置きながら（but with the law）キリストの心にしたがって、司牧者自身が教会を代表して、秘跡を求める人にとって最も必要とされる助けを与えるということです。それは、言うなればもう一人のキリスト（alter Christus）として接するということです。ここにはまさにキリストの愛がなくてはなりません。この愛は、決して単なる甘やかす優しさや適当にやり過ごすような無責任な態度ではなく、人を真に神の招きに呼び戻すための真理からくる厳格さも要求するものなのです。

　本書が、読者のみなさんにとって内的法廷の重要性を再発見するための一助となることを期待します。そしてキリストのように考え、キリストのようにゆるし、神と人々の和解のために必要な新しい一歩を人々に的確に示そうと日夜真剣に取り組んでおられる司牧者のみな

さんにとって、本書がよい助けとなるように心から祈ります。

　内的法廷における教会の奉仕を通してより多くの人が、確実に救い
の恵みにあずかれるように望みます。

2020 年秋

東京大司教区

総代理　稲川保明

凡　例

AAS	*Acta Apostolicae Sedis*　使徒座官報
AL	*Amoris laetitia*　教皇フランシスコ、使徒的勧告『愛のよろこび』（2016 年）
art.	articulus　項目
can. /cann.	canon/canones　教会法典の条数を示す。通常は（現行）教会法典（CIC'83）の条数を示す。ただし異なる『教会法典』の条文が一緒に示される場合に限り、can._CIC'83, can._CCEO, can._CIC'17 と区別する。
CCE	*Catechismus Catholicae Ecclesiae*『カトリック教会のカテキズム』（1997 年）
CCEO	*Codex Canonum Ecclesiarum Orientalium*『カトリック東方教会法典』（1990 年）
CCL	*Corpus Christianorum, Series Latina*（Turnhout, 1953-）『ラテン教父全集』
cf.	confer　参照
CIC'83	*Codex Iuris Canonici*　（現行）『教会法典』（1983 年）
CIC'17	*Codex Iuris Canonici*　（旧）『教会法典』（1917 年）
CUMA	*Come una madre amarevole*　教皇フランシスコ、自発教令『コメ・ウーナ・マードレ・アマレーヴォレ』（2016 年 6 月 4 日）
DS	Denzinger-Shönmetzer, *Enchiridion symbolorum, definitionum et declarationum de rebus fidei et morum*　デンツィンガー、シェーンメッツァー『カトリック教会文書資料集』
ID	*Indulgentiarum Doctrina*　教皇パウロ 6 世、使徒憲章『インドゥルジェンツィアールム・ドクトリーナ』（*AAS* 59［1967］21）
LEV	Libreria Editrice Vaticana　バチカン出版局
MD	*Misericordia Dei*　教皇ヨハネ・パウロ 2 世、自発教令

『神のいつくしみ』——ゆるしの秘跡の執行に関する若干の側面（2002 年）

MM	*Misericordia et misera*　教皇フランシスコ、使徒的書簡『あわれみあるかたと、あわれな女』（2016 年）
MV	*Bulla de iubilaeo extraordinario, Misericordiae vultus*　教皇フランシスコ、いつくしみの特別聖年公布の大勅書『イエス・キリスト、父のいつくしみのみ顔』
n. /nn.	numerus / numeri　番号
PG	J. P. Migne, ed., *Patrologia Graeca*（Paris, 1857-1866）『ミーニュ・ギリシャ教父全集』
PL	J. P. Migne, ed., *Patrologia Latina*（Paris, 1841-1855）『ミーニュ・ラテン教父全集』
p. /pp.	pagina / paginae　ページ
§ /§§	paragraphus / paragraphi　教会法条文の条以下の項数を示す
○	教会法条文の号数を示す
SST	*Sacramentorum sanctitatis tutela*（教理省 *Normae de gravioribus delictis*［2010 年］も併載）教皇ヨハネ・パウロ 2 世、自発教令『諸秘跡の聖性の保護』（2001 年）
UDG	*Universi Dominici Gregis*　教皇ヨハネ・パウロ 2 世、使徒座空位と教皇選挙に関する使徒憲章『主の羊の群れ全体』（1996 年）＊ただし 2007 年、2013 年に教皇ベネディクト 16 世は自発教令をもって細則の一部を改正している。
VELM	*Vos estis lux mundi*　教皇フランシスコ、自発教令『あなたがたは世の光である』（2019 年）

　なお、本書において示されている現行『教会法典』の条数は、本書刊行時点のものです。以後、『教会法典』が改正された場合は、該当条文の変更の有無とその内容を確認してください。

目　次

使徒座裁判所内赦院　通達

『内的法廷の重要性と不可侵である
秘跡的封印について』(1)

　「神の子は、受肉によってある意味でご自身を全人類と一致させました」(2)。神の子はその言葉と所作をもって、人間の最も崇高かつ不可侵の尊厳を明らかにしました。彼は自ら死んで復活し、罪と死の闇に打ち勝って凋落した人間本性を回復したのです。そして彼を信じる者に対して、ご自身の御父との関係を広げました。主は聖霊の注ぎによって、信者たちの共同体である教会を彼の真の体とみなして聖別し、そこに預言者、王、祭司としての自らの権能を分け与えられました。その目的は、あらゆる時代の人々に真理を告げ知らせ、その光が人々の人生を照らし変容するよう人々をこの光の下へと導くことを通して、教会をこの世界における主ご自身の現存と使命を継続するものとすることでした。

　今日、さまざまな困難を抱える人類の歴史の一時代にあって、いやます科学・技術的進歩は、社会、倫理の適切な発展に合致しているようには見えず、むしろ神を忘却する——あるいは敵視すると言えなくもない——文化的、道徳的な退行をもたらしていると言え、あらゆる

---

　(1)［訳者注］この内赦院の通達 *Nota della Penitenzieria Apostolica sull' importanza del foro interno e l' inviolabilità del sigillo sacramentale* は 2019 年 6 月 29 日付で発表されました。

　(2)　第二バチカン公会議『現代世界憲章』22 項。

領域と段階において、人間存在の本質的な秩序、ひいては教会の営みそのものの秩序を認め尊重することを不可能にしています。

「技術的進歩が、人間の倫理的形成、内なる人間の成長における進歩と一致しないのであれば……それは進歩とは言えず、人間と世界に対する脅威となるのです」[3]。個人同士そしてマスメディアにおけるコミュニケーションの領域でも、技術的な可能性が急速な進歩を見せるその一方で、真理への愛、それを求める努力、神と人間を前にした責任の感覚は顧みられなくなっています。技術と倫理の間には懸念すべき不均衡が生じています。異常なまでのコミュニケーション手段の拡大は、真理に背を向けているようにも見受けられ、それは結果的に神に対して、また人間に対して、そして人となられた神であるイエス・キリストひいてはその教会に対して、さらに歴史的、現実的存在そのものに対しても背を向けることにつながっているのです。

ここ数十年の間、事実上の信憑性や適切性とほとんど切り離されてしまったある種の情報への渇望が拡大し、コミュニケーションの世界は現実の世界に取って代わろうとしているように思われます。それは私たちの現実の知覚に影響を与え、その理解を変質させるほどの勢いをもっていると言えます。残念なことに、教会の組織も、病的な不気味ささえ帯びたこうした傾向から逃れられるわけではありません。それは教会もこの世界に生き、しばしばこの世的な規準を取り入れているからです。信者の間においてもしばしば貴重なエネルギーが、ある種の世論に迎合する「ニュース」——または正真正銘の「スキャンダル」——探しに費やされている様子が認められます。しかし、その意図にしても目的にしても、それらは当然、神と人との間にある教会の本性に属するものではありません。これらすべては、あらゆる被造物

---

(3) 教皇ベネディクト16世、回勅『希望による救い *Spe salvi*』22項。

に対する福音の告知と、その使命を全うする必要性に対して重大な害をもたらすのです。そしてしばしば聖職者に属する者、その中でより高い位階に属する者までも、こうした傾向をまったく持たないとは言い切れないことを謙虚に認めなければなりません。

　まるで事実上、究極的な司法機関と化した世論の判断を仰ぐかのように、個人のプライベートや秘密に属するものまで、ありとあらゆる種類の情報が、ひいては不可避的に教会の内部事情に触れるような情報までもがあまりにもしばしば公開されているため、無思慮な判断が導き出される——または少なくともそういった状況が誘発される——ことになり、これによって他者の名声と自身のプライバシーを守るという万人が有する権利（cf. can. 220）が不当に、かつ取り返しのつかないほど侵害されています。こうした状況にあって、聖パウロのガラテヤの信徒への手紙の次の言葉は、とりわけ現代的な響きを持っているものと思われます。「兄弟たち、あなたがたは、自由を得るために召し出されたのです。ただ、この自由を、肉に罪を犯させる機会とせずに、愛によって互いに仕えなさい。……だが、互いにかみ合い、共食いしているのなら、互いに滅ぼされないように注意しなさい」（ガラ5・13-15）。

　こうした状況において、カトリック教会に対する懸念すべき、一種の「ネガティブな偏見」が形作られつつあるように見受けられます。こうした偏見は、ある意味で文化的なものとして存在し、社会において広く認められているものなのですが、その一方で教会の位階制の内部で生じる緊張にも起因するものでもあるのです。さらには、おぞましくも一部の聖職者によって犯された性的暴行に関する近年のスキャンダルに端を発するものであるとも言えるのです。そしてこうした偏見は、人々の生活の中で教会が過去、現在を通じて培ってきた真の本質、その紛うことなき歴史上実質的に有益とされる成果などを、もは

や忘れ去られたものであるかのように思わせ、この種の話題に関して教会は自らの法体系を、「適切さ、公正さを保証する」ことを唯一可能とする各国の市民法に順応させるべきであるという、まったくもって正当化できない要求へと形を変えているのです。

　以上のことを踏まえて、内赦院は教会的、社会的コミュニケーション手段に固有ないくつかの概念の重要性を再確認し、これらのよりよい理解を助けるために、この通達をもって自らの立場を明らかにするのが適切であると考えました。というのもそうした概念は、今日、世論ばかりではなく、ときには市民法にとってもまったく馴染みのないものとなってしまっているように思われるからです。その概念とは、すなわち秘跡的封印（秘跡的告白の秘密）、秘跡外の内的法廷が本来有する機密性、教会の職務上の秘密、そしてあらゆる他のコミュニケーション手段に固有な判断基準および限界についてのものです。

1. 秘跡的封印（秘跡的告白の秘密）

　教皇フランシスコは、最近、ゆるしの秘跡について教えられた際に、秘跡的告白の秘密が必要不可欠で、決して蔑ろにされてはならないものであることを再確認しました。「神との和解それ自体は、教会が賢明にも、自身の倫理的、法的能力をもって秘跡的封印によって守り抜いてきた財産です。秘跡的封印は、現代の精神性によって常に理解されるものではないにせよ、この秘跡の聖性および、この秘跡に与る者の良心の自由にとって必要不可欠なものです。ゆるしの秘跡を受ける者は、いつでも神の恵みの前に開かれる自身の良心と欠かすことのできない司祭の仲介との間での秘跡における対話が、告白の秘密として留まることを確信していなければなりません。秘跡的封印は必要不可欠であり、いかなる人間の権力もこれに対する支配権を持たず、また

こうした支配権を要求することもできません」(4)。

　ゆるしの秘跡における告白の秘密の不可侵性は、啓示神法に直接由来し、この秘跡の本性そのものに根拠を持つものであるがゆえに、教会法の領域においてはもちろん市民法の領域においても同様に、いかなる例外も認められるものではありません。事実、ゆるしの秘跡の中には、キリスト教信仰と教会の本質そのものが含まれているとも言えます。すなわち神の御ひとり子は、私たちの救いのために人となり、その救いの御業における「必要な道具」として教会を立て、さらに教会の役務者を制定し、そのために人を選び、招いた者を参与させることにしたのです。

　この真実を伝えるために、教会はいつも司祭たちがこの秘跡を行う際には、in persona Christi capitis すなわち「かしらであるキリストの位格において」行為すると教えてきました。「キリストは、私たち（司祭）が彼において『私』という主語を使うことを認め、私たちはキリストの『私』において話すのです。キリストは、私たちを『ご自身の中に導き入れ』、私たちが彼の『私』に一致することを認め、こうして私たちは彼と一致するのです。……このキリストの『私』と私たちとの一致が実現するのは、他ならぬ聖別の言葉においてですが、ゆるしの秘跡において『私はあなたの罪をゆるします』と言うときも同様です。なぜなら私たちのうちの誰ひとりとして罪人をゆるすことなどできないがゆえに、この『私』は唯一赦免することができる方であるキリストの『私』、つまり神が用いられる『私』なのです」(5)。

　こうして、自らの罪を告白するために謙虚に司祭のもとに赴くすべ

---

　(4) 教皇フランシスコ『教皇庁内赦院主催の内的法廷に関する講座（第30期）参加者への訓話』(2019年3月29日)。

　(5) 教皇ベネディクト16世『司祭たちとの対話　Colloquio con i sacerdoti』(2010年6月10日)。

ての悔悛者は、大いなる受肉の神秘、そして教会と位階的祭司職の超自然的な本質の証人となるのです。復活したキリストは、司祭たちを通して人々のもとを訪れ、秘跡的に——すなわち実際に——彼らの生に触れ彼らを救うのです。こうした理由から、仮にそれが必要とされる場合には、「血を流すに至っても usque ad sanguinis effusionem」、聴罪司祭が秘跡的封印を守ることは、悔悛者に対する義務としての「忠実」の行為だけではなく、それ以上のこと、すなわち救いをもたらすキリストと教会の一体性と普遍性に直結した必要不可欠な証——つまり「殉教 martyrium」——を示すことでもあるのです[6]。

　現在、秘跡的封印（秘跡的告白の秘密）については、教会法第983条から第984条にかけて、また第1388条第1項、さらに東方教会法第1456条において規定されており、さらに『カトリック教会のカテキズム』の第1467項においても扱われています。『カテキズム』の記述において意義深いのは、「告白を聴くすべての司祭は、告白された罪について絶対的に秘密を守る義務を持ち、これに背けば厳罰が科される」ことを、教会が自身の権威に基づいて「規定している」のではなく、むしろ「宣言している」点です。すなわちそのことは、まさにキリストによって定められた秘跡の聖性に由来する本性的なものであるため、蔑ろにすることができないものとして認められているのです。聴罪司祭に対しては、いかなる理由によっても「言葉または他のいかなる方法をもってしても、またいかなる理由に基づいてもゆるしの秘跡を受ける者を決して裏切ってはならない」（can. 983 §1）とされており、同様に「漏洩の危険がまったくない場合でも、ゆるしの秘跡を受ける者に不利益を与えるおそれのあるときは、告白によって得

---

(6) 教理省、宣言『「主イエス」イエス・キリストと教会の救いの唯一性と普遍性について』（2000 年 8 月 6 日）。

た知識の使用を絶対に禁じられる」（can. 984 §1）と規定されています。さらに教理上の詳細な検討が行われた結果、秘跡的封印の内容には、「大罪であれ小罪であれ、また秘密の罪であれ公然の罪であれ、赦免の過程で示されたすべての罪、つまり聴罪司祭によってゆるしの秘跡に際して知られた悔悛者のすべての罪および、その者の告白によって明らかになった他の者のすべての罪」[7] がすべて含まれることが明確化されました。したがって聴罪司祭が赦免を付与し得ない場合においても、悔悛者が訴えたすべての事柄は秘跡的封印の対象となります。さらにゆるしの秘跡が無効である場合、または事案によって赦免が与えられない場合でも、秘跡的封印は守られなければなりません。

　事実上、司祭は悔悛者の罪をいわば「人としてではなく、神としてnon ut homo, sed ut Deus」知ることになるのです[8]。それゆえ彼は、人間としてではなく、他ならぬ神に代わって（神の名において）告白を聴いたがゆえに、告白の場で述べられたことについては、ただ単に「知らない」のです。このため聴罪司祭は、まったく自らの良心に背くことなく、神の奉仕者としてのみ知っていることについて、単純に「知らない」と「誓う」ことさえできるのです。秘跡的封印は、その独特の性質から聴罪司祭をその「内面において」も規制します。したがって、聴罪司祭は告白を意図的に記憶することが禁じられており、また告白に関するあらゆる無自覚的な記憶を抹消することが求められています。秘跡的封印に由来する守秘義務は、いかなる方法であれ、告白された罪を知るに至った人に対しても課されるものです。「（秘

---

(7) V. De Paolis–D. Cito, *Le sanzioni nella Chiesa. Commento al Codice di Diritto Canonico. Libro VI*, Città del Vaticano, 2000, Urbaniana University Press, p. 345.

(8) トマス・アクィナス『神学大全』*Suppl.*, 11, 1, ad 2.

跡的告白の）秘密を守るべき義務は、通訳が立てられる場合には通訳、および告白による罪の内容を何らかの方法をもって知り得た他のすべての者にも及ぶ」（can. 983 §2）のです。

　秘跡的封印からくる（告白の内容を漏洩させることの）禁止命令は絶対的なものであるため、司祭は秘跡以外の場で、「そのことが求められない方が望ましいが、それでも告白者の明示的な合意がある場合以外は」[9]、告白者本人とさえ告白の内容について会話することが禁じられます。したがって秘跡的封印は、ゆるしの秘跡を受けた者が、その後に自身の告白について言及する可能性をも排除しており、秘跡が行われた後は悔悛者本人であっても聴罪司祭の守秘義務を解く権限を有してはいないのです。なぜならこの義務は、神から直に与えられているものだからです。

　秘跡的封印とゆるしの秘跡の聖性を守ることは、いかなる形態においても悪を黙認することと結びつくものではないはずです。このことは逆に、人類と世界全体を危険に晒す悪に対する、唯一真正な対抗策と言えるもの、すなわち神の愛に自らを委ね、この愛によって回心し、更生して自らの人生においてこの愛に具体的に応えるための実質的な可能性を持つものなのです。秘跡において犯罪とされる罪が確認された場合でも、「何人も自身を告発するよう義務づけられない　nemo tenetur se detegere」とする、あらゆる法体系において受け入れられた自然的原則（黙秘権）に従って、ゆるしの秘跡を受ける者に対して、赦免の条件として市民法廷で裁きを受ける義務を課すことは決して認められるものではありません。しかし同時にゆるしの秘跡には、真正な後悔の念および悔い改め、同じ過ちを二度と繰り返さないとする揺

（9）教皇ヨハネ・パウロ2世『教皇庁内赦院の法務官およびローマの教皇バジリカで奉仕する聴罪司祭たちへの訓話』（1994年3月12日）第4項。

るぎない意思が求められ、これがゆるしの秘跡の「構造」そのものに属すると同時に、秘跡が有効であるための条件にもなっています。ゆるしの秘跡を受ける者が、他の者によって犯された悪の犠牲者である場合、聴罪司祭はこの者に対して、自身が有する権利に関して国家の法廷および教会の法廷、あるいはそのいずれか一方に正義を求めて訴えるための具体的な法的手段について指示を与えなければなりません。

　秘跡的封印の不可侵性に「圧力をかける」政治的活動または法的行動は、すべからく国家によってではなく神によって正当と認められた教会の自由（libertas Ecclesiae）に対する受け入れ難い侮辱となり得るものです。同時に、他のあらゆる自由の法的根拠となる信教の自由、さらにはゆるしの秘跡に与る者であろうと聴罪司祭であろうと、市民一人ひとりの良心の自由を侵すことにもなるのです。

2.　秘跡外の内的法廷と霊的指導

　いわゆる「秘跡外の内的法廷」も、内的法廷という法的・倫理的領域に属するものです。しかしそれは常に公に知られてはならないものではあっても、秘跡外つまりゆるしの秘跡とは区別されるものとみなされています。教会は、罪を赦免することはしない秘跡外の内的法廷においても、恩恵を与えることによって、または法的な拘束を解くことによって（たとえば不適格性や懲戒罰の解除のように）、そして魂の聖化、つまり各自の内面に属する個人的な領域の聖化に関わるすべての事柄を遂行することで、信者一人ひとりに救いを目的とした自らの使命と権能を行使するのです。

　秘跡外の内的法廷に属するものの中で特に重要なのが霊的指導です。それぞれの信者は、この霊的指導において、自らの回心と聖化の歩みを、予め定められた司祭ないし男性・女性の奉献生活者に委ねます。司祭は、キリストの代理として自らの使命に従ってこの職務を遂行し

ます。司祭は、その使命を教会の位階的交わりの中で、叙階の秘跡によって授けられた教え、聖化し、統治するいわゆる三つの任務を通して遂行します。（修道者も含む）信徒は、洗礼に基づく祭司職と、聖霊の賜物に基づいてこの職務を行います。

　キリスト信者は霊的指導において、対話を通じて自身が神の意志を完遂するうえで適切な指導と支援を受けられるよう自由に自らの良心の秘密を霊的指導者／同伴者に打ち明けます。

　したがって、このような特殊な分野においても、その内容は霊的対話によるものであることから、また個人の秘密は守られなければならないという各自の至極当然の権利から、外部に対して一定の秘密の順守が要求されるのです（cf. can. 220）。ゆるしの秘跡において生じる機密性に比べて秘跡外の内的法廷のそれは単に「類比的」であるにすぎないのですが、それでも霊的指導者は、当事者が有するキリストとの「特別な関係」に基づいて各々の信者の良心に関する事柄に参与します。このような（特別なキリストとの）関係は信仰者固有の生活の聖性から来るものなのですが、とりわけ聖職者の場合は、自身が受けた聖なる叙階の秘跡そのものにも由来するのです。

　霊的指導に対して認められている特別な機密性の例として、司祭志願者に聖なる叙階を受ける許可を出す際に、または逆に神学校から退学させる際に、その決定にあたって聴罪司祭の意見のみならず霊的指導者に意見を求めることが法律によって厳しく禁止されていることを想起すればよいでしょう（cf. can. 240 §2 CIC'83; can. 339 §2 CCEO）。同様に神の僕の列聖に関するラテン教会ならびに東方教会の教区における調査の実施について規定した 2007 年の指針『サンクトールム・マーテル　*Sanctorum Mater*』は、聴罪司祭のみならず、神の僕の霊的指導者にも証言させることを禁じています。このことは、秘跡的封印を守るためだけではなく、秘跡的告白以外の良心の法廷において

聞き知ったすべての事柄を保護することをも目的としているからです(10)。

　霊的指導者が、自身を通してキリストに助けを求める信者の自由をめぐる秘密を前にして、それをよく理解し「心動かされること」を学べば学ぶほど、こうした秘密保持の必要性は霊的指導者にとっては「至極当然なこと」だと認められるようになるでしょう。霊的指導者は、自分自身の使命と生活そのものが、人々と教会の善益、また全世界の救いを通して神の栄光に奉仕することにおいて、もっぱら神の御前にあるものと考えなければなりません。

3. コミュニケーション手段に固有の秘密と限度

　秘跡内・秘跡外の内的法廷の分野に関するもうひとつの性質として挙げられるのが、秘密の封印のもとで実現される秘密保持、いわゆる「職務上の守秘義務　segreti professionali」です。この義務を有するのは、市民社会においても教会組織においても、特別なカテゴリーに属する人々です。彼らは自身の特別な職能に基づいて個人または共同体のためにこの義務を順守します。

　このような秘密は、自然法に則って「『カトリック教会のカテキズム』第 2491 項が規定する通り――秘密の保持が秘密を打ち明ける者、これに関わる者、または第三者に対して重大な損害をもたらし、真実を公表することによってのみ損害が回避されるような例外的事例を除いて」守られなければなりません。

　こうした秘密のうち特殊な事例として挙げられるのが「教皇機密 segreto pontificio」です。これは使徒座の奉仕職における特定の職務

（10）　列聖省、ラテン教会および東方教会の教区における列聖手続きのための指針『サンクトールム・マーテル Sanctorum Mater』（2007 年 5 月 17 日）, art. 101, § 2。

遂行に際して行われる宣誓によって拘束力を有するものです。（職務上の）秘密保持の宣誓は、「神の御前に coram Deo」という文言に表されているように常に宣誓者を拘束するものなのですが、「教皇機密」に関して行われる宣誓は、教会の公益と魂の救い（salus animarum）を究極的な理由（ratio ultima）としているのが特徴的です。この種の宣誓は、信仰の一致と全教会の交わりの目に見える源泉および基礎として主キリストが設立し教皇によって代表される使徒座だけが、こうした善益ならびに魂の救いの必要性、ひいては秘密として封印されていない情報の使用の適正さについて解釈、判断する権能と義務を有することを前提としています[11]。

　公的なものであれ私的なものであれ、その他のあらゆる形態と表現方法におけるコミュニケーション手段の領域に関して、教会の知恵は、常にルカ福音書に言及されている主によって宣言された「黄金律」すなわち「自分が人にしてもらいたいと思うことを、人にもしなさい」（ルカ6・31）を根本的な判断基準として示してきました。そのように、真実を知ることに関して、真実を知ることを求める人がそれを知る権利を有さない場合、真実について沈黙することと同様に、他者の善益と安全、プライベートの生活と公共善とを尊重することを第一に考えて、常に自身の生き方を主が与えられた兄弟愛の掟に従わせる必要があります[12]。

　真実の公表に関する特別な義務に関しては、兄弟愛を命じられた主がさまざまな時にさまざまな仕方で示された「兄弟間における戒め」についての教えを引用しないわけにはいきません。これはまさに私たちが準拠すべき指針として、必要に応じて具体的な事案において受け

---

(11) 第二バチカン公会議『教会憲章』第18項。

(12) *CCE* 2489.

入れたり、強く要求したりすべきものと言えます。「兄弟があなたに対して罪を犯したなら、行って二人だけのところで忠告しなさい。言うことを聞き入れたら、兄弟を得たことになる。もし聞き入れなければ、他に一人か二人、一緒に連れて行きなさい。すべてのことが二人または三人の証人の口によって確定されるようになるためである。それでも聞き入れなければ、教会に申し出なさい」（マタ 18・15-17）。

　あらゆる情報が「炎上」し、それとともにしばしば人々の生活の一部まで巻き込まれてしまうコミュニケーション手段の大衆化の時代にあって、私たちは言葉の力、言葉の構築力、さらにその破壊力を学び直す必要があるでしょう。そして私たちは、秘跡的封印が何者かによって侵されることがないように、また全人類の統合に関わる真実と善益こそが唯一目指すべきものであることを念頭に置いて、教会の職務遂行に際して必要不可欠な守秘義務がいつも固く守られるよう注意を怠ってはならないのです。

　全教会のために聖霊の働きによって、真実に対する燃えるような愛を私たちの生活のあらゆる領域と状況において願い求めましょう。あらゆる被造物への福音の告知において、この愛を完全無欠な形で守り抜く力を、秘跡的封印を保護するために命を捧げる心を、個人的、社会的、教会的生活に関する情報の利己的で間違ったあらゆる利用を避けるのに必要な賢明さと知恵を祈り求めましょう。情報の誤った利用は、常に人々の尊厳ひいては真理の尊厳、すなわち主であり教会のかしらであるキリストご自身の尊厳を侵害することに繋がりかねないのです。

　秘跡的封印（秘跡的告白の秘密）、および秘跡外の内的法廷、その他の職務において必要不可欠とされる慎重さを注意深く保つことのうちに、まさに教会におけるペトロ的な次元とマリア的な次元の独特な統合と言えるものが光り輝いています。

キリストの花嫁である教会は、聖ペトロとともに歴史の終わりに至るまで「鍵の権能」というキリストによって制定された職務を守ります。同時に、教会は聖母マリアのように「これらの事をすべて心に納めて」（ルカ2・51b）おくのです。それは、これらの出来事の中にこそ人類のすべてを照らし出し、個人の良心と神の間にある聖なる空間において保存され、擁護され、保管されるべきあの光が輝いていることを知っているからです。

　教皇フランシスコは2019年6月21日付でこれを承認しその公開を命じられました。

ローマにて
使徒座裁判所内赦院
2019年6月29日
聖ペトロ・聖パウロの祝日に

内赦院長枢機卿　マウロ・ピアチェンツァ
内赦院長代理　クリストフ・ニキル

ゆるしの秘跡と内的法廷

免償を含む実践上の課題と指針

I. ゆるしの秘跡の実践にあたって[1]

(1) 近年の教皇のゆるしの秘跡に関する教導

教皇ヨハネ・パウロ2世は、使徒的書簡『紀元2000年の到来 *Tertio millennio adveniente*』において、第3千年紀に向けての教会の歩みの中で最も優先されるべき課題について、権威をもって自らの意見を表明しました。その中で教皇は、「人間存在についての正しい倫理的な洞察の基礎が失われたかのように思える現代社会において、回心をキリスト教的な愛の不可欠な条件として示すことは特に重要です」（50項）と述べて、私たちが真の意味でゆるしの秘跡の価値を再発見し、それを実践するように促しました。

今司牧を担当している人も、将来司牧者になりたいと思う人も、きっと同じ懸念を抱かずにはいられないでしょう。信者の中にも、ゆるしの秘跡を理解し、それを実践することがいかに難しいかを感じている人が実に数多くいます。

すべての司牧者は、ゆるしの秘跡の真価が再発見され完全に生きたものになるかどうかは司祭自身にかかっているということをよくわきまえておく必要があります。つまりゆるしの秘跡の恵みが豊かに与えられるかどうかは、司祭が自らにどれだけ貴重で尊い職務が委ねられているかを理解しているかどうかに大きく依存しているということを

---

(1) Cf. K. Nykiel, *Il Sacramento della Penitenza apostolato della miseriordia. Alcuni orientamenti per i confessori*, in *Il Sacramento della Misericordia, accogliere con l'amore di Dio*, LEV 2019, pp. 127-145.

確信していなければなりません。

　教皇ヨハネ・パウロ 2 世は、以前、次のように教えました。「ゆるしの秘跡で信者たちに恵みとゆるしを与えることで、私たち司祭は聖体祭儀に次ぐ最も重要な司祭職の責務を果たしているのです」[2]。さらに教皇は続けて、「私はすべての司祭に、自分に委ねられている務めの中でも、目立たないがゆえに人間的な満足感を得られないことがあるとしても、聴罪という職務を特別に優先させるよう心からお願いします」とも述べています。

　自分の職務を適切かつ忠実に果たすため、聴罪司祭は教会の教えに従って勉学に励み、そして何にもまして熱心に祈りを捧げることで、秘跡において奉仕者に必要とされる知識と適切な態度とを身につけていなければなりません。

　このことと関連して、教皇ベネディクト 16 世は、2010 年に行われた内赦院の内的法廷に関する集中講座に出席した司祭たちに向けた訓話の中で次のように語りました。「罪の告白に耳を傾けることに専念し、信者たちが現代社会の風潮に流されないよう、勇気を持って彼らを導くだけでなく（ロマ 12・2 参照）、妥協や譲歩を許さず、大勢に抗した選択もできるようにしなければなりません。そのために司祭は、常に神との霊的な一致において育まれた禁欲的な精神を保ち、倫理神学や人文科学の最新の知識をも取得するために、日夜、勉強を続けていくことが大切です」[3]。

　さらに教皇フランシスコは、ゆるしの秘跡について次のように教え

　(2)　教皇ヨハネ・パウロ 2 世『ローマの総大司教座聖堂の聴罪司祭への訓話』（*L'Osservatore Romano*, 1989 年 3 月 20 日）。
　(3)　教皇ベネディクト 16 世『内的法廷に関する使徒座内赦院の集中講座参加者への訓話』（*Discorso ai partecipanti al Corso sul Foro Interno promosso dalla Penitenzieria Apostolica*, 2010 年 3 月 9 日）。

ました。「教会の奉仕者は何よりもまず、あわれみの奉仕者でなければなりません。たとえば聴罪司祭たちは、常に厳格すぎるか寛大すぎるという危険に晒されていますが、そのどちらのタイプも相手の人格に対して責任を果たしていないので、（真に）あわれみ深いとは言えないのです。厳格主義者は掟まかせにして責任を回避し、寛大すぎる司祭は単に『それは罪ではない』とかそれに似たことを言って責任を回避しているからです。何よりも聖務者に秘跡を求める人々は、キリストに寄り添われ、傷を癒してもらわなければならないのです。……私たち聖職者は、常に一人ひとりの人格に配慮する必要があります。神は一人ひとりの人生に寄り添ってくださいますが、私たちも人々の置かれている状況に応じて彼らに寄り添わなければならないのです。あわれみをもって人々に寄り添わなければなりません。そうすれば、聖霊は私たち司祭に霊感を与え、より適切な言葉を語らせてくださるでしょう。……また神とその恵みを探し求める一人の人間に対して、それぞれどうするのがより善いことであるかを識別することができるのは、ゆるしの秘跡の素晴らしさです。その意味で告解室は拷問部屋ではなく、私たちにできる限りより善いことをするよう主が私たちを促すあわれみの場なのです」[4]。

「私は司祭たちに、まさに司祭の使命であるゆるしの任務のために、注意深く準備するようにあらためてお願いします。皆さんの奉仕に心から感謝し、また皆さんがすべての人を迎え入れ、どれほど重大な罪であろうともゆるす父親としての優しさの証人となり、悔悛者が犯した悪を反省するよう思いやりをもって助け、倫理上の原則を明らかに示し、悔い改めへの歩みに忍耐強く信者に寄り添うことに快く応じ、それぞれ

---

(4) *La Civiltà Cattolica*, 2013 年 9 月号。

の状況の行末を見極めて賢明に識別し、神のゆるしを与える上で寛大
であるようにお願いします。姦通の現場で捕らえられた女性を死刑から
救うためにイエスが沈黙を守られたように、告白の場における司祭も寛
大であるべきです。それはすべての悔悛者に、司祭自身もまた同じ境
遇にあることを思い出させるためです。すなわち司祭は、罪人でありな
がら同時にいつくしみの奉仕者でもあるということです」（*MM* 10）。

（2）ゆるしの秘跡の実践

A）教会に委ねられた権限

　ゆるしの秘跡については、すでに秘跡神学、倫理神学、典礼学など
さまざまな分野の膨大な数の書物が存在するので、読者の皆さんはそ
れらを通してある程度この秘跡についての知識を得られることを前提
として、ここでは司牧実践の視点からその概要を述べたいと思います。
実はこのゆるしの秘跡ほど、教会の長い歴史の中で複雑に発展してき
た秘跡はありません。教会は、その幾世紀にもわたる歴史の中で、神
のみがゆるしを授けることができるという認識を常に持ち続けてきま
した（マコ2・7参照）。その中で、カトリック教会の教えとして教会
がゆるしの秘跡を明確に系統立てて定義したのは、トリエント公会議
においてのことでした。もちろん、当時はプロテスタントの主張に反
論することが公会議の一番の目的でしたが、その点だけからトリエン
ト公会議でまとめられた教えを解釈することは適切であるとは言えま
せん。トリエント公会議でまとめられた教えは、単なるプロテスタン
トに対する反論を超えるものであり、その教義上の権威の重要性ゆえ
に、今でもカトリック教会の基準点とされているものなのです。
　ゆるしの秘跡はトリエント公会議の教えをもとに、第二バチカン
公会議の後、典礼、教義の面でも体系化され、それが新しい『ゆる

しの秘跡の儀式書』[5]、新しい『教会法典』[6]（can. 959、赦免に関しては cann. 961-963）、『カトリック東方教会法典』[7]（cann. 718-736、一般的な赦免に関しては can. 720）に結実し、さらに公会議後の教皇ヨハネ・パウロ 2 世の使徒的勧告『和解とゆるし *Reconciliatio et Paenitentiae*』（28-34 項）において詳述されました。公会議後に作成されたこれらすべての文書は、第二バチカン公会議の教えが適用された典礼書、教会法典、司牧文書です。しかし現在においてもトリエント公会議の教えとその規範は、ゆるしの秘跡の教義の基礎であり続けています。

　中でも注目すべきことは、ゆるしの秘跡を行う司祭、つまり主のいつくしみを授けることができる聴罪司祭が、ゆるしを与えることができない場合があるということです。つまり一定の罪に関しては教区司教、ないし使徒座だけが赦免を与えることができる場合があるのです。司祭の中にも、重大な罪や犯罪に対する懲戒罰について特にその「留保」を定める教会法の規定に関して制限が多すぎる、つまり権威主義的な性質を持っていると考える人は少なくありません。しかし実際、何もわかっていない司祭に対して無条件に懲戒罰の赦免の権限まで与えられてしまうことは、この教会法上の留保というものが規律的側面、教育的、司牧的側面において重要な役割を果たしているということから不適切だと言えます[8]。教会の規範を正しく理解している者

---

(5)　ラテン語規範版『ゆるしの秘跡の儀式書　*Ordo Paenitentiae*』（Typis Polyglottis Vaticanis, 1974）。

(6)　*Codex Iuris Canonici*, in *AAS* 75（1983-II）1-324.

(7)　*Codex Canonum Ecclesiarum Orientalium*, in *AAS* 82（1990-I）1045-1363.

(8)　日本司教協議会で 1993 年に承認、翌年より発行されている司祭用の『権能委任書』（*Pagella Facultatum*）の「すべての司祭に委任される権能」という個所のA-11 をみると、「使徒座に留保されていないすべての懲戒罰を赦免すること」とあり、この委任書を使用しているすべての日本の教区では、司祭は誰であれ、外的・内的を問わず、普遍法では司教ないし裁治権者にしか赦免が許されていな

に特別に権限が与えられ、その者にだけゆるしを願えることで、犯罪ともされるある特定の罪を犯した者は、あらためてその罪の重大さに気づかされ、教会の教えと信仰者としてあるべき生活態度とを知るのです。またこの留保は、その犯罪がより重大であるため、安易に取り扱うことができないことから、その対応にあたっては、役務者に教会を代表して慎重かつ責任ある判断および行動をすること、そのための知識が求められるということも意味しています。そのため教会は、ゆるしの秘跡を行う権限、懲戒罰を赦免する権限を司祭なら誰にでも与えてよいとはしていないのです（cf. can. 970）。

「イエスは使徒たちに罪をゆるす権能を与えました。人間がどうやって罪をゆるすことができるのかを理解するのは少し難しいことです。しかしイエスはこの権能を与えるのです。教会は、ゆるしへと開き、閉ざすという鍵の権能の保管者です。神は最高のあわれみにより、すべての人をゆるします。しかし神ご自身が、キリストと教会に属する者が共同体の役務者を通じてゆるしを受けなければならないと望まれました。神のあわれみは、使徒的な役務を通じて私に届き、私の咎はゆるされ、私は喜びを与えられます。イエスはこのようにして、教会的、共同体的次元において和解を生きるよう私たちを招くのです。これは大変素晴らしいことです。聖であると同時に悔い改めを必要とする教会は、私たちの生涯全体にわたる回心の歩みに同伴します。教会は鍵の権能の主人ではなく、あわれみの役務の奉仕者です。そしてこの神の賜物を与えることができるたびに喜びを覚えます」（教皇フ

い懲戒罰をことごとく赦免することができるものと解されます。このことは、重大な犯罪を犯した人物に対する制裁も（それを科した裁治権者と関係なく）形式上容易に解かれてしまうことになるため、教会の規律上、相応な是正が必要と考えられます。

ランシスコ『一般謁見での演説』2013 年 11 月 20 日）。

B）聴罪司祭の態度

聖トマスは、何はともあれ「聴罪司祭は、優しく、物腰柔らかで、愛想よく、賢明で控えめ、柔和で穏やか、かつ寛大でなくてはならない」[9] と忠告しています。

さまざまな難題が絡むゆるしの秘跡は、実に骨の折れる難しい任務であるとともに、司祭自らをその使命に奮い立たせてくれる職務でもあります。告解室の中で、父なる神のいつくしみと愛を目に見える形にすることは、司祭の職務の中でも最も素晴らしいことの一つですが、それにはまた大きな責任も伴い、特に現代では、教義の深い理解も必要となります。たとえば、告解室で重大な犯罪や生命倫理に関する専門知識が必要となる特殊な告白がなされ、司祭が判断に迷うことがあるかもしれません。仮に司祭に十分な知識がなく判断を下すことが困難な場合、あるいは赦免を与える権限がないように思われる事案においては、司祭はうかつにすぐ自分の見解を示さず、頼るべき専門家や教会の組織、特に内赦院に相談するとよいでしょう。聴罪司祭は難解な事案でも、少なくともどんな問題がそこで起きているのか、ある程度判断できるだけの教義的知識を有していなければなりません。たとえば生命倫理に関しては、教皇庁家庭評議会の『聴罪司祭のための夫婦生活における倫理的問題を扱う際の手引き』[10] や教理省の指針『人格の尊厳 *Dignitas personae*』[11] などが参考になるでしょう。聴罪司

---

(9) Tommaso d'Aquino, *In IVum librum sententiarum*, dist.17, Paris, Vivès, 1873, p. 518.

(10) 『カトリック教会における婚姻』（教友社、2017 年）319–346 頁に掲載されている邦訳を参照。

(11) 教理省、指針『人格の尊厳 生命倫理のいくつかの問題について』（2008

祭は何らかの問題を感じ取った場合、司牧者として求められる慎重さと賢明さ、そして謙遜に基づいて、事態は緊急を要しているのか否か、告白者が不安を抱いているのか否かを識別し、告白者を別の聴罪司祭のもとに赴くように指示するか、告白者と別の日に再び会う約束をし、その日までに適切な判断を下すのに必要な知識を身につけるかを選択します。この際には、告白の秘密を完全に守る義務があることに注意して、豊富な知識と経験を持った司祭に尋ねるか、個別の具体的なケースに関しても常に権威をもって助言を与えることができる内赦院に相談することをお勧めします。

　司祭はゆるしの秘跡を行う際、教会の教えに従って必要な知識を取得し、慎重さ、思慮深さ、忍耐強さ、判断力、そして優しさを持って、父、兄弟、助言者、裁判官、医師の役割を果たさなければなりません。ここで避けなければならないのが、罪に対する「不安感」だけを煽ってしまうことや、神の限りないいつくしみに完全に信頼するよう促すべきところを、告白者に罪悪感というコンプレックスを抱かせてしまったり、逆に根本的な問題解決に導くこともせず単なる気休めにしかすぎない安易な言葉で済ませたりすることです。本来、ゆるしの秘跡は、信者を三位一体である神と共にある生活に連れ戻すもの、または信者と三位一体である神との絆を強化するものなので、そこからは「先に私たちを愛してくださった」（１ヨハ４・19）父なる神への賛美と感謝を示す喜びの歌が心から溢れ出なければならないのです。

　司祭の中にはキリストに由来する偉大さとつつましい生き方とが常に同時に存在しているものです。しかし時には、司祭職の偉大さと共に人間的な苦悩も存在することがあります。つまり、神から授けられた権威から来る偉大さとキリストに似る者としてのつつましさ、また

年９月８日公布）。

時として人間としての限界や弱さから来る大きな苦悩もまた存在する
のです。

　「私たちは、主イエスのうちに御父と、また兄弟と和解させていた
だくことによって初めて、真の意味で平安を覚えることができます。
私たちは皆、心の重荷と、ある種の悲しみをもって告白に行くときに、
このことを心のうちで感じます。そして、イエスのゆるしを与えられ
るとき、私たちはイエスだけが与えることのできる、あのすばらしい
心の平和によって、真の平安を体験するのです」（教皇フランシスコ『一
般謁見での演説』2014 年 2 月 19 日）。

（3）長所も短所もある司祭の人間的な側面が特に重要となる秘跡

　教会からゆるしの秘跡を行う権限を与えられた司祭は、罪を悔いて
告白に訪れた罪人をゆるすことができるのですが、多くの場合、罪人
が必要としているのは、ゆるしの言葉（赦免の祈り）だけではありません。
　悔悛者が必要としているのは、自分の心の「暗部」を照らす光や、
罪を犯し続けるのを阻止するための力強い言葉や本当の意味での叱責、
真の平安を得ることのできる言葉、神の助けを得て生まれ変われると
信じることができる信仰に基づく励ましの言葉だったりします。人は、
苦しい時には励ましの言葉を、絶望している時には安心感と慰めを与
えてくれる優しい存在を必要としているのです。それゆえ聴罪司祭は、
人間的に成熟し、賢明な司牧者としての判断力、カトリックの倫理と
教義とをしっかり身につけて、聖職者として健全な霊的生活を送るこ
とで、これらすべてのことを人々に与えられるようになります。その
ように、一人の人間として形成されてきた司祭個人の性質は、良くも

悪くも、告白者との関係に影響を及ぼすものとなります。

　司祭のキリスト者としての感受性や霊性も、告白者との関係に影響を与えます。他の人と同じように罪を犯し神のゆるしを必要とする人間として、司祭は自分の職務であるゆるしの秘跡をどのように理解し、その価値を感じて生きているでしょうか？　もし司祭が、魂の再生と癒しとしてゆるしの秘跡を重んじて生きているのであれば、神が兄弟たちを救うために彼に与えた権限がどれほど大切なものかを理解することができるでしょう。私たちは司祭としてどのような霊的、文化的、司牧的な教育を受け、どのような知識を身につけてきたのでしょうか？　もし司祭が、常に御父の御心に従ってキリストのように真のいつくしみと愛によって悔悛者を救いたいと願うならば、つまり真の意味で主の栄光と兄弟姉妹の善（特に霊的善と永遠なる善）を心から考えているのであれば、その司祭は良い聴罪司祭としての条件を備えていると言えます。

　ただし、真の意味での神の愛におけるゆるしとはまったく異質な、何でものべつ幕なしに適当に赦免の言葉を与えるといった聴罪司祭の態度は、ともすると「何でもゆるしてくれる優しくて良い人」といった印象や自らの「気前の良さ」を相手に示すだけで、本当に必要な治療、時には痛みも伴う適切な処置をせず気休めしか与えないがゆえに問題となっている患部を壊死するに任せてしまう無責任な悪い医者のようなものです。そのような優しさは真の優しさではなく、当然真のキリストの愛でもないのです。

　聖ヨハネ・ユードは、「聴罪司祭にとって、最も重要で必要不可欠な資質とは、慈愛である」と述べ、さらに「司祭は、慈愛そのもの、優しさの塊であり、ゆるしの精神に満ち寛大の具現となっていなくて

はならない」[12] と教えています。さらにイエズス会の神学者、ヴァレル・レニョー神父は、「司祭は告解における質問で相手の心を落ち着かせ、機敏に相手を助け、良心の重荷を一緒に負う必要がある。その熱意の中には、優しさと他者の危険に対する同情、そして口の堅さが読み取れるようであってほしい」[13] と述べています。さらに彼は「悔悛者を怯えさせてはいけないし、恥や恐怖によって彼が沈黙してしまうようなときは、咎め立てすることであまりに多くの不安を与えるのはよくない」[14] とも教えています。

　そもそも司祭自身が、聖ペトロや聖パウロ、その他のあまたの偉大な聖人たちのように心から悔い改める者であると同時に主の深いあわれみを体験した者でなければなりません。聖人たちの偉大な働きは、彼らの力量や功、単なる任務への忠実さによるものではなく、自らに対する神の深いあわれみに信頼していたからこそ達成されたのだと言えます。神のいつくしみを伝えるべき司祭が、誰よりも先に自らそれを経験していなければならないというのは当然です。

　「司祭は罪のゆるしのための道具です。教会の中で与えられる神のゆるしは、私たちの兄弟である司祭の役務によってもたらされます。司祭も私たちと同様にあわれみを必要とする人間ですが、真の意味であわれみの道具となり、父である神の限りない愛を私たちに与えてくれるのです。司祭も、司教も、罪を告白しなければなりません。教皇

---

(12) Jean Eudes, *Le Bon confesseur ou Avertissement aux confesseurs contenans les qualitez que doivent avoir tous les confesseurs specialement les missionaries*, edit. Lyon 1669, p. 102.

(13) V. Régnault, *De la prudence des confesseurs*, pp. 3, 11.

(14) V. Régnault, *De prudentia et caeteris in confession requisitis*, Rouen, 1634, pp. 4, 130.

も 15 日に 1 回、告解します。教皇も罪人だからです。聴罪司祭は私が話すことを聞き、私に助言し、私をゆるします。私たちは皆、このゆるしを必要とするからです」（教皇フランシスコ『一般謁見での演説』2013 年 11 月 20 日）。

（4）容易ではない聴罪司祭の任務

　すでに述べた通り、ゆるしの秘跡は司祭にとって最も困難で心身をすり減らす職務の一つです。なぜなら、司祭は自らの過去や現状に影響を受けながら、見ず知らずであることが多いさまざまな人と接しなければならず、さらに告白者の協力が得られないまま複雑な問題を短時間で解決しなくてはならないこともしばしばあるからです。

　司祭は、告白者がしばしば明らかに示さない弱さ、不安、悲しみ、または浅薄さ、横柄さ、高慢さを感じ取るための敏感なアンテナを持っていなければなりません。

　また、罪の告白に訪れた一人ひとりに、できるだけ共感するため、司祭は自分自身の感情や、その人より前に罪の告白に訪れた人から影響を受けた感情に引きずられることのないよう「忘れること」ができなければなりません。

　このようにゆるしの秘跡では、無心になったり感情移入したりすることを繰り返すため、次々と自身の感情を相応に変化させていく必要性から、司祭には人としての柔軟性、精神的な順応性や体力が不可欠です。しかしこれは生まれ持っての能力ではないので、場合によって、ゆるしの秘跡は短時間の内に精神を非常に消耗させるものともなります。それゆえ定期的に告解室で長時間に及ぶ「苦労」に立ち向かっている司祭たちは大いに尊敬されるべきであり、彼らには感謝しても感謝し尽くせないのです。

そしてたびたび、意図せずに、疲労やストレスを感じていることを自分の言葉や声のトーンに出してしまう司祭には理解が必要です。こういった場合、司祭に話を聞く気や優しさがないのではなく、ただ単に司祭がいわば「バッテリー切れ」になって疲れているだけなのです。

　しかし、その時の気分や一時的なストレスが原因ではない、普段からゆるしの秘跡の役務者としてかなり懸念される適切でない態度を見せる司祭がいるのも事実です。

　「司祭が罪をゆるすために神に代わって役務として果たす奉仕は、たいへんデリケートなものです。そのために、司祭の心は平安に満ちていなければなりません。司祭は平安な心を持たなければなりません。信者を虐待せず、柔和で、寛大で、あわれみに満ちていなければなりません。悔い改める者の心に希望の種を蒔き、何よりもゆるしの秘跡に近づく兄弟姉妹がゆるしを求めていることを自覚しなければなりません。多くの人が癒していただくためにイエスに近づいたのと同じように。このような心の準備ができていない司祭は、自分を矯正することができるまで、ゆるしの秘跡を執行しないほうがよいでしょう。悔い改める信者は、そればかりかすべての信者は、真に神のゆるしの奉仕を行う司祭を見出す権利をもっています」（教皇フランシスコ『一般謁見での演説』2013 年 11 月 20 日）。

（5）一部の聴罪司祭によって犯される「過失」の例

　ここで聴罪司祭が陥りがちな態度、あるいは問題となる状況についてみていきましょう。

ⓐ性急さ

「あまり時間をかけすぎないようにするため」、一部の聴罪司祭は、告白者の罪の告白を途中で切り上げさせたり、告白の一部分だけで性急に判断を下したり、本来時間をかけて注意深く告白者の話を聞くべきところを十分な注意を傾けず、落ち着いて話を聞こうとしなかったりと、告白者と向き合う時間をできるだけ手短に済ませようとします。

きちんと罪の告白を行いたいと考えている人は、そういった司祭の性急な態度を心苦しく感じ、特に罪の告白の他にも信仰生活上の相談を持ちかけようとしていた場合、このような司祭の態度に失望してしまいます。もちろんゆるしの秘跡は相談やカウンセリングの場ではありませんが、司祭に自らが抱えている問題をひそかに打ち明ける良い霊的指導の機会であることも確かです。

逆に、手短に済まされるほうが面倒が少なく、自分の内面と向き合うことや、恥ずべき点を明らかにされずに済ませることができるため、つまり真の回心を求められずに済むため、司祭の性急な態度を歓迎する告白者も間違いなく存在します。

性急な態度を不快に思う人も、歓迎する人も、どちらもこうした司祭の態度によって深刻な霊的な害を被ることになります。なぜなら一方は、告解室で得られると期待していた真理の光や慰めの言葉を得られないからであり、もう一方は、欲しくもない真理の光、真に必要な戒めにまったく邪魔されることなく告白内容を痛くもかゆくも感じず真の回心なくして罪を犯し続けながら安易に生きていけるようになってしまうからです。

「ご自分の子供たちを愛し、彼らが善と正義のうちに生きることによって完全な幸せに生きることを望んでおられる——それが御父の御心です。御父の御心は、私たちの小さな正義の概念を超え、ご自分の

いくつしみの無限の地平に向けて私たちの心を開いてくださいます。御心は、私たちの罪に応じて対処することも、私たちの過ちを償わせることもない御父の心です。……この御心は、私たちが告解室に行って会いたいと思っている司祭の心に他なりません。おそらく、その司祭は私たちが自分の罪をより深く理解する助けとなる何かを言うでしょう。しかし私たちは皆、自分の生き方を変えるのを助けてくれる司祭、（正しい道を）歩み続けるための力を与えてくれる司祭、真に神の御名において私たちをゆるす司祭に会いに行くのです。だからこそ、聴罪司祭になることには大きな責任が伴うのです。なぜなら、司祭に会いに来る信者は一人の司祭に会いに来るわけですが、特に告解室にいる司祭は、いつくしみをもって正義を行う御父の代わりにそこにいるからです」（教皇フランシスコ『一般謁見での演説』2016年2月3日）。

ⓑ飽き

　一部の聴罪司祭は上の空であるという印象を告白者に与えてしまうことがあります。

　この場合、告白者は、司祭が無関心に近い、あるいは冷然とした態度をとっているという印象を抱き、自分は一個人として大切にされているのではなく「数のうちの一つ」としてしか扱われていないと感じてしまい、司祭に対して心を開かなくなってしまいます。

　秘跡に臨む司祭が、真剣さを欠くだけでなく秘跡を授ける適切な意思さえも伴っていない場合、秘跡は無効となります。その場合、告白者は重大な霊的被害を受けることになります。これについては後述します。

　こうした一部の聴罪司祭の怠慢や熱意の不足は古くから問題にされていました。一例を挙げれば、ポルト・マウリツィオのレオナルドは、著書『聴罪司祭への有益な忠告 Avertissements utiles aux confesseurs』の中で次のように述べています。「司祭たちは、退屈の

せいか、ただ数をこなしたいせいか、軽率に、大急ぎで告解にけりを
つけたがっている。……悔悛者にしかるべく自らの良心の深奥を見出
す時間を与えず……その結果、不幸な悔悛者は罪の半分ほどを無視し
てしまうことになる」[15]。さらにフランシスコ会のミシェル・ムノー
は、次のように訴えていました。「あなたはどうしたら正しく告解を
することができると言うのか？　1年間も告解をしたことがなく、復
活祭の前の聖週間になって大急ぎで片付けて欲しいと頼みながら司祭
を探すあなたは。……己の損得と金銭のこと[16]しか考えていない司
祭について言えば、彼はあなたの告解をすぐさま片付けてくれる。彼
はあなたに赦免を与えてこう言うだろう。『友よ、さあ行きなさい』
と。だが、こんな赦免を受けた罪人は、はたしてどこに行くというの
か？　そう、すべて悪魔のところへ。そしてそれをお膳立てしたのは
他ならぬこの聴罪司祭に他ならない」。

　私たちは聖フランシスコ・サレジオの次の言葉を心に留めておく必
要があるでしょう。「聴罪司祭たち、どうか限りない愛をもって悔悛
者を受け入れ、人々の粗野、無知、愚かさ、鈍重さ、その他の欠点に
辛抱強く耐えて欲しい。どのような悔悛者に対しても、何はさておき
慈悲深く控え目でありなさい。特に女性に対してはなおのこと、羞恥
の念をそそる罪の告白の際には、そのような態度で彼女たちを励ます
ようにしなさい。たとえ、こうした羞恥の念をそそる罪の場合、悔悛
者が言い訳や口実、作り話で告白を曖昧にしていたとしても、それを
厳しく咎めることなく、忍耐強くその人がすべてを語り終えるまで待
つようにしなさい」。

(15) Léonard de Port-Maurice, *Conférence morale sur l'administration du sacrament de penitence (Avertissements utiles aux confesseurs)*, Œuvres complétes, 8 vol., Paris-Tournai, 1858-1860, VI（Mission）, p. 197.
　(16) トリエント公会議以前は、聴罪も司祭にとっての一つの収入源でした。

ⓒ ゆるしの秘跡を受けられる機会の少なさ

　信者たちは、いつ、どこで、どのようにして聴罪司祭に会って、ゆるしの秘跡を受けることができるのかを知る必要があるのですが、信者たちが確実に聴罪司祭に会える正確な時間と場所を示している教会はそれほど多くないのが現状です。ゆるしの秘跡を願っているのに聴罪司祭を見つけ出すのが難しいことがあります。そのため、精神的な重荷を下ろすことを願う人、それを必要としている人は、その重荷と精神的苦痛を長期間抱え込むことになってしまいます。信者がその状態に慣れてしまうことがいかに霊的善にとって悪となることでしょうか。それゆえ、定期的に告解室に聴罪司祭がいることは大変重要です（cf. *MD* 2）。そして教会法第 980 条が規定するように、信者が勇気をもってゆるしの秘跡を司祭に請願してきた際には、遅滞なく速やかに秘跡を行う必要性があります。「聴罪司祭にとってゆるしの秘跡を受ける者の心構えについて疑いがなく、しかもゆるしの秘跡を受ける者が赦免を求める場合、赦免は拒否または延期されてはならない」（can. 980）のです。

ⓓ 厳格さ

　おそらく一部の聴罪司祭は、ゆるしの秘跡は本質的に神のあわれみの秘跡であるということを忘れ、自分は常に正しく真理に仕えているのだと信じ、告白者の魂のためを思ってやっているのだという強い気持ちから必要以上に厳しい言葉遣いをしてしまうことがあります。ある程度の厳格さは、恰好だけ後悔していると見せかけている人、自分たちが回心するのではなく司祭を教え「回心」させて自分たちの行いは悪徳ではなく美徳であると思わせようとするような人に対しては、有効であり必要なことだと言えます。このような光景は近年、告解室でよく見られるようになってきています。

　しかし、自らの弱さゆえに罪を犯し、その罪を認めて悔い改めよう
と考えている人に対しては、できるだけ優しく接し、理解を示し、勇
気づける言葉を投げかける必要があります。

　「教会の司牧行為は、すべてが優しさに包まれていなければなりま
せん。……教会が世に向けて語るどんなメッセージにも、どんな証に
も、いつくしみが欠けていてはなりません。教会の真正さは、いつく
しみと思いやりに溢れた愛の道を通るものです。……私たちは長い間、
いつくしみの道を示し、それを生きることを忘れていたかもしれませ
ん。……ゆるしは、新しいいのちによみがえらせる力であり、希望を
もって未来を見つめる勇気を与えるものです」（*MV* 10）。

ⓔ常に優しすぎる態度

　告白に訪れる信者を優しく迎えることは何よりも重要なことですが、
聴罪司祭が常に優しすぎる態度をとってしまうことの問題もしばしば
見受けられます。時にそれは甘えをゆるす優しさであり、神のゆるし
とあわれみを届けたいという本当の「熱意」からではなく、告白者と
の衝突への恐れ、偽りの優しさ、面倒事は避けて形式的に済ませれば
よいという安易さ、自分はよい司祭だと示したい虚栄心によるもので
あることがあります。何でも「それは問題ありません、大丈夫です」
というような無責任で秩序を欠いた単に情緒的に優しいと思わせるだ
けの態度は、空虚で無責任な態度であると言えます。

　そのため、時に厳格な言葉を投げかけて目を覚まさせるべき人にも
何の治癒ももたらさない単なる「精神安定剤」が与えられてしまった
り、必要性があるにもかかわらず告白者の霊的な問題点が掘り下げら
れなかったりと、主なる神の寛大さが捻じ曲げられ誤った仕方で過剰
に強調される事態が発生することになるのです。聴罪司祭のこういっ

た態度は、告白者に霊的な恩恵や真の心の平安をもたらすどころか、かえってその心を歪ませてしまい、罪を自覚しそれから解放され新たに主とその教会と共に生きる喜びから当事者を遠ざけてしまうことになります。それは秘跡的恵みなどではなく、独善的で、麻薬のような一過性の安心だけを与える危険な行為なのです。

「正義を行うには、もう一つの方法があります。それは聖書が私たちに示している歩むべき正しい道です。それは裁判にかけるのではなく、被害者が犯人と直接向き合い、その犯人を回心へと導き、悪行をしていることを理解するのを助け、良心に訴える方法です。この方法を用いれば、犯人は最後には悔い改め、自らの罪を認めることにより、被害者が与えるゆるしに向けて自分自身の心を開くことができます。それは素晴らしいことです。自分の行いが悪であることを確信し、与えられたゆるしに向けて心を開くのです。これは、家庭内、夫婦間、親子間の争いを解決する方法です」（教皇フランシスコ『一般謁見での演説』2016年2月3日）。

ⓕ平服でゆるしの秘跡を行うこと

教会は当然のこととして、司祭はいつでも、確実にそれとわかるような服装をしているようにと明確な規則を設けています（cf. can. 284）。それは司祭が教会の奉仕者として、いつでもどこでも人々のために奉仕する準備ができていることを示すためであり、また教会に助けを求めるすべての信者が、頼るべき存在を容易に見出せるようにするためでもあります。

教会は、典礼を挙行する際には司祭には祭服、つまり挙行している祭儀の神聖さを信者たちによりわかりやすく伝えることができる服を着用することを強く求めています（仮に適切な祭服をつけていなくとも

秘跡そのものは有効に成立します）。それだけではありません。教会が指定する祭服は、司祭の人間的な性格を目立たなくし、その存在感さえもほぼ消し去り、司祭が代理をしている御方、つまり私たちの主であり、救い主、イエス・キリストの偉大さを際立たせることに役立っているのです。

　ゆるしの秘跡においては、司祭の姿を借りて儀式を行うのも、告白者のあわれむべき罪の告白に耳を傾けるのも、そしてゆるしを与えるのもキリストご自身なのです。司祭はかしらであるキリストの位格において（in persona Christi capitis）任務を遂行する者なのです（cf. can. 1008）。

　教会は典礼規則において、ゆるしの秘跡を行う聴罪司祭に対して、スータンやクラージマンの服装ではなく、ましてや一般市民が着る服でもなく、祭服を着用し、その上にストラをつけるよう命じています。不測の事態を除いて、秘跡を行う際には教会の指定する服装以外のものを着用することはまったくもって不適切であり、これは個人の身勝手な行動と言えます。このようなことは、他の秘跡と同様、信者の秘跡に対する尊敬や秘跡そのものの荘厳さを損なうことにもつながります。さらに信者を秘跡から遠ざけてしまい、信者の告白を引き出しやすくするどころか、かえって信者たちが尊いゆるしの秘跡を求めることに対する障害ともなってしまうのです。

　どうして、教会の法規を軽視する悪い手本を示す司祭が、告白者たちに神への尊敬と従順の道を教えること（実はそれもゆるしの秘跡の目的なのですが）ができるのでしょうか？

　―より重大な過失の例―
　ⓖゆるしの秘跡が無駄であると感じさせること
「罪の告白をしようと司祭のもとを訪れたのに、大罪を犯していな

いことから、司祭に『私は忙しいのに、こんなくだらないことで罪の告白に来ないでください！』と迷惑そうに言われてしまった」という話をしばしば耳にします。

　犯した罪が小さなものであったとしても、それらのゆるしを乞うてもいいのではないのでしょうか？（cf. can. 988 §2）　はたして、ゆるしの秘跡を受けることができるのは、大罪を犯した人だけなのでしょうか？（cf. MD 3）

　こういった「慎重さを欠く」司祭たちは、大罪を犯していない人にゆるしの秘跡を授けることは無意味であり無駄なことであると考えているのかもしれません。

　罪の告白に訪れた人が小さい子供や高齢の女性であった場合、ゆるしの秘跡を真剣に授けることは実質的に無駄であると感じている司祭が一部にいます。子供はまだ幼く「大罪を犯すことができない」、高齢の女性は「すでに大罪を犯すほどの気力がない」というのです。しかし、たとえば自分たちが雇っている家政婦が目立つ部分だけを掃除して、家具の端の部分に溜まったホコリをそのままにしていたとしたら、そのような「賢明」な司牧者たちはどう思うのでしょうか？　いい加減な家政婦の仕事に満足するでしょうか？　そのいい加減な仕事に対して喜んでお金を払おうという気になるでしょうか？　どんなホコリでも放っておけば、やがて雪だるまのように際限なく大きくなっていくのです。ゆるしの秘跡において外面的、肉体的な清さの重要性について語られることはよくありますが、一部の司牧者たちは、内面的な魂の清さがどれほど大切なのかを本当にわかっていないのです。

　聴罪司祭がこういった態度をとることで、信者たちの罪の意識を鈍らせ、彼らをゆるしの秘跡からどんどん遠ざけてしまい、それによって信者たちは徐々に罪の告白に訪れなくなってしまうということを理解していない司祭がいるのです。それはキリストから信者を遠ざける

ことではないでしょうか？　その結果はこうなります。

（i）大罪を犯した人は、何年もの間、または永遠にその罪を背負い続けることになり、永遠の世にもその影響が及ぶことになる。

（ii）小罪を犯しただけの人は、自分の良くない部分を正すのに最も有力な助けが得られなくなり、ゆるしの秘跡によって得られるであろう、さらなる恩恵を失ってしまうことになる。

「時として、神に直接告白したいという人がいます。……たしかに以前申し上げた通り、神は常にあなたに耳を傾けてくださいます。しかしゆるしの秘跡の中で、神は、神の名をもってあなたにゆるしと、ゆるしの確信をもたらす兄弟を派遣しているのです」（教皇フランシスコ『一般謁見での演説』　2013年11月20日）。

ⓗ償いを課さないこと

「罪の告白をした聴罪司祭から何の償いも課せられなかった場合どうすべきなのか」という相談を受けることがたびたびあります。しかし、償いはあってもなくてもよいものではなく、ゆるしの秘跡を補完する重要な要素であり、司祭はそれを省く権限を有していないということを忘れてはいけません（cf. can 981）。

いかなる場合でも、司祭にこの重大な手抜かり、つまり不適切にも償いを免除することは許されません。司祭は、自分がその主として秘跡を行っているのではなく、神の僕として秘跡に仕えているということを常に認識していなければなりません。償いの内容や与え方については、後述する「償いについて」の項目を参照してください。

ⓘいかなる場合でもゆるしを授けてしまうこと

聴罪司祭から、「大罪の告白に訪れた告白者が、間違った態度を改

めるつもりがないと言ってきた場合、どう対処すべきか」という相談を受けることがたびたびあります。「ゆるしはいかなる場合でも認められるべきである。私たちは厳しさではなくあわれみをもって職務を果たさなければならない。態度を改めるつもりがないと言っても、罪の告白に来ているということは、とにかく自分の罪を悔いているということである！　だからいつでも、どんな状況であれ、とにかくゆるしを与えるべきだ！」などと主張する司祭が一部にいます。

　しかし、「だれの罪でも、あなたがたがゆるせば、その罪はゆるされる。だれの罪でも、あなたがたがゆるさなければ、ゆるされないまま残る」（ヨハ20・23）というキリストの言葉を考慮すると、この主張はまったく不条理なものであることがわかります。イエスは、客観的に見てゆるしを拒否するための重大な状況が存在するということを誰よりもよく知り、聴罪司祭が単なる個人の考えや感情によってではなく、こうした状況を考慮してゆるしを授けること、場合によってそれを断ることをも想定していたのだと言えます。

　「私たちの役割はあわれみを与えることです！」と主張する司祭がいるでしょう。もちろん、「その通りです！」しかし罪人に、罪を犯し続ける態度を改めるつもりがなくても、神のゆるしを得られるなどという間違った認識を持たせることが、はたして本当のあわれみの業と言えるでしょうか？　私たちの役割は、嘘を言うことではなく、真実を伝えることではないでしょうか？　私たちに求められているのは、自分の考えや感情によって行動することではなく、キリストと教会の示す精神に基づいて行動することではないでしょうか？

　聴罪司祭は無差別にゆるしを与えることなどできません[17]。

（17）極端な厳格主義的主張で知られるヤンセニズムの中心的人物アントワーヌ・アルノーは次のように述べていました。「寛容な聴罪司祭たちは、誤った慈悲と残酷な優しさで罪人を裏切っている。刃物と火でしか癒せないような傷口に

　聴罪司祭は、自身に与えられている赦免という任務とその権限の限界をよく知っておかなければなりません（これについては後述します）。真の悔い改めを欠いた人に与えられるゆるしの秘跡は、たとえ形式上正しく赦免の言葉が司祭から与えられたとしても、それ自体は無効です。回心を伴わない人には当然、秘跡の恵みは与えられません[18]。ゆるしの恵みは、人を罪――無秩序な状態から恩恵――秩序の回復へと変える神の愛なのです。そもそも罪から立ち帰ることを心から望んでいないなら、そういう人が告解室に行く理由は何なのでしょうか？　単なる自己満足か習慣的な気休めからなのでしょうか？

　ここで教会法の次の規定を確認しておく必要があります。「キリスト信者がゆるしの秘跡の救いをもたらす治癒を得るためには、犯した罪を退け、自らを正す決心を立て、神に立ち帰る心構えを整えていなければならない」（can. 987）。また、「キリスト信者は、綿密に自己を糾明した後、洗礼以後に犯した重大な罪にして未だ教会の鍵の権能によって直接に赦免されておらず、かつ個別告白において言い表していないと自覚する罪をすべて、その種類および回数を言い表して告白す

ただ蓋をするだけなのだ」（A. Arnauld, *De la fréquente communion*, Paris, 1643, p. 480）。あまりにいい加減な仕方で秘跡を行う司祭に関しては、この見解も一理あるように思われるのですが、ここから大アルノーは完全な痛悔をする者、罪を犯すあらゆる危険（誘因）を排除することを誓う者以外に対しては赦免を延期すべきだという主張を展開していきます。さらに単に形式的に秘跡の恩恵に頼るのは真の信仰ではなく魔術的でさえあるのだと指摘するのです。しかし、ゆるしの秘跡の目的は、裁きや懲罰ではなく、信者の心を神の愛で満たす癒しの恵みです。秘跡は宗教的エリートのためのものではありませんし、神の怒りと地獄の恐怖から遠ざかるために、信者にただ生真面目で硬直化した精神でもって人生を歩ませるためのものでもありません。魂を罪から癒す神のゆるしの力には限りがないのですから、それぞれ人間的弱さを背負って生きている信者をこの神のいつくしみに信頼して回心の恵み与れるよう丁寧に導く必要があるでしょう。
　（18）教会法第987条および補注Aを参照。

る義務を有する」(can. 988 §1)。もちろん善意で告白し忘れていた罪があってもそれも含めて赦免は有効です。

「神はこのように私たち罪人に接してくださいます。主は絶えずゆるしてくださり、私たちがそのゆるしを受け、自分たちが悪い行いをしたと自覚し、悪から解放されるよう助けてくださいます。神は私たちを非難することではなく、ゆるすことを望んでおられるからです。神は誰も責めないよう望んでおられます」(教皇フランシスコ『一般謁見での演説』2016年2月3日)。

⑤無効なゆるし

ゆるしの秘跡が無効となる状況としていくつかの状況が挙げられます。一つは先ほどの告白者の側が心から悔い改めていない場合、つまり秘跡を受ける側の意思の問題で、もう一つは秘跡を執行する司祭の側の意思の問題です。つまり司祭の側が真にゆるしの秘跡を行うという意思を欠く場合です。これは上述の聴罪司祭がゆるしの秘跡を授けることに真剣さを欠く「飽き」を感じている場合と関係します。もし司祭が、神のゆるしを願う意思を欠いた状況で、あえて形だけの赦免の祈りを唱えるといった場合、これは教会法第1379条の秘跡の偽装に当たります。当然、偽装された秘跡は何であれ無効であり、霊的な効果は与えられません。その中でもミサとゆるしの秘跡の偽装は、使徒座に留保された重大な犯罪として位置づけられています[19]。

この他に、司祭が赦免を与える権限を有していない場合や判断力な

(19) 教皇ヨハネ・パウロ2世、自発教令『諸秘跡の聖性の保護 *Sacramentorum sanctitatis tutela*』(*SST*)と併せて公布された教理省の *Normae de gravioribus delictis*(2010年5月21日)の第3条第1項3号および第4条第1項3号を参照。

ど行為能力そのものを欠いている場合、そして教会が定めた秘跡的赦免の言葉が不完全ないし欠如している場合、秘跡は当然無効となります。

幸いにしてそれほど頻繁に起こることではありませんが、司祭が、教会が定めたものとは違った文言、たとえば「神様は、その偉大な愛であなたの罪をおゆるしになられました。あなたが平穏無事でありますように。安心してください」などと、父と子と聖霊の三つの位格のすべてに触れない文言でゆるしを与えてしまうことがあります。当然、こうした教会が認めた赦免の言葉以外ではゆるしの秘跡は有効ではありません。

また、キリストが定めた文言である「父と子と聖霊の名において」プロテスタントが授ける洗礼は有効であり、三つの位格すべてに触れることなく「エホバ」の名によって授けられるエホバの証人の洗礼は無効であるように、当然、イエス・キリストではない神、曖昧で「エキュメニカルな」神の名によって授けられたゆるしも無効です。

いずれにしても、聴罪司祭の側の落ち度で、秘跡そのものが無効にならないよう細心の注意を払う必要があります。

「兄弟姉妹の皆さん。神のみ顔は、常に忍耐強く、あわれみ深い父のみ顔です。皆さんは神の忍耐について考えたことがあるでしょうか。神が私たち一人ひとりに示される忍耐について考えたことがあるでしょうか。これが神のあわれみです。神は常に忍耐を示されます。私たちに忍耐を示されます。私たちを理解し、私たちを心にかけ、私たちをうむことなくゆるしてくださいます。そのために私たちは、痛悔の心をもって神に立ち帰らなければなりません」(教皇フランシスコ『お告げの祈りの言葉』2013年3月17日)。

ⓚ福音書の教えを捻じ曲げ、それに背くこと

聴罪司祭が間違った仕方で、つまり「元気を出してください、大丈夫です。神様はあなたをおゆるしになられます。心配することはありません、あなたが告白したことは罪になりません」などと一見優しい言葉をかけ、神の本当の意思を伝えずにただ単に告白者を安心させることは、実は福音を最大限に捻じ曲げ、傷つける行為です。こうして、「救いをもたらす者」から、かえって「良心を堕落させてしまう者」になってしまった一部の軽率な司祭によって、婚前交渉、避妊、配偶者を裏切る不倫、離婚後の新たなパートナーとの同棲、同性愛、人間の心に宿るその他の多くの罪が軽率に扱われて、いともたやすくゆるされてしまうことがあります。

また大罪を犯した人々が、罪の告白をした聴罪司祭に罪の重大さを認めてもらえなかったことに失望して、別の聴罪司祭のもとで再び罪の告白を行うということも時折あります。このようなケースでは、告白者の良心の細やかさに感心する一方で（彼らは再度、罪の告白を行う必要はなかったのですから）、一見善良な司祭を装っているように見せかけて、実は福音に背いて神の敵、嘘つきとも言えるような態度をとっている司祭たちにそのような尊い責任が与えられていると考えると空恐ろしくなります。

「私は、聴罪司祭は御父のいつくしみの真のしるしであるようにと口を酸っぱくして言い続けます。即席の聴罪司祭などいません。自らがゆるしを求める痛悔者であって初めて聴罪司祭になれるのです。聴罪司祭であることは、イエスと同じ使命に参与すること、そしてゆるしを与え、救いをもたらす神の愛が、途切れることなく続いていることを示す具体的なしるしとなることです。それを決して忘れてはなりません。私たち一人ひとりが、罪のゆるしのための聖霊の賜物を受け

ており、私たちにはその責任があります。だれもゆるしの秘跡の主人
ではなく、神のゆるしに仕える忠実な僕なのです」(*MV* 17)。

(6) 聴罪司祭の情愛

　司祭は、イエスが旅の途中で出会った罪人のために果たしていたの
と同じ役割を果たすよう務めなければなりません。罪人は、司祭の中
にイエスの力だけでなく、その情愛をも見出す権利を持っているので
す。その情愛は次のような司祭の役割の内に表されます。

ⓐ父親としての役割
　聴罪司祭は、告白者たち、つまり大変遠いところから戻ってきた
「失われた」子らを迎え入れ、愛するための大きな包容力を有してい
なければなりません。放蕩息子の譬え話に登場する父親の姿はまさに
そのことを教えてくれます。
　聴罪司祭は、告白者の心に神の恩寵を再びもたらしてそれを増幅さ
せることで、本当の意味での父親となり、神の父性の写しである父性
を自身の行動で示さなければなりません。
　聴罪司祭は、神からの恵みを伝えるだけでなく、良い模範を示し、
祈りをもって、告白者の償いによる心の再生に貢献してはじめて完全
な「父親」になり得るのです。

　「それぞれの聴罪司祭が、放蕩息子の譬えのあの父親のように、信
者を迎え入れなければなりません。……聴罪司祭は、回心して家に帰っ
てきた息子を抱き締め、再会の喜びを表すよう求められています。聴
罪司祭はまた、外に留まり喜べずにいるもう一人の息子のもとに行く
のも嫌がってはなりません。その息子の下す冷たく厳しい判断は不当

なもので、それは分け隔てない御父のいつくしみを前にしては無意味なのだと理解させるよう説くためです。聴罪司祭はぶしつけな質問をしてはなりませんが、譬え話の父親のように、放蕩息子が準備してきた話をさえぎります。それは、痛悔者それぞれの心の中にある、救いを求める神への祈りと罪のゆるしの願いを、立ちどころに理解するからです」(*MV* 17)。

　ここで、17 世紀に『ゆるしの秘跡の実践』を著したスペインのハイメ・デ・コレリャの言葉を紹介しておくことは有益でしょう。「聴罪司祭は、悔悛者を厳しい態度で迎えてはいけない。悲しげな顔を見せたり、厳格な言葉で語ったりしてはならない。聴罪司祭は、父親としての愛をもって相手を励まし、よき導き手として支えてあげる必要がある。もし悔悛者が背負っている恐れやためらいに対して厳しい言葉、厳格な態度、あるいは厳しい行為でもって追い打ちをかけ、聖霊の教えに反して哀れな罪人の心を苦しめるならば……、明らかに悔悛者は過ちを告白する勇気を失うことだろう。……転落した者をその悲惨な境遇から救い出すためには、聴罪司祭は愛想よく、親切で、賢明で慈悲深い者でなければならない。迷える羊に対して善き牧者である私たちの主がなさるように、両肩に人々の魂の重荷を担う準備が整っているべきなのだ。悔悛者には適切な質問をし、さらによく告白ができるように助ける必要がある。穏やかな話という口当たりの良い治療薬を処方してあげなさい。愛情を込めて相手を受け入れることで、相手の魂を慰めるのが望ましい。たとえ、相手があまりにも大きな病の重みに打ちひしがれているとしても恐れてはならないし、相手を恐れさせてもいけない。反対にいつくしみ深い私たちの主の限りない善意という、計り知れない宝の中に含まれている確実な救いの希望を約束

してあげるべきである」[20]。

　「ゆるしの秘跡に与ることは、温かい抱擁に包まれることです。それは御父の限りないあわれみの抱擁です。財産を手にして家を出た息子についてのすばらしいたとえ話を思い起こしてください。彼は全財産を使い果たし、無一文になると、息子としてではなく僕^{しもべ}として家に帰ろうと決意しました。彼は心のうちで多くの過ちを犯したと感じ、恥じ入りました。驚くべきことに、彼が話し、ゆるしを求め始めるやいなや、父親はそれをさえぎって彼を抱き、接吻し、祝います。あらためて私は皆さんに申し上げます。私たちが告白するたびに、神は私たちを抱き、祝ってくださるのです。このような道を歩んでいこうではありませんか」（教皇フランシスコ『一般謁見での演説』2014年2月19日）。

ⓑ裁判官としての役割

　聴罪司祭は、被告人が罪を犯しているのか、あるいはその被告人に処罰を与えるべきかを判断するこの世の裁判官ではなく、告白者に神のゆるしを得る資格があるのかを的確に見極める裁判官、神の正義に従ってそのいつくしみを与える裁判官でなければなりません。

　このことと関連して、教会はゆるしの秘跡の際に通訳をつけることを許可している点（can. 990）に触れておきたいと思います。この規定は、告白に訪れた者が何を話しているのかを聴罪司祭が適切に理解することができなければ、的確に赦免ができるかどうか、どのような償いを課すべきかを、内的法廷の裁判官として判断することができないことから設けられていると言えます。司祭が理解不能の言語を話す外国籍の信者の告白を聞く際は特に注意が必要だということです。相

---

　(20) Jaime de Corella, *Practica del confessionario y explicación de las sesenta y cinco proposiones condenadas por la Santidad de N. SS. P. Innocencio XI*, 28 ed., Madrid, 1767, Préface, s. p.

手はゆるしを得たいと望んで来たのだから、事情はわからずともともかく赦免を与えるべきだというのは正しい態度とは言えないのです。たとえば、その人が使徒座に留保された重大な罪を告白していたらどうでしょうか？　告白の内容をまったく把握できていないにもかかわらず、無暗に赦免の祈りを唱えるという行為は、秘跡の偽装につながる行為でもあるため注意が必要です。

ⓒ医師としての役割

　聴罪司祭は、裁き手であると同時に癒し手でもあります。「医者を必要とするのは、丈夫な人ではなく病人である」（マタ9・12）。人間は心の奥底で病むことがあり、その病の影響はしばしば行動に表れます。イエスこそ唯一の真の医師なのです。ある意味で司祭も医師なのですが、イエスの代理としてその権限と治療法を授かったにすぎません。いうなればイエスが病院長であり、司祭はその助手なのです。

　14世紀から16世紀にかけて聴罪司祭たちの間で愛読された『治療者たちの一団 *Manipulus curatorum*』の著者、ギー・ド・モンロシェが述べていた言葉を引いておくことは有益でしょう。「聴罪司祭は、魂を病んだ人々を受け入れる精神科医のようなものだ。……彼は相手に軽く触れることから始める。患者の苦痛を見積もり、相手に調子を合わせ、言葉でいたわり、回復を約束する。それは患者が自分を信頼して、悪いところの範囲や苦痛の激しさを明らかにしてくれるように、である」。彼は続けて次のように述べています。「悔悛者の顔を始めからまともに見つめてはならない。……穏やかで、優しく、愛想のいい言葉で、罪人にキリストの受難と贖罪の恩恵を思い起こさせ、痛悔の念に導いていくのが望ましい。……キリストが多くの罪人たちを受け入れようとする際の、あわれみ、寛容、慈愛、優しさを明示するとよい。悔悛者に、司祭に告白するのを恥じる必要はないと説得すること

も必要である。司祭も悔悛者と同じか、それ以上に忌まわしい罪人だからだ。さらに打ち明けられた罪は死んでも他者に暴露するつもりはないと語るのがよいだろう。……司祭は罪人の告白を何のわだかまりもなく聴くべきである。悔悛者が何らかの恥ずべき大罪を告白したとしても、唾を吐くことや嫌悪、拒絶のしるしとなるような態度は一切見せないように注意すべきである。すべてを寛容とあわれみをもって聴くべきである」[21]。

ⓓ真理の教師としての役割

　古くから言われているように、聴罪司祭は信頼できる「良心の導き手」だと言えます。それは単に教理を伝達することではなく、神のいつくしみと愛を示して、信仰者が自己の内面を見つめ常に神の子の自由に生きることができるよう導く役割です。

　「あなたがたは行って、すべての民を私の弟子にしなさい。……あなたがたに命じておいたことをすべて守るように教えなさい」（マタ28・19-20）。つまり、告解室でも司祭は福音を告げて真理を教える教師、すなわち良い行い、悪い行いについての主イエスの教えをそのまま伝える教師の役割を果たさなければならないのです。聴罪司祭個人は、福音の真理を自らの主観で勝手に解釈する権限など一切持たないのです（cf. can. 227）。その意味で告解室は、しばしばよい宣教の場でもあります。

　「過去のない聖人はいないし、未来のない罪人もいません。謙虚で偽りのない心で主の招きに応えるだけで十分です。教会は、完璧な人々の共同体ではなく、主に従って旅を続ける弟子たちの共同体です。

---

(21) Guy de Montrocher, *Manipulus curatorum*, pp. 155-158.

弟子たちは自分自身が罪人であり、イエスのゆるしを必要としていることを知っているからです。このように、キリスト者の生活は、神の恵みに向けて私たちを開いてくれる謙虚さを身につける学びやなのです」（教皇フランシスコ『一般謁見での演説』2016年4月13日）。

ⓔ兄弟としての役割

「兄弟があなたに対して罪を犯したなら……忠告しなさい」（マタ18・15）。つまり、悪の中でも最大のものである大罪を犯さないように叱責してくれる人、誤りを正そうとしてくれる人、忠告してくれる人ほど兄弟として認められるべき人はいないのです。司祭は常に、告解室にいる時は特に、このような兄弟として認められるべきなのです。

聖フランシスコ・ザビエルは、聴罪司祭自身が告白者にとっての兄弟、それも弁護人のような立場であるように諭していました。「我々自身の惨めさを悔悛者に話し、我々の若き日に最も告白しづらかったすべてを手短に知らせること。この慈愛に満ちた工夫は、しばしば相当功を奏した」[22]。人が重大な自らの過ちを告白しようとするのは、第一に自分が相手の友情、愛情を信じているからこそ可能なのです。

教会の歴史は、告解室で多くの時を過ごした大勢の司祭たちの働きで光り輝いています。アルスの主任司祭聖ヨハネ・マリア・ビアンネ、聖ジュセッペ・カファッソ、聖レオポルド・マンディチ、聖ピオ神父などが挙げられますが、この他にも神のみがその懸命な働きを知る聖なる司祭たちが数多くいます。彼らが告解室で過ごした時間は無駄だったのでしょうか？　この問いの答えは、彼らによって心を動かされ、父である神のもとに立ち帰った人の数に示されています。彼らは、

---

(22) Cf. Carlo Borromeo, *Instructions aux confesseurs de sa ville et de son diocèse*, Paris 1665, pp. 208-246.

薄暗い告解室の中で、多くの魂に神の必要性を認識させ、眠っていた
キリスト信者たちを、再び神と共に歩む人生へと目覚めさせたのです。
告解室の中で、彼らは無数の人々を回心させ、そこからさらに多くの
聖人たちを誕生させていったのです。神は人目に触れないところでな
された善い業を必ず見ておられます。

　これと関連して、2012 年に行われた世界代表司教会議（第 13 回通
常シノドス）で、「告解室は人々を教化し、信仰と健全な教義を伝え
るための重要な場所である」と強調されたことを指摘しておきましょ
う。ここではこの世界代表司教会議における最終総会の提言を紹介し
たいと思います。

　「ゆるしの秘跡は、神のあわれみとゆるしを得られる最も重要な場
です。それは個人的、また共同体的な癒しの場なのです。この秘跡の
中で洗礼を受けたすべての人は、あらためてイエス・キリストと、ま
た教会と個人的な出会いを果たします。この教会会議に出席している
私たち司教は、この秘跡が、再び教会の司牧活動の中心になることを
望んでいます」（33 項）。

　「神は私たちに前進する力を与えてくださいます。……こういう人が
いるかもしれません。『でも、私は多くの罪を犯しました。……私はひ
どい罪人です。……初めからやり直すことなどできません』。それは間
違いです。あなたは初めからやり直すことができます。なぜでしょうか。
神があなたを待っておられ、あなたの近くに来ておられ、あなたを愛
し、あわれみを示し、あなたをゆるしてくださるからです。神はあな
たが初めからやり直す力を与えてくださいます。神はこの力をすべて
の人に与えてくださいます。だから私たちは再び目を開き、涙と悲し
みを越えて、新しい歌を歌うことができるのです。このまことの喜び
は試練と苦しみのときも留まります。それはうわべだけの喜びではな

く、神に身を委ね、信頼する人の心の奥深くに根ざしているからです」
（教皇フランシスコ『お告げの祈りの言葉』2013年12月15日）。

（7）告白の義務

　聴罪司祭がゆるしの秘跡に奉仕する際にまず必要なのは、犯した罪
とその罪が及ぼした影響を告白者自身に認識させ、教会の懐の中で、
告白者が神とその共同体と新たな絆を結ぶ決意を促すことです。洗礼
の後に犯され未だ赦免されていない大罪をすべて告白する義務が定め
られている背景には、こうした理由があるのです。そのために、告白
者が心の中で自分の行動をふるいにかけるよう指導することが望まし
いでしょう。そうすることによって、告白者は自分の欠点や落ち度を
自覚して原因や解決方法を探ることができ、ゆるしの秘跡が行われる
際にはしっかりと準備ができていて、内的な和解へと向かうことがで
きるのです。

　形式通り告白に訪れた信者が、大罪も小罪も犯していなかった場
合、告白すべきことがないため、当然のことながらゆるしの秘跡は
本質的に無用です。告白に訪れた人は、最低でも小罪（または、すで
に赦免された大罪）を具体的に告白することが勧められています（cf.
can. 988 §2）。しかし、実際のところ、特に司祭が告白者に自分の人
生を振り返って罪に相当するような重大な怠慢がなかったかどうか考
えるよう促すことで、そのようにゆるしの秘跡が無益となるようなこ
とはほとんどなくなるでしょう。忘れてはならないのは、分別のつく
年齢に至ったすべての信者は、少なくとも1年に1回は重大な罪を告
白しなければならないということです。現在の教会法では、旧教会法
（1917年法典）とは異なり、重大な罪を犯した場合、年に1度の告白
が義務になると定められているので、特にこの点をはっきりと理解し

ておかなければなりません。

　重大な罪すなわち大罪とは、基本的に熟慮された意思の同意のもとでなされた神の御心に反する重大な過ちを指します（cf. *CCE* 1857, 1859; can. 960）。大罪は、内的なだけでなく外的なものでもあり、個人の知的理解や内的・外的自由を伴う人間的な行為によるものと言えます。倫理神学の観点から言うと、大罪には自由と知識に基づく神の意志に対する不従順、決定的に神との交わりを断つこと、同時に教会との交わりの断絶をもたらすものと言えます（*CCE* 1440）。たとえば重大な信仰に反する行為ないし生命に反する行為などが考えられます。

　加えて、異なる典礼（たとえば東方カトリック諸教会）[23]の司祭を含め、適法に教会によって承認された聴罪司祭であれば、どの聴罪司祭にもすべてのカトリック信者は自身の所属典礼と関わりなく罪を告白することができます[24]。また、告白者は通訳を介して告白をすることもできます。以前の教会法では、他に告白をする方法がない場合にのみ通訳を介することがゆるされていましたが、現在ではその条件は取り消されており、濫用や躓きを避けて秘密を厳守することが条件とされますが、誰もが通訳を利用することができます（cf. cann. 983 2°, 990, 1388）。

　ところで破門および禁止制裁を受けた者は、懲戒罰が赦免されるまでゆるしの秘跡（他の秘跡も含めて）に適法に与かることはできません。

---

　(23) ここでの「典礼」という言葉の原語は ritus で、教会が、それぞれ保持してきた固有の信仰を生きる様式を表す、典礼（liturgia）、神学、霊性、規律などからなる教会固有の歴史的、民族的、使徒的遺産のことを意味し、東方教会においてはアレクサンドリア、アンティオキア、アルメニア、カルデア、コンスタンチノープルの五つの伝統（traditio）に区分されます（cf. can. 28 CCEO）。詳しくはルイージ・サバレーゼ『解説・教会法』（フリープレス、2018年）の22-31頁を参照。

　(24) 補注Bおよび付録1を参照。

ここで知っておくべきことは、懲戒罰を赦免する権限がない聴罪司祭でも、その犯罪が法律に規定された宣告を受けていない場合には、破門制裁や禁止制裁を、ゆるしの秘跡を受ける者が大罪の状態に留まることが苦痛である場合に限って、通常の形式で赦免することができるということです（ただし聖職停止制裁の場合は、秘跡を受けることではなく行うことが禁じられるため、これにはあてはまりません）。この教会法第1357条の条件に基づいて赦免された信者は、1か月以内にその懲戒罰を赦免する権限を有する機関に赦免を請願する義務があり、もしこれに従わなければ再度同じ刑罰に服することになります。この手続きは告白者自身または告白者に依頼された聴罪司祭が行うことができきます。

　なお使徒座に留保されていない刑罰の赦免については、外的法廷においては、司教を含めた裁治権者が自己の従属者のみならず自己の管轄領域に滞在する者に対しても滞在者に制裁を科した裁治権者に諮ったうえでこれを与えることができます。しかしこれは一般的なゆるしの秘跡の権限委任とは異なり、自己の管轄外（国外など他の教区）では勝手な判断で司教や司祭は刑罰の赦免を与えることはできません（cann. 1355-1356）。ただし内的法廷においては、公ではない伴事的な刑罰に限り、「裁治権者は（事案が）使徒座に留保されていない場合、法律によって規定され未だ宣告されていない伴事的刑罰を自己の従属者および管轄区域内に滞在する者またはそこで犯罪を犯した者を赦免することができる」とされており、さらに「すべての司教も秘密的告白行為の中でこれを赦免することができる」（can. 1355 §2）とされています。内的法廷の司教代理に相当する教区聴罪司祭もこの権限が付与されています。当然、使徒座に留保された懲戒罰を解く権限を有する者もこうした赦免が可能です。つまり、内赦院の聴罪司祭（paenitentiarii minores）、いつくしみの特別聖年に制定された「いつ

くしみの宣教者　missionari della misericordia」や航路（船舶）の団体付司祭（cappelanus itineribus maritimis；can. 566 §2）など特別な権限を付与されているゆるしの秘跡の奉仕者もそれぞれの管轄領域において使徒座に留保された刑罰の赦免が可能とされています[25]。

　また公然にして重大な罪を頑迷に改めないでいる者も同様にゆるしの秘跡に与ることはできません（cf. can. 915）。この場合、信者は教会の規定する懲戒罰を受けているわけではないので、罪を悔い改め信仰者としてふさわしい生活を送るよう自らを正す決意をした時点でゆるしの秘跡を受け諸秘跡に与ることができるようになります。

　「おそらく多くの人はゆるしの教会的な次元がわかっていません。個人主義と主観主義が支配しており、私たちキリスト信者もその影響を受けているからです。神がすべての悔い改める罪人をゆるすことは確かです。しかし、キリスト信者はキリストに結ばれており、キリストは教会と一つに結ばれています。私たちキリスト信者には、もう一つの賜物があります。もう一つの課題があります。すなわち、へりくだって教会の奉仕の務めに与るということです。私たちはこのことを大切にしなければなりません。それは賜物であり、気遣いであり、保

（25）たとえば内赦院の権限を付与されている聴罪司祭として、ローマの四大教皇バジリカには常にこうした事案に赦免を与える権限を有する聴罪司祭たち（paenitentiarii minores）が内赦院長により任命、配属されています。また、いつくしみの特別聖年に制定された「いつくしみの宣教者」も彼らと同様の内的法廷における特別な権限を有しています。詳しくは、教皇フランシスコのいつくしみの特別聖年の大勅書『イエス・キリスト　父のいつくしみのみ顔』（2015年4月11日）第18項、および教皇庁新福音化評推進議会のwebサイト http://www.im.va/content/gdm/it/partecipa/missionari.html を参照。さらに2019年6月27日の船員司牧担当者との謁見に際して教皇フランシスコは、航路の団体付司祭に対しても内的法廷における特別権限を付与されました。

護であり、神が私をゆるしてくださったという確信でもあります。兄弟である司祭のところに行って言います。『神父様、私はこのようなことをしました……』。司祭は応えて言います。『しかし、私はあなたをゆるします。神様はあなたをゆるしてくださるのです』。このとき、私は神が私をゆるしてくださったことを確信するのです。これはすばらしいことです。神が常に私をゆるしてくださること、うむことなくゆるしてくださることを確信できるからです」（教皇フランシスコ『一般謁見での演説』2013 年 11 月 20 日）。

（8）償いについて

聴罪司祭が告白者に課すべき償いに関して、まずトリエント公会議の規定を確認しておく必要があるでしょう。

「主の司祭たちは、罪の性格と悔悛者の能力をよく考えて、有益で適切な償いを命じなければならない。その際……罪に目をつぶり、悔悛者に過度の寛容さを示せば、彼らは大そう重大な違反に軽すぎる償いを課すことになり、他人の罪の共犯者となるかもしれない。彼らが課す償いは、新しい生活のための守りであり、弱さに対する治療薬であるだけでなく、かつての罪からの解放であり、当然受ける罰でもあるということを見落としてはならない。なぜなら罪のゆるしの権能が司祭に与えられているのは、単に赦免するためだけでなく譴責するためでもあるからである」(Sessio XIV, cap. VIII)[26]。

正義（第五戒、第七戒、第八戒）[27] に反する罪に対しては、罪に見合った償いが課せられるべきであるということを覚えておいてくだ

---

(26) *Conciliorum Oecumenicorum Decreta*, terza edit., EDB 2013, p. 709.

(27) それぞれ殺人、窃盗、偽証のことを指します。

い。また、匡正的正義（損害を原状に戻す必要がある場合の正義）が問
われる際には、客観的な基準、さらに言うなら定量的な基準（たとえ
ば金額で表される基準）に基づいた損害賠償の義務があるということを、
聴罪司祭は告白者に繰り返し強調すべきです。たとえば聖フランシス
コ・サレジオは、赦免に際して、償いとして他者に与えた損害の賠償、
不正の回復、悔悛者本人の生活の改善を条件づけていました[28]。

　さらに一般的に課される償いは、あまりに厳しすぎるものでなく告
白者の能力に適ったもの、つまり実際に容易に実行できる具体的なも
のが望ましいとされています[29]。たとえばミサに参加して聖体拝領を
する、そして困っている人、苦しんでいる人を積極的に助ける、教会
の活動に参加して共同体を支援するといった、特に告白者を霊的に成
長させるような償いを課すべきだということも忘れないでください。
内的生活の改善と奉仕活動とを組み合わせることで、社会で積極的に
信仰を実践するキリスト信者の模範となっていくように教会が導くわ

---

　(28) Cf. François de Sale, *Avertisements aux confesseurs...*, p. 288. 同書 289 頁
には次のような見解が述べられています。「可能な限り悔悛者が傷つかぬよう、
償いや不正に得た物の返還を秘密裡に行う手段をとるようにしなければならな
い。したがって、もしその罪が盗みであれば、その物品ないし同等の物を返還さ
せなければならないが、それを代行するのはいかなる場合でも、償いをする本人
を名指したり、暴露したりしない口の堅い人間であるべきである。もしその罪が
他人の誹謗、中傷、詐称であれば、それを言いふらした相手の人に対して、悔悛
者がはっきりと以前とは反対のことを語って、最初に言っていたこととは逆の印
象を与える（名誉を回復させる）よう巧みに持っていくべきである」。
　(29) フランスの神学者で『罪責大全』（*La somme des péchés et le remède
d'iceux*）で知られるフランシスコ会士のジャン・ベネディクティは次のように述
べています。「償いを命じる際にはあまりに厳しすぎる態度をとるべきではない。
……償いはより軽いものとすべき理由は数多くある。すなわち、①痛悔の大きさ、
②老齢、③悔悛者の弱さ、④病気、⑤悔悛者の苦行に対する恐怖や疑念、⑥罪を
消し去る寛容やゆるしの心、⑦悔悛者が実践すると予測される善行など……」（*La
Somme de s pechez et les remedes d'iceux*, Paris 1601, p. 712）。

けです。もし長年教会から遠ざかっていた信者が、ゆるしの秘跡を求めて教会に戻ってきた場合には、複雑な償いや実行が困難な償いを課すのは適切ではありません。また、告白された犯罪や罪が他者に知られていない場合、それらが暴露されるような公然の償いを課してはいけません（cf. can. 1340 §2）。

　さらに償いを課す際に、告白者の同意を確認することも司牧的配慮と言えます[30]。この償いの実行に関しては、聴罪司祭にとって告白者を信頼するという原則があることを覚えておくべきでしょう。

　「私たちは皆、罪人です。そうではありませんか。自分が罪人ではないと思う人は手を挙げてください。だれもいないでしょう。私たちは皆、罪人なのです。私たち罪人は、ゆるされることによって、霊と喜びに満たされ、新しい人になります。そして、私たちの前に新しい世界が開けます。新しい心、新しい霊、新しい人生です。神の恵みを受け、ゆるされた罪人である私たちは、もう罪を犯さないように人に教えることもできます。『でも神父様、私は弱く、何度も倒れてしまいます』。『倒れてしまったら、起き上がり、立ち上がってください』。子供が転んだらどうするでしょうか。その子は起き上がるのを助けてもらおうと、親に手を伸ばします。私たちも同じようにしましょう。もし自らの弱さのために罪に倒れてしまったら、手を伸ばしてください。そうすれば主がその手をとって、起き上がるのを助けてくださるでしょう。これが神のゆるしが与える尊厳です。神のゆるしによってもたらされる尊厳は、私たちを起き上がらせ、自分の足で立たせます。

（30）たとえばフランスの神学者ジャン・ジェルソンやジャン・ベネディクティは、償いを課す際には告白者の同意が必要であると強調していました。Cf. J. Gerson, *De arte audienti confessiones*, ed. Lyon 1669, pp. 11, 117; J. Benedicti, *La Somme de s pechez et les remedes d'iceux*, Paris 1601, pp. 710–712.

神は人間を自分の足で立つ者としてお造りになったからです」（教皇フランシスコ『一般謁見での演説』2016 年 3 月 30 日）。

（9）ゆるしの秘跡の役務者の権限

　これから、聴罪司祭がゆるしの秘跡を行う際に大切な注意点を手短に述べたいと思います。

　先述した通り、聴罪司祭には、「教会の教えを伝える役割」を果たすという認識、教会の教義とこの秘跡に関して定められている規則（cf. can. 978 §1）に従って教会から与えられた神聖な使命を果たしているという信念、そして何よりも自分自身のためではなく「キリストの名において、キリストに代わって」[31] 行動しなくてはいけないという自覚を持って、教義神学や倫理神学、教会法の知識を身につけておくという重大な責任があります。

　そのため、ここではまず将来司祭を志す人だけでなく、すでに司祭として生きている人も、人間のあらゆる弱さ、そして時には愚かさの諸側面を（それらを称賛するのではなく）、主の教えによって明るみに出すものとして関心を持つよう促されていると考え、文化的、心理的側面、そして特に霊的側面において自身の準備を怠らずにいる必要性を感じているべきであると強調しておきたいと思います。特にゆるしの秘跡を行う上で、教義神学、倫理神学、教会法の知識は必要不可欠です。

　ここでは普段あまり説明されることのない教会法的側面からゆるしの秘跡の実践に関して説明します。

　（31）第二バチカン公会議公文書『司祭の役務と生活に関する教令 *Presbyterorum ordinis*』12 項。

ゆるしの秘跡を行う際に特に注目すべきことは、「教会法そのもの」によって、世界中のいかなる場所でも信者たちの告白を聴く権限を有しているのは教皇、枢機卿、司教（名義司教を含む）であるということです。枢機卿と司教の権限にはちょっとした違いがあります。枢機卿は、たとえ地区裁治権者の反対があったとしても、世界中どこにおいても合法的かつ有効に告白を聴くことができるのに対して、司教は、そういった反対があった場合、告白を聴くことは有効ですが不適法とされます。

　法的に告白を聴く権限が与えられているのは、各教区の地区裁治権者（総代理および司教代理）、教区聴罪司祭（paenitentiarius dioecesanus, cf. can. 508）またはゆるしの秘跡の祭式者（paenitentiarius canonicus, cf. can. 508）、属地ならびに属人小教区の主任司祭とその代理人である小教区管理者（cf. can. 539）、主任司祭が留守であったり告白を聴ける状態になかったりした場合はその代理を務める助任司祭（cf. can. 541）、そして軍隊付司祭、病院、刑務所、航路などの団体付司祭（cf. can. 566 §1）と神学校校長（cf. cann. 262, 985）です。

　告白を聴く権限を付与された特定の司牧任務に就いている者（主任司祭、軍隊付司祭など）は、いかなる場所でも自らが管轄する信者たちの告白を聴くことができます。さらに地区裁治権者の反対がない限り、普段自分が管轄していない信者たちの告白も聴くことができます。ただし地区裁治権者がそれを拒否、つまり取り消した場合、積極的かつ蓋然的疑義がある場合や通常の錯誤の場合（cf. can. 144）を除いて、ゆるしの秘跡は無効となってしまいます（cf. cann. 967 §2, 974）。

　同じように、永続的かつ制限のない代理としての権限を与えられている者も、自己の管轄教区内または自分が滞在している別の教区において、地区裁治権者の反対がない限り、いかなる場所でも告白を聴くことができます（cf. cann. 144 §§1, 2, 967 §2）。

　修道会や使徒的生活の会（ここでは在俗会はこの区分に属さない）に属する司祭に関しては、聖座法による聖職者の会の会員で、職務上、会憲の規範に従って統治権を有する修道会または使徒的生活の会の上長も告白を聴くこと、ならびにその権限を委任することができます（cf. can. 968 §2）。しかし、この権限は修道会、使徒的生活の会の会員と昼夜会の家に居住する者に対してのみ適用されます[32]。具体的には、地区裁治権者に付与された権限は、会員および会員でない外部のすべての人々に対しても適用されるのに対して、修道会において上長から付与された権限は会員と会の家で生活する人々に対してのみ適用されます。

　そもそも司祭は、叙階の秘跡に基づく神的権能によってゆるしの秘跡を行うのですが、単純に叙階の秘跡を受けただけでは司祭は信者に対する統治権を欠いているため、彼らに対して償いを課したり、制裁を解いたりすることはできないので、各自の立場に応じて各管轄権者から必要な権限を付与されている必要があるのです[33]。

ⓐ裁治権者に与えられた権限

　教区あるいは奉献生活の会に属するすべての司祭は、地区裁治権者から告白を聴く権限を受けることができます。このことは、権限を与えるのが、司祭が入籍している教区、または住所を有する教区の地区裁治権者であった場合、教会法第967条第2項に基づいて地区裁治権者が管轄する信者たちに対してだけでなく、あらゆる信者たちに対しても適用されます。そのため地区裁治権者から権限を与えられた司祭は、すべての信者に対して、いかなる場所でもその権限を行使するこ

---

　(32) 教会法第968条第2項と上長が司祭に付与できる権限の範囲について明記されている第967条第3項を参照。

　(33) 詳しくは、G・ギルランダ『司教の統治権の起源と行使』（『教会法から見直すカトリック生活』[教友社、2019年] 56-164頁）を参照。

とができるようになります。そうでない場合、その権限は権限を与えた者の管轄領域内でのみ有効となります。地区裁治権者は、新たに告白を聴く権限を認める際には、教区司祭の場合はその者の地区裁治権者、修道会または使徒的生活の会の裁治権者（上長）に相談する必要があります。しかし、そういった相談の目的は、付与の適法性のみで秘跡の有効性には関係しません。

　教会法第134条第1項と第2項によって裁治権者として認定されている修道会および使徒的生活の会の上長は、教区司祭にも告白を聴く権限を付与することができますが、その対象は会の管轄区域に属する者であるか、会の家（修道院）に住んでいる者に限られます。総長は、会のすべての家に居住する者に、地区の上長は自己が管轄している家々に居住する者にのみ、それぞれ告白を聴く権限を付与することができます（cf. can. 969 §2）。

　教会法第134条第2項によると、どこでもすべての信者の告白を聴く権限を付与できるのは、地区裁治権者である教区司教か同等の地位に就いている者、それと同じ行政権を法そのものによって有する総代理（vicarius generalis）および司教代理（vicarius episcopalis）のみです。

　ここで注目しなければならないのは、告白を聴く権限を付与する者は、付与する相手がそれにふさわしいかを必ず見極めなければならないということです。その方法として有効とされるのは、適切な試験、あるいはこの慎重さを要する任務をこなす準備ができていることを知るための別の方法による審査です（cf. can. 970）。告白を聴く権限の付与は、付与の有効性を証明するためというよりも、付与の事実を証明するという意味で書面によって行われなければなりません（cf. can. 973）。この権限は無期限、または期限付きで付与され得ますし（can. 972）、特別な事情がある場合には、恒常的にではなく一時的に付与されることもあり得ます。

絶対に忘れてはならないのは、告白を聴く権限は、秘跡自体を適法にするためだけでなく、それを有効なものとするためにも必要であるということです。婚姻に立ち会う場合でもそのための権限が付与されていることが婚姻の有効性の上で必要であるのと同じことです（cf. cann. 1108, 1111 §1）。このように聴罪司祭になることには大きな責任が伴います。責任を担うことができることと権限を付与されることは、本来、関係づけられているべきです。なぜなら、まったく自身の任務とその重要性とを把握しない者に権限だけが与えられていたとしたら、個人および共同体にとって必要とされる適切な配慮を怠ることにつながりかねないからです。

ⓑ 権限の制限と喪失

　教会法によって告白を聴く権限が制限される、あるいは取り消される場合があります。この権限が取り消されるためには、重大な理由が存在しなければなりません（cf. can. 974 §1）。教区司教は、自己の管轄教区内に限って他所の司教が告白を聴くことを拒否することができます。しかしその場合、先ほど述べた通り秘跡の適法性のみが問題とされ秘跡そのものの有効性に問題は生じません。地区裁治権者は、教区司祭と修道会司祭いずれに対しても権限を取り消すことができます。権限を付与した地区裁治権者によって取り消された場合、司祭はすべての信者の告白を聴く権限を喪失しますが、別の地区裁治権者によって取り消された場合は、取り消した裁治権者の管轄区域においてのみその権限を喪失します（cf. can. 974 §2）。修道会、使徒的生活の会の場合も同じです。自己の上級上長によって権限を取り消された者は、その会の全員に対して告白を聴く権限を喪失しますが、その他の上長によって権限を取り消された場合は、その上長の管轄区域内の従属者に対してのみその権限を喪失します（cf. can. 974 §4）。

権限取り消しの場合以外でも、告白を聴く権限は下記の場合、自動的に喪失します。

・教会の職務を喪失した場合（cf. cann. 184-196）
・教区あるいは修道会の籍を喪失した場合（この場合、新たな教区の地区裁治権者もしくは修道会などから入籍を認められるか少なくとも試験的に［ad experimentum］として受け入れられる必要があります）
・住所を喪失した場合（cf. can. 975）

　上記の理由によって告白を聴く権限を喪失した場合、司祭は告白者に対して有効に赦免を授けることができなくなってしまいます。
　修道会や使徒的生活の会の会員である司祭、ならびに地区裁治権者から告白を聴く権限を付与されていない教区司祭は、居住している地区の裁治権者からその権限を受けることで、どの場所においてもすべての信者の告白を聴くことができるようになります。しかし、権限を与えた地区裁治権者の管轄区域での住所を喪失した際には、その権限が無期限のものであったとしても権限そのものは取り消されます。なお修道会や使徒的生活の会の会員は、任地とされた会の家に入居すると同時に住所を取得します。
　注意しておかなければならないのは、死の危険にあるすべての告白者に対しては、たとえ司祭が告白を聴く権限を取り消されていても、あるいは諸秘跡を行う権限を欠いていたり、聖職者の身分を喪失していても、さらにその場に権限を有する別の聴罪司祭が居合わせていたとしても、死の危険にあるすべての告白者たちの懲戒罰ならびに罪を有効かつ適法に赦免することができるということです。教会は、そのような司祭の事情によって死期が迫っている告白者の神との和解を妨げることを望んではいないのです。死の危険がある場合、第六戒に反

する共犯者の赦免を無効とする規則を含むすべての教会法上の禁止事項は適用されなくなります。魂の救いこそが教会の第一の目的だからです。

（10）ゆるしの秘跡に際して聴罪司祭が捧げる祈り

最後に、ゆるしの秘跡に際して聴罪司祭が伝統的に捧げてきた祈りを紹介して本章を終わりたいと思います。

ⓐゆるしの秘跡を行う前に聴罪司祭が捧げる祈り[34]

主よ、あなたの座（告解室）にいる私に知恵を与え、あなたの民を正義において、あなたのあわれな人々を審判において正しく評価することができるよう助けてください。ひとたび閉じられれば何者も開くことができず、またひとたび開かれれば何者も閉じることができない天の国の鍵を私に使わせてください。私の意思が純粋なものでありますように。私の熱意が誠実なものでありますように。私の愛が忍耐強い

---

(34) Oratio Sacerdotis antequam confessiones excipiat － Da mihi, Domine, sedium tuarum assistricem sapientiam, ut sciam iudicare populum tuum in iustitia, et pauperes tuos in iudicio. Fac me ita tractare claves regni caelorum, ut nulli aperiam, cui claudendum sit, nulli claudam, cui aperiendum. Sit intentio mea pura, zelus meus sincerus, caritas mea patiens, labor meus fructuosus. Sit in me lenitas non remissa, aperitas non severa; pauperem ne despiciam, diviti ne aduler. Fac me ad alliciendos peccatores suavem, ad interrogandos prudentem, ad instruendos peritum. Tribue, quaeso, ad retrahendos a malo sollertiam, ad confirmandos in bono seduliatem, ad promovendos ad meliora industriam: in responsis maturitatem, in consiliis rectitudinem, in obscuris lumen, in implexis sagacitatem, in arduis victoriam: intutilibus colloquiis ne detinear, pravis ne contaminer; alios salvem, me ipsum non perdam. Amen.

ものでありますように。私の働きが実り豊かなものでありますように。

　私が軟弱なものではなく柔和なものでありますように。私の厳格さが厳しすぎるものでありませんように。私が貧しい者を軽蔑することなく富む者におもねることがありませんように。私が、罪人には慰めを、意見を求める人には賢明な判断を、教えを請う人には専門的な答えを与えられるようにしてください。

　私が、悪を遠ざけることに長け、善を確かなものとするのに熱心でいられるよう恵みを与えてください。私が、返答にあたっては熟慮を、助言にあたっては誠実さをもって、より善い行いに励む者としてください。闇には光を、混乱には明晰さを、困難には解決をお与えください。無用な会話に妨げられないように、不正に汚されないようにしてください。私が自分自身を見失うことなく、多くの人々を救うことができますように。アーメン。

ⓑゆるしの秘跡を行った後に聴罪司祭が捧げる祈り (35)

---

(35) Oratio Sacerdotis postquam confessions exceperit — Domine Iesu Christe, dulcis amator et sanctificator animarum, purifica, obsecro, per infusionem Sancti Spiritus cor meum ab omni affectione et cogitatione vitiosa, et quidquid a me in meo munere sive per neglegentiam, sive per ignorantiam peccatum est, tua infinita pietate et misericordia supplere digneris. Commendo in tuis amabilissimis vulneribus omnes animas, quas ad paenitentiam traxisti, et tuo pretiosissimo Sanguine sanctificasti, ut eas a peccatis omnibus custodias et in tuo timore et amore conserves, in virtutibus in dies magis promoveas, atque ad vitam perducas aeternam: Qui cum Patre et Spiritu Sancto vivis et regnas in saecula saeculorum. Amen.　または Signore Gesù Cristo, Figlio del Dio vivente, ricevi questo mio ministero come offerta per quell'amore degnissimo con il quale hai assolto santa Maria Maddalena e tutti i peccatori che a te sono ricorsi, e a qualunque cosa io abbia fatto in maniera negligente o con minore dignità nella celebrazione di questo Sacramento, supplisci e soddisfa degnamente. Affido al tuo dolcissimo Cuore tutti e ciascuno di quelli che ho confessato e ti

　主イエス・キリスト、人々を優しく愛され聖化される方よ。聖霊の
注ぎによって、私の心をあらゆる執着と邪な思いから清めてくださる
よう請い願います。あなたの限りないいつくしみとあわれみによって、
私の職務において怠惰や無知から私が犯したすべての過ちの欠陥を
補ってください。私は、あなたが回心に導かれ、あなたのいと尊き御
血によって聖なるものとされたすべての人を、あなたのかくも愛すべ
き御傷の内に委ねます。すべての人をあらゆる罪から守り、あなたへ
の畏れと愛の内に留まらせてください。日々、大いなる力によってす
べての人を助け、永遠の命に導いてください。あなたは御父と聖霊と
ともに世々に生き支配しておられます。アーメン。

　または

　主イエス・キリスト、生ける神の子よ。私のこの職務を、マグダラ
の聖マリアをはじめ、あなたのもとに赴いたすべての罪人の罪を許さ
れたのと同じ賞賛すべき愛への捧げ物として受け取ってください。も
し私がこの秘跡をその尊厳にもとる不適切な仕方で行っていたなら、
どうかふさわしい補償を与えてください。私は、自らが聴罪を行った
すべての人々、その一人ひとりをあなたの優しい御心に委ねます。あ
なたがこの人々を守り、いかなるものであれ同じ過ちを繰り返さぬよ
うに守り、この世の苦悩の後、永遠の喜びへと導いてくださいますよ
うに。アーメン。

prego di custodirli e di preservarli da qualsiasi ricaduta e di condurci, dopo le
miseria di questa vita, alle gioie eterne. Amen.

81

II. ゆるしの秘跡における特殊ケース

(1) 特殊な状況 (Ecclesia supplet)

死の危険以外で、司祭がゆるしの秘跡の挙行権限を欠く場合、教会法第144条は、法そのものによって教会が直接必要な権限を付与する特殊な状況が二つあるとしています[36]。

①事実上または法律上の通常の錯誤 (error communis)

典型的な例は、告白を聴く権限を有していない司祭が祭服（たとえばスルプリとストラなど）を着用していたため、信者たちの多くが、その司祭が権限を有していないことを知らないまま告白を聴いてもらえると信じてゆるしの秘跡を求めて赦免を受けたといった場合で、これは事実上の通常の錯誤にあたります。そうした事情においては、教会が欠如している権限を補い (Ecclesia supplet)、その司祭の赦免は有効となります。また信者たち全員でなくとも、告白者がたった1人であっても、誰もが錯誤してしまうような状況下にあったために間違った認識をしてしまった場合（法律上の錯誤）も、通常の錯誤にあたります。

正当な理由がある場合、たとえば、聴罪司祭が不足していたような場合は、告白者を神と和解させるという霊的善が優先され、意図せずに信者を「錯誤させてしまった」司祭は倫理的には有罪でないとされ

---

(36) Ecclesia supplet すなわち教会が（欠けた行政権を）補います。

ます。それゆえこうした事案に際しては、司祭の側に、はじめから有責性があってはならないとされています。通常の錯誤の場合、教会が直に司祭に告白を聴く権限を付与するため、その赦免は有効となります。これは、教会の外的・内的法廷に対する行政権にも適用されます。具体的にはゆるしの秘跡の他に、堅信の秘跡、婚姻の立ち会いにも適用されます（cf. cann. 144, 882, 883, 966, 1111）。

②事実上または法律上の積極的かつ蓋然的疑義（dubium positivum et probabile）

これは、確実とは言えないまでも、司祭が告白を聴く権限を有しているとも有していないとも取れる何らかの理由があるといった事情です。それは、単なる可能性だけでは十分でなく、ある程度、実際の状況から導くことができる現実性がなければなりません。たとえば「もしかしたら、総代理は私に権限を付与してくれたのかもしれないが、そのことを直接伝えてもらっていなかった」といったような場合がこれにあたります。このような場合も教会は、司祭に欠如している権限を補い秘跡は有効とされます（cf. cann. 144, 882, 883, 966, 1111）。

（2）特別な告白者

①不適法な婚姻関係にある人

聴罪司祭にとって特別な慎重さが必要とされる非常に判断の難しい事案が内的法廷で扱われることがしばしばあります。そのような事案は、特に内的法廷のゆるしの秘跡に関わる場で多く見られますが、もちろんそれ以外の教会の現場でも目にすることがあります。たとえば、教会法上有効に結婚した信者が民法上離婚した場合、あるいはその後教会とは関係なく民法上再婚して神と教会から認められていない婚姻

関係を続けている場合や、教会法上有効とされる婚姻の挙式をせずに同棲生活を送っている者、内縁関係にある者、教会で挙式せず民法上のみの婚姻関係にある者などの場合です。現代の教会は、こうした事案において容易には解決することのできないジレンマに陥っているかのように思われることがあります。というのも、これらの不適法とされる婚姻関係を積極的に認めて彼らに無制限に秘跡を授けた場合、離婚とその後の新たな婚姻関係を姦通として非難するキリストの教えや教会の教える婚姻の尊厳（マタ19・9参照）と矛盾対立していると考えられる一方で、教会の役務者が秘跡を授けることを拒否した場合は、傷ついた葦を折ったり、煙を出し始めて消えかかっているろうそくを無理に消したりすることのない（マタ12・20参照）罪人をあわれむキリストの精神に沿って教会が行動していないようにも見えてしまうからです。

　誤解がないように確認しておくべきことは、ゆるしの秘跡においてゆるされるのは、離婚、再婚に関連する罪のゆるしであって離婚を認めることや、再婚を許可することではないということです。教会法上の婚姻の身分、つまりひとたび適法に結婚したという事実は、都合よくゆるしの秘跡で「なかったこと」にできるものではありません。そのため、秘跡外・秘跡内を問わず内的法廷においてそうした相談をする信者に対しては、まず丁寧に話を聞いて適切な内的・外的法廷における解決策を提示することが適切です。必要な場合、別居許可や婚姻無効宣言ないし婚姻の絆の解消など教会法上の手続きをとるよう指示を与える必要があります[37]。

　このことに関して教皇フランシスコは、カトリック信者の婚姻問題

---

(37)『カトリック教会における婚姻　司牧の課題と指針』（教友社、2017年）を参照。

の解決は、これまで同様、婚姻の絆の尊厳を守るために司法的な手続きによって取り扱われることの必要性を確認しながら、より信者が適切かつ迅速に魂の救いが得られるよう制度改革を行いました[38]。それゆえ自らの立場を明確にしたいと望む信者は、自身の権利としてこの制度を利用することができ（cf. can. 221 §1）、またすべての司牧者は婚姻司牧に携わる人々と協力して精神的な面でも法的な面でも解決に努める責務があります[39]。

ⓐ離婚者

『カトリック教会のカテキズム』は、「離婚は自然法に反する重大な罪」であることを明確に示しています。それゆえ基本的に、教会において離婚それ自体は簡単に容認されるものではありません。ただしその具体的な状況はそれぞれ異なるため、慎重な判断と適切な司牧的配慮が求められます。すべての離婚者が等しく有責性を有するわけではないからです。たとえば、まったく一方的に身勝手な配偶者の態度によって離婚を余儀なくさせられたような人が罪を問われることはないはずです。多くの場合、離婚によって傷ついた信者が聴罪司祭、司牧者に近づくことは、それだけでも大きな勇気がいることであるため、そうした信者を優しく迎え入れ、丁寧に耳を傾ける姿勢が必要です。

　一方で、倫理的に離婚の責任を負う信者に対して、聴罪司祭はどのような対応をすべきか考えてみましょう[40]。1993年に出されたイタリ

---

(38)　教皇フランシスコ、自発教令『寛容な裁判官、主イエス　*Mitis iudex Dominus Iesus*』、『寛容でいつくしみ深いイエス　*Mitis et misericors Iesus*』（2015年8月15日）参照。

(39)　使徒座裁判所ローマ控訴院『自発教令「寛容な裁判官、主イエス」適用のための手引』（教友社、2016年）19-21頁参照。

(40)『カトリック教会における婚姻　司牧の課題と指針』（教友社、2017年）の222-224頁を参照。

ア司教協議会の家庭司牧指針には、次のように述べられています。「こうした信者が秘跡を受けられるようになるためには、まず倫理的に自らが離婚の原因となっていた当人が、心から自分のしたことを反省し、具体的にその埋め合わせをしなければなりません。特に司祭は、『その人が、民法上は離婚をしたものの、神の前では婚姻の絆は依然として存在していることを理解しており、倫理的に正当な理由があって特に夫婦としての共同生活の再開が不適切または不可能であるために別居をしているということを自覚させる必要があります』。そうしない限り離婚した信者は、ゆるしの秘跡も聖体の秘跡も受けることができません」[41]。

実際、聴罪司祭は、その人に内面的な反省があるか検証、評価しなければなりません。いずれにしても教会法上有効な婚姻を結んだ後、民法上離婚したものの独身を守っている信者は、結婚を破綻させたことに対する内面的な反省と具体的な償いをもって、法的には教区司教あるいは教会裁判所からの別居許可をもって夫婦の共同生活の義務の免除を受けることで（cf. cann. 1692-1696）諸秘跡の受領が可能となるというのが原則です。もちろん、ゆるしの秘跡における赦免により離婚を引き起こした出来事そのものについて、もはや罪としては問われるものでないとされれば、婚姻身分について法的な手続きに先行する形で諸秘跡に与ることは魂の救いという観点からも適切と思われます。

しかし時折、誤解があるようなので繰り返し付言しておくと、ゆるしの秘跡における赦免は、離婚において罪と認識された事柄の赦免であって、教会が離婚したことそのものをゆるすのでもなければ、前婚

（41）『カトリック教会における婚姻』（教友社、2017年）の98-99頁および220-224頁、イタリア司教協議会『イタリアの教会における家庭司牧の指針 *Direttorio di pastorale familiare per la Chiesa in Italia*』（1993年7月25日）の212番を参照。

の絆の解消を認めることでもないので、教会の法的な措置を受ける必要があることを覚えておくべきです。受洗者であれば、夫婦生活に問題が生じた時には、いつでも（できれば破綻の前に）自身の信仰生活に司牧的責任を持つ教会の司牧者に速やかに相談し、司牧者と共に問題解決に向けて努力する必要があります。現実の信仰生活における問題は、単に社会的、法的な問題としてだけでなく、霊的、精神的な問題としても扱われるべきものだからです[42]。

　同様に離婚を経験した未受洗者が洗礼を受けた場合、過去の罪はゆるされ聖体の秘跡に与ることができるにしても、結婚した事実そのものが洗礼によって取り消されるわけではなく、また離婚した事実が問われなくなるわけでもないので注意が必要です。こうした場合、自然婚であってもあくまでも婚姻の絆は残っていると推定されます（法の保護　cf. cann. 124 §2, 1060）。それゆえ未受洗者の場合は、洗礼志願者の段階で司牧者にそうした事実を速やかに申し出るべきであり、ともかく洗礼に際してはその事実が洗礼台帳に記載される必要があります。なぜなら、たとえば離婚経験者が洗礼を受けた後に、教会で新たに結婚を希望したり、修道生活や司祭職を志したりするといった場合、前婚の絆が、後の婚姻、叙階、誓願の障害となるからです。仮に受洗前にすでに婚姻関係が破綻していたとしても、後の結婚に際しては（すでに洗礼志願者が再婚している場合も含めて）パウロの特権をはじめとする信仰の特権（in favorem fidei）による婚姻の解消（行政手続き）や婚姻の無効宣言（司法手続き）によって障害を解決する必要が生じます[43]。そして特に、教区や修道会の召命・養成担当責任者には、こう

（42）田中昇、髙久充、ダニエル・オロスコ『カトリック教会の婚姻無効訴訟ローマ控訴院の判例とその適用』（教友社、2020 年）、15-60 頁参照。

（43）『カトリック教会における婚姻』（教友社、2017 年）の 205-206 頁を参照。

いった事情を抱える信徒を司祭・修道者の志願者として迎える際には、単に法律上の問題だけを注視するのではなく、その人の婚姻がなぜ破綻に至ったのか、その原因を訴訟記録などから慎重に分析、把握しておく必要があります。たとえば信者として教会の教えに反するような夫婦生活を送っていた場合もあれば、人間としての成熟度や対人関係に重大な欠陥があったかもしれないからです。あるいは精神的、肉体的問題があった可能性も考えられるでしょう。そのため養成の責任者は志願者のそれまでの具体的な生活状況を確かめておくべきです。それは養成を通して、その人が教会の奉仕者としてふさわしく成長できるかどうかを慎重かつ賢明に見極めなければならないからです。以前の結婚生活において、信者として重大な問題が確認された人物を、単に法的に婚姻の無効が認められたから、あるいは十分反省しているからといって誰でも司祭・助祭候補者として受け入れるという安易な態度は、教会が受階者に「健全な信仰、良い評判、信者としてふさわしい徳、身体的・心理的資質」（can. 1029）を要求してきたその意思にはたして沿うものと言えるでしょうか？

　なお叙階や誓願の後になって、内的法廷やゆるしの秘跡において前婚の絆の問題が判明した場合、受階者は不適格者として叙階権の行使が妨げられ、修道者はそもそも修練から誓願までのすべてが無効とされる場合があるため、聴罪司祭ないし霊的指導者は、当事者が自身の長上と教会の管轄機関に相談するように勧めます。

ⓑ離婚再婚者

　すべての司祭は、信者として不適法な生活状況にある人々が司祭のもとを訪れたとき、彼らを温かく迎え入れ、キリストが人々に罰を与えるためではなく、いつくしみとあわれみの心をもって人類を救うために世に来られたということを心に留めて、彼らに対して「敬意と気

配り」を示さなければなりません。離婚して再婚した信者に対しては特に賢明かつ丁寧な司牧的配慮を心掛ける必要があります。司祭、特に聴罪司祭の内的法廷における司牧的配慮は、このような立場の人々に的確な識別を与える役割を持っています。つまり教会が信仰者に求める在り方に気づかせ、内的にも外的にも適切な対処法を示すという役割を担っているのです。

　今日では当たり前のように考えられるこうした司牧の精神も、一昔前までは決して当たり前のことではありませんでした。特に離婚再婚者をめぐる教会の規律は厳しく、婚姻訴訟などの法的手続きをもって正式に問題が解決されない限り、離婚再婚者は公的にゆるしの秘跡も聖体の秘跡も受けることができないとされていたからです。教会の教義や法は、聖書の教えから導かれた一定の信仰生活の規律の基礎であったとはいえ、魂の救いの手段としては決して完全なものではありません。離婚再婚者は公に罪人の扱いを受け、長期にわたる至極困難な教会の法的な手続きによって解決に導かれなければ、彼らは行き場を失い、生涯秘跡に与れないまま放置される以外に仕方がありませんでした。

　以下に、これまでの教会における離婚再婚者に対する姿勢とその根拠、そして教会の教導権が示した教えの変遷について概要を示します。

(i) 離婚再婚者をめぐる 1917 年法典の規律

　旧『教会法典』の第 2356 条は次のように規定していました。「重婚者（bigami）、すなわち婚姻の絆があるにもかかわらず、他の婚姻をあえて行う者は、それが民法上の婚姻であっても、事実そのものにより当然、恥ずべき者（infames）となる。なお、裁治権者の戒告を無視して違法な同棲に固執する時は、犯罪の程度に応じて破門制裁、または人的禁止制裁を科せられる」。ここに離婚再婚者や教会外の婚姻

関係にある信者は破門制裁を受けると思われていた根拠があります。そして第855条第1項は「破門制裁、禁止制裁を受けた者、公に恥ずべき者（infames）といった公的不適格者は、彼らの痛悔と改心が確知され、かつ公的な躓きが改善されない限り、聖体から遠ざけられなければならない」と規定していました。

これらの条文は、『グラチアヌス教令集』や教皇グレゴリオ9世の『別巻の書 *Liber Extra*』（1234年）をはじめ『教会法大全 *Corpus Iuris Canonici*』（1582年）に収められている諸教令集の中にその法源を見出すことができるものです。

このように、古くからカトリック教会においては、離婚再婚者のような不適法な男女の関係にある者は聖体拝領を許されていませんでした。この規則は1983年に『教会法典』が改正・施行されるまで有効であり続けました。そしてこの1917年法典の規定は、条文の文言こそ同じでないにせよ1983年法典の第915条に継承されたものと考えられてきました。なぜなら教皇庁法文解釈評議会は、現行教会法第915条の法源が旧法典の855条であることを、離婚再婚者がこの条文に拘束されるという見解を提示していたからです（教皇庁法文解釈評議会、*Communicationes* 15［1983］194参照）。しかし実際の現行『教会法典』の第915条には、「重婚者」や「公に恥ずべき者」「公的不適格者」という言葉は見当たらず、「公然にして重大な罪を頑迷に改めない者　in manifesto gravi peccato obstinate perseverantes」というより解釈の幅の広い別の表現が用いられていることに留意すべきです。いずれにしても、この条文の表現に離婚再婚者が含まれるとする解釈は上述の通りつい最近まで特に教会法の専門家の間では通説とされてきました[(44)]。

---

(44)　D. Mussone, *L'Eucaristia nel Codice di Diritto Canonico*, Commento ai

(ii) 2016年までの教会の見解と教導

20世紀後半に至って、社会情勢が目まぐるしく変化し、人々の生活状況が多様化していく中で、家庭の在り様もそれまでとは大きく異なっていきました。かつては社会の醜聞とされていたような男女の関係、事実婚、別居や離婚、再婚といった状況も、決して珍しいものではないと思われるほど急増していきました。教皇ヨハネ・パウロ2世は、こうした家庭をめぐる危機的状況に関して、司牧者は困難な家庭状況にある人々にできる限り寄り添うようにと使徒的勧告『家庭 *Familiaris consortio*』（1981年）を通して教えました[45]。教皇は、教会は常に愛とあわれみの心をもってこうした人々に接するべきであると教えました。そして離婚者、離婚再婚者も決して教会から追放、破門されているのではなく、彼・彼女らも常に教会の一員なのだという意識、特に子供がいる場合は、愛といつくしみの心を持って彼らとともに歩んでいくことが重要だという理解を教会に求めました。そして教皇ヨハネ・パウロ2世は、彼らにとって教会は不寛容で無慈悲な存在ではなく常に思慮深く思いやりのある母のような存在でなければならないという認識を司牧者が持つよう諭されました。教皇は、こうした方針によって教会が離婚を認めている、離婚・再婚に寛容であれと言っているのではなく、教会が離婚者、離婚再婚者と苦悩を分かち合い、彼らに寄り添い、彼らと共に歩んでいくべきだという態度を示したのです。こうした考え方は、教皇ベネディクト16世の使徒的勧告『愛の秘跡 *Sacramentum caritatis*』（2007年）[46]にも踏襲されましたが、離婚再婚者は基本的に秘跡の受領を認められないという姿勢は

Can. 897-958, LEV, 2002, pp. 81-83.

(45) 教皇ヨハネ・パウロ2世、使徒的勧告『家庭』84項参照。

(46) 教皇ベネディクト16世『愛の秘跡』29項参照。

明確に示され続けました（29項）。とはいえ教皇ベネディクト16世は、2012年6月1日から3日にかけてミラノで行われた「世界家庭大会」で次のように述べていました。

「離婚してそのまま再婚した人の問題は、現代の教会を最も苦しめている問題の一つです。それに対する解決法を見出すのは容易ではありません。この苦しみは大きく、私たちが今唯一できることは、小教区の組織や個人がそのような人々の苦しみを軽減できるよう手助けをすることです。……離婚再婚者に対して、私たちは彼らも教会に愛されているということを伝えなければなりませんが、彼らがその愛を目で確かめ、それを実感できることが欠かせません。こういった人々がゆるしの秘跡や聖体の秘跡を受けることができなくても、それは決して『仲間外れ』にされているのではなく、実際に神に愛されている、教会に受け入れられていると感じられるように最大限の努力をすることが、小教区をはじめすべてのカトリックの共同体の大きな使命であると思います。そのような状況に置かれていても、彼らが完全に教会の一員であると感じられるようでなければならないのです。ゆるしの秘跡を受けることができなくても、教会とともに歩んでいる、教会に導かれているということを彼らが実感するためには、魂を救いへと導いてくれる存在である司祭と常に接点を持つことが非常に重要です。……こういった人々に、神の御言葉を受け止め、教会とともに信仰に沿った生活を送ることができる機会が実際に与えられ、彼らに自分たちの苦しみが、すべての人に対する神の愛と婚姻の神聖さを守るための教会への捧げ物であると感じてもらうことが非常に大切なのです」[47]。

_____

（47）2012年6月2日に行われた第7回世界家庭大会での「証の祝典」（閉幕前夜祭）における教皇ベネディクト16世の訓話。

　先述したように、それまで教会は離婚して再婚した信者への聖体拝領の禁止については、旧法典の流れを汲む 1983 年法典の第 915 条をその根拠として度々説明してきました。その考え方は 1994 年の教理省長官の書簡[48]、『カトリック教会のカテキズム』（1650 項）、2000 年の教皇庁法文評議会の宣言[49]、さらに 2013 年の教理省長官の書簡[50] に明確に示されています。とはいえこれらの文書は、教皇ヨハネ・パウロ 2 世が使徒的勧告『家庭』（84 項）において、また教皇ベネディクト 16 世が使徒的勧告『愛の秘跡』（29 項）において承認した一定の条件、すなわち 1973 年に教理省が提示した離婚再婚者への聖体拝領を許可する規準（内的法廷における教会の慣例　probata praxis ecclesiae in foro interno）[51] を常に示してきました。つまり社会的、道義的理由から生活上現在の配偶者との同居をやめることができない場合、一切の性的関係を避け兄妹のように生活することを条件に、教会で躓きを生じさせないようにしつつゆるしの秘跡を通して諸秘跡に与ることができるという規準です。そして教会は、離婚再婚者は信者としての権利が部分的に制限されるものの決して破門制裁を受けているわけではなく、また教会の交わりから除外されているわけでもなく、常に教会共同体の一員であり続け、それゆえ適切な司牧的配慮が必要であることを繰り返し強調してきました。たとえば子女の洗礼や信仰教育など、信者としての基

　（48）*Annus Internationalis*, in *AAS* 86（1994）974-979.『カトリック教会における婚姻』240-247 頁。

　（49）*Communicationes* 32（2000）159-162.『カトリック教会における婚姻』266-271 頁。

　（50）*L'Osservatore Romano*, ed. quotidiana, Anno CLIII, n. 243（2013 年 10 月 23 日付）.『カトリック教会における婚姻』248-265 頁。

　（51）教理省の書簡（1973 年 4 月 11 日）、*Letterae circulares de indissolubilitate matrimonii et de admissione ad sacramenta fidelium qui in unioni irregolari vivunt*（*Leges Ecclesiae*, vol. V, n. 4204, col. 6606, Roma 1980）を参照。

本的な義務と権利は保たれていると度々教示されてきました。

（iii）教皇フランシスコの教導

　教皇フランシスコは2014年と2015年の2度にわたるシノドスにおいて教会の緊急課題として家庭司牧の抱えるさまざまな課題に取り組み、その成果を2016年4月に使徒的勧告『愛のよろこび Amoris laetitia』にまとめました。教皇は、この使徒的勧告の中で特にその第8章において、状況次第では間違いなく離婚再婚者も秘跡の受領が可能であることを示しました。教皇の見解は、仮に離婚再婚者と呼ばれる立場にある信者でも、単純に厳密な線引きができるわけでない、皆が恒常的に姦通の罪を犯すような生き方をしているわけではないという考え方に依拠していました（AL 298）。例外的な事情にある人がすべからく成聖の恩恵を欠く大罪の状態にあるとは言えないからです（cf. AL 301）。つまり民法上再婚したとしても、中には共同生活をしていない者もあれば、もはや姦通の罪を犯すような肉体的な関係を恒常的に有していない者もあるわけで、それぞれ生活状況は異なるのだから画一的な物差しを当てられるわけではなく、むしろ困難な家庭環境に置かれた人々を迎え入れ、司牧者はそれぞれの状況を慎重に判断すべきだということなのです。そして教会共同体も、このような状況に置かれた信者に対して批判的、差別的な態度ではなく、いつくしみの家として彼らの状況を理解し、いたわり迎え入れる姿勢であるようにと教皇は求めているのです（cf. AL 84, 86, 299, 325）。

　ここで教皇フランシスコが言うところの離婚再婚者への秘跡授与の判断基準というのは、教会の倫理と法から逸脱しているいかなる信者にも無差別かつ無責任な仕方でこれを許すものだと解すべきではないことがわかります。教皇は確かに「誰が見ても罪なものをキリスト教の理想だと偽ったり、教会の教えとは異なるものを強引に主張したり

する人が思い上がるのは許されません。そうした意味でその人を共同
体から引き離すことはあり得ます」（AL 297）と述べています。先述
した通りそれまで教会は、離婚再婚者をはじめとする不適法な婚姻状
況にある信者に対する秘跡の授与をめぐって一定の可否の条件を示し
てきました(52)。それらは教皇ヨハネ・パウロ 2 世の使徒的勧告『家庭』
で確認され（84 項他）、さらに教皇ベネディクト 16 世の使徒的勧告
『愛の秘跡』（29 項）においても踏襲されてきたものです。それらは教
皇フランシスコの使徒的勧告『愛のよろこび』の 298 項、299 項およ
び注 329、330 においても、さらに前教皇庁法文評議会議長コッコパ
ルメリオ枢機卿の解説書 *Il capitolo ottavo della esortazione apostolica
posto sinodale Amoris Laetitia*(53) の中でも一連の教会の指針として言
及されています。いずれにせよ教皇庁法文評議会の次官で内赦院の教
会法顧問でもあったアリエタ司教が内赦院の刊行した文書 *Ascoltare
con il cuore di Dio nell'esercizio del minister della Riconciliazione* の
中で確認している通り(54)、それまでの教会の通念とされていた「離婚
再婚者は一律に秘跡に与れない」という単純な経験主義的な考え方は、
教皇フランシスコ自身の教導においてもはや認められるものではなく
なったということは確かです。ここで重要になるのは、「客観的な事
情についての否定的な判断は、それ自体が問題となっている人の引責
性や有罪性についての判断を意味するものではない」（AL 302）とい
う考え方です。教皇は聖トマスの言葉を引用して「愛も徳も持ち合わ

（52）教皇フランシスコ、使徒的勧告『愛のよろこび』注 329 番参照。

（53）Cf. F. Coccopalmerio, *Il capitolo ottavo della esortazione apostolica posto
sinodale Amoris Laetitia*（使徒的勧告『愛のよろこび』第 8 章の解釈についての
解説書), LEV 2017, pp. 27-29.

（54）Penitenzieria Apostolica, *Ascoltare con il cuore di Dio nell'esercizio del
ministero della Riconciliazione*, LEV 2017, pp. 232-234.

せていても、特定の徳を実行することが困難である人もいる」(『神学大全』I-II, q. 65, a. 3 参照) と述べています (AL 301)。

　当初、使徒的勧告『愛のよろこび』において教皇フランシスコが示した教えは、それまでの教会の見解と必ずしも一致しない表現が認められることからも批判的意見が絶えなかったのも確かです[55]。しかし教皇の考えは、教会が示してきた方針そのものの不完全さを乗り越えていくために新たに提示された道、教会にとっての挑戦のようなものだと言えます (AL 298)。教皇フランシスコの教えは、もはや離婚再婚者の立場は、画一的に法律すなわち教会法第915条の「公然にして重大な罪を頑迷に改めない者　in manifesto gravi peccato obstinate perseverantes」という狭い枠組みを根拠として説明することができるものではないことを示しています。

　使徒的勧告『愛の喜び』の教導に照らして先の法文を解釈すると、離婚後に再婚を試みたカトリック信者のすべてが必ずしも教会法第915条のもとで聖体拝領から排除されるわけではないと判断されます。これらのカトリック信者は、それぞれ教会の法、そしてほとんどの場合、神法に反して再婚を試みることによって重大な罪深い問題を含む行為をしたものの、それが「重大な罪」を構成するためには、再婚の試みの重大な罪深さを完全に認識し、それに固執し続けていなければなりません。しかし司牧の経験から、そのような人が皆こうした認識を持っているわけではないことは確かですし、すべての人が、民法上の再婚に際して教会の法に反することに同意しているわけでもないこと、さらに致し方なく再婚の状態に留まっている人もいることは明ら

(55)　E. Pentin, «Full Text and Explanatory Notes of Cardinals' Questions on "Amoris Laetitia"», *National Catholic Register* Blogs, November 14, 2016, http://www.ncregister.com/blog/edward-pentin/full-text-and-explanatory-notes-of-cardinals-questions-on-amoris-laetitia.

かです。それゆえ教皇は、「人々の生活実態があまりに多様であるがゆえに、あらゆる事例に適応し得る教会法に適った一般原則を新たに提示することは期待できない」（*AL* 300）と述べ、司牧者に対して個々の状況を丁寧に判断することを求めているのです[56]。そのため不適法な婚姻状態にある信徒への聖体を含む諸秘跡の授受に関しては、教会法第 843 条第 1 項ならびに 912 条といった広汎な原則に照らして判断すべきです。

　こうした点から、明確にこれまで教皇庁が示した考え方、実践方法を改める必要があります。先の 1994 年および 2013 年の教理省長官の書簡、1983 年と 2000 年の法文評議会の宣言の基礎にある離婚再婚者への秘跡授与が一律に拒否されるとする論理、さらに離婚再婚者は皆、秘跡の受領が「神法によって妨げられる」とした法解釈は、過去に教会公文書の中で是認されてきた経験則とともに教皇フランシスコの使徒的書簡『愛のよろこび』の教導によってもはや支持されるものではなくなったと言えるでしょう[57]。

（56）　実際、前出の 2000 年の教皇庁法文評議会の宣言ですでに次のような見解が示されていました。「深刻な事由のため、たとえば子供の養育のため（物理的には離別できないながらも）夫婦行為を遠ざけ禁欲的に生きることで別居者として義務を果たし（『家庭』第 84 項）、かつその決意のもとでゆるしの秘跡を受けた信者は、離婚再婚者であっても恒常的で重大な罪の状態にあるとはみなされません。実際、信者が離婚再婚者の状態にあり、それが公に知られている場合がある一方で、こうした信者が実際は夫婦同様の生活はしておらず、彼らの事情が公に知られていない場合、その人たちは躓きを避ける仕方においてのみ聖体を拝領することができます」。

（57）　以前私は、拙著『カトリック教会における婚姻』（2017 年、教友社）の第 4 章において、教皇フランシスコの『愛のよろこび』の教えが、歴代の教皇そして教皇庁の教導ともまったく矛盾しないものだという見解を示していましたが、それは適切さを欠いた拙速な判断で皆様に誤解を与えたことをお詫びいたします。詳しくはグレゴリアン大学の学術誌の記事 J. Patrick Travers, "Amoris Laetitia and Canon 915: a merciful return to the letter of the law 2", in

教会の司牧上の問題解決のためにも、私たちは単にそれまでの伝統的な規律や経験則に固執するのではなく、諸状況をより広範な神学的文脈、福音の最高かつ最も中心的な価値観の中に位置づけて考えるべきなのです。慈愛が正義と真実を排除するものではないことは事実ですが、何よりもまず慈愛こそが完全な正義であり、神の真理の最も輝かしい顕現であると言わなければなりません。こうした本質的な視点に立って「魂の救い」という教会の行動原理を考える必要があるのです（cf. *AL* 300, 304）。

　これは、教皇の個人的な意見やシノドスの教父たちの提案という類のものではなく、「教会の最高立法者の明確な意思」（can. 17）であり間違いなく教皇職における「信仰者が知性と意思の恭順を表さなければならない真正な教導権　Magisterium authenticum」（can. 752）の行使であるということを覚えておくべきです[58]。

　司祭、特に聴罪司祭は、こうした婚姻の問題をめぐる教会の教えの変遷と最新の教導をより正しく理解しておく必要があります。教皇フランシスコが使徒的勧告『愛のよろこび』をはじめとする自身の教導職において提示しているのは、それまでの教会の判断基準を正しく理解したうえで、さらに教会は「魂の救い」という本質的な原則に基づいて、傷ついた信者に可能な限り丁寧に「寄り添って」対話を行い、慎重にその人の状況・必要を「判断し」、教会共同体へ「招き入れ」、

Periodica 107 (2018) 367-418 を参照してください。

　(58) Cf. J. Patrick Travers, "Amoris Laetitia and Canon 915: a merciful return to the letter of the law 2", in Periodica 107 (2018) 367-418; S. Pié-Ninot, «Magistero da accogliere e attuare», *L'Osservatore Romano*, August 24, 2016, 3; K. Martens, «What is the "ordinary magisterium"? A brief history of a disputed idea», *Catholic Herald*, August 30, 2016, http://www.catholicherald.com.uk/commentandblogs/2016/08/30/what-is-the-ordinary-magisterium-a-brief-history-of-a-disputed-idea/.

主の道を再び歩めるように導くという、「司牧的いつくしみの論理」[59]に基づいた対応を各々の司牧現場において実践すべきだということなのです。

　教会の法の目的は、「正しい道」を公に示すとともに人々を「魂の救い」に導くことであって永遠の罰に止め置くためのものではないのです。教皇は、時に「例外的な状況に対処する方法が認められる場合があるからといって、真理の光を弱めること、福音の言葉を薄めることをするのではない」（AL 301）とも語っています。あくまでも「正しい道はキリストの道」ただ一つであるのです。それゆえ婚姻の尊厳を構成する本質的な要素を軽視したり否定したりすることはできません。それらは人間の聖性への道に他ならないからです（『愛のよろこび』第3章参照）。しかし傷ついた羊たちもその道に帰ってきて共に救いの道を歩めるように、裁くのではなく回心を助けることによって救いに導く「真理における慈愛」に基づいた努力が司牧者ならびに教会共同体全体に求められていると教皇は教えているのです（同第8章参照）。そうして「教会には倫理のダブルスタンダードがあるとの考えに至る危険性を回避できる」（AL 300）と教皇は語っています。

　教皇フランシスコは、離婚再婚者と呼ばれる人であっても、「その生活状況や負っている責任はさまざまに異なるため、個別に司牧的な識別をすべきであり、あまりに柔軟性を欠いた厳しすぎる定義で信者を分類したり一様に決め付けたりすべきではない」（AL 298）とも述べています。また単純に「誰かの行動が、法律や一般的な規範に沿うかどうかを検証するだけでは不十分」（AL 304）で、「法律による判断とその効果が常に等しくあるべき必然性はないと認識すべき」（AL 300）であり、さらに「広く適用可能な法的規則、単純な処方箋を期

（59）教皇フランシスコ、使徒的勧告『愛のよろこび』第8章、307-312項参照。

待すべきではない」（AL 298）とも注意を促しています。そして「聖体拝領は決して完璧な信者への褒美のようなものではなく、罪に傷ついた弱い信者を力づける無償の神の賜物である」ことも強調しています（cf. AL 297）。

教皇フランシスコは、それまでの教皇たちと同様な言葉をもって（しかしそこには「離婚再婚者は基本的に秘跡から遠ざけられる……」という含みはもはやないものと思われます）、出来得る限りこうした不適法な婚姻状態にある信者が「破門されていると感じるようなことがないように」配慮する必要があると説き、「彼らを招き入れることは、彼らの子供への配慮や子供のキリスト教教育のためにも必要であり、こうした子供たちこそ誰よりも重要な司牧的な支援の当事者として捉えて対応すべきである」（AL 299）と繰り返し教えています。

家庭が崩壊の危機にある現代社会において、教会が世俗の価値観や流行のようなものを安易に認めるような、まさに世に迎合するようなことはしないのです。むしろ教会は、主から受け継いだいつくしみと愛に基づく真の家庭の価値を徹底して大切にすることで、世に向けて福音を広めていく立場にあります。「世に打ち勝つ勝利、それは私たちの信仰」なのです（1ヨハ5・4）。教皇フランシスコの教導は、離婚再婚という状態に陥ってしまった信者をはじめ、教会の中で不適法な婚姻状態にある人をそのまま放置しておくような無責任な実践を推奨しているわけではなく、困難の中にも信仰者としてよりよい生き方に向けて教会全体が彼らを励まし共に歩んでいく姿勢を求めているのです（cf. AL 246）。

なお、上述の一連の不適法な婚姻関係にある信者は、通常、教会の名において、つまり教会を代表するような一定の職務を担うことはできないとされてきました。たとえば、教会裁判所の法務官や弁護人、教区会計責任者（oeconomus dioecesanus）、教区の事務局長ないし次長、

祭壇奉仕者（臨時の聖体奉仕者）、朗読奉仕者、カテキスタ、カトリック学校の宗教の教員やカトリック大学における神学の教授などがそれに該当します[60]。ただこの点についても教皇フランシスコは、それぞれの信者の置かれた状況を適切に判断することで、離婚再婚者のような立場の人が現時点まで実施されてきた典礼や司牧的活動における彼らへの制限のうちのどれを見直すことができるのか具体的に考える必要がある（AL 299）とも述べているのです。

ⓒ民法上だけ結婚した信者・同棲者

　教会外で、つまり民法上だけ結婚した信者のように、教会において正式な婚姻の身分として認められていない生活状況にある信徒が聴罪司祭のもとを訪れた際は、特別慎重な対応が必要とされます。当然、厳しい態度は絶対に避け、まず温かく迎え入れることを心掛け、相手の善意を尊重するという原則に基づいて、彼（彼女）の生活状況が真の教会の求める信仰生活からは離れているものであることを丁寧に自覚させることが必要です。告解室でのこうした人々との出会いは、ある意味で重要な宣教の機会の一つとなります。そのため司祭は、彼らの生活を教会の教えに沿うものとするよう適切な指導を行い、教会で正式な婚姻契約を結ぶよう導かねばなりません（AL 297）。また事実婚の状況は、「福音の光によって結婚と家庭の完成に向けて歩み始める好機に変えていかなければなりません。それはこうした状況を忍耐と繊細さをもって受け止め、共に歩んでいくという建設的な仕方で対処しなければならないということです」（AL 294）。

　民法上だけ結婚したカトリック信者、あるいは同棲生活を送るカトリック信者に関しては、彼らの生活が教会の教えと一貫性がなく、ま

---

(60)『カトリック教会における婚姻』（2017年、教友社）、228-230頁参照。

た彼らが教会の信仰と一致した生き方を望まず、このような生活状況に留まり続けることを頑なに改めない場合は、諸秘跡つまりゆるしの秘跡ならびに聖体拝領、堅信の秘跡などに与ることは認められません[61]。カトリック教会は、カトリック信者に関して民法上だけの婚姻関係は、そもそも真の婚姻の絆を生じるものではないとしています(教皇庁法文評議会『婚姻の尊厳』第5条第3項)。

ⓓ自分が信者として不適法な生活状態にあることに自覚のない信者

すでに上述した通り、信者として善意で結婚生活を送っている一方で、自分たちの置かれている不適法な生活状態を客観的に把握できていない人々が、たまたまゆるしの秘跡に訪れそのことについて触れる場合があります。たとえば、幼い頃に洗礼を受けたものの教会の教えをよく学んだ経験がないため、悪意はなく、ゆるしの秘跡では解決することができないような同棲生活、教会外の夫婦関係にあるような人々です。彼らの置かれている状況の法的・教義的な違反状態を公にすることで、かえって本人や教会共同体に大きな躓きを起こす危険が予測される場合には、まずこうした告白者たちが善意の状態に留まれるようにすべきだという原則が適用されます。神学者や聖職者の倫理的要求と信徒の罪悪感との間には常に何らかの食い違いがあるものです。古くから言われてきたように、客観的にみて、ある信者の行為や状態を大罪だとすぐに断罪して軽率に信者を咎めたり、信者の告白した罪に対して厳格な態度であえてその重大さを誇張したりするよう

---

(61) 使徒的勧告『家庭』81, 82項および CEI, *La pastorale dei divorziati risposati...*, nn. 36, 41; can. 915 参照。これは教会法第915条の意図するところの頑なに回心を拒み続けている状態を明示しているとこれまで解釈されてきたからです。

な司祭の態度は適当ではありません[62]。聖アルフォンソ・デ・リゴリは、「少なくともその場で譴責することが有益でないと判断される場合、聴罪司祭は悔悛者に対して、以前の行為が大変罪深いものであったとあえて知らせるべきではない」とも述べています[63]。いかなる罪であれ、それを重大なもの、ないし軽いものと判断する情状が考えられます。つまり悪とされている行為が、完全な知性の認識と自己の同意をもって本人によって自由かつ自発的に行われているかどうかの判断が必要とされるのです（cf. can. 916）[64]。

民法上だけの結婚や、単なる同棲生活を送る信者に対しては、「教会の一部を成す彼らをあわれみと励ましによって注視して」、彼らの生活が「完全な形の結婚の福音へ開かれていくように導くよう」司牧的対話が求められます（*AL* 293）。そのため司牧者は、このような信者のすべてを初めから頭ごなしに非難するようなことは決してすべきではなく、状況に合わせて慎重に彼らの生活を教会の教えに適ったものにしていくよう内的法廷のみならず外的な場でも解決に向けて司牧的配慮に努める必要があります。

こうした状況は、近年益々増加しているように感じられますが、その背景には、当事者の信仰の問題だけでなく、教会の責任、特に親や司牧者の青少年に対する信仰教育の問題、あるいは教会の組織や指導的責任を担う人の意識や取り組みにも問題があるように思われます。

司牧者の皆さんに覚えておいて欲しいことは、離婚して再婚した人、ならびに不適法な婚姻関係にある人に対する司牧の指針、特に秘跡の

---

(62) Cf. V. Régnault, *De la prudence des confesseurs*, p. 130.

(63) Cf. Alphonse de Liguori, *Theologia moralis*, VI, n. 610, p. 635.

(64) 同 126-127 頁参照。J. de Corella, *Practica del confessionario...*, の §5, 13 も参照。

授与に関して、司祭は個人の勝手な考えによってではなく、まず教会の教えから導かれる明確な規準に従って行動しなければならないということです[65]。司祭個人は教会の秘跡の主ではなく、あくまでそれらを正しく管理し授ける立場にあるのです。教会法にも、「教会の奉仕者として聴罪司祭は、ゆるしの秘跡の挙行に際し、教導職の教えと権限ある権威者による規定を忠実に順守しなければならない」と述べられているのはそのためです（cf. can. 978 §2）。肝心なことは、司祭はできる限り教会の判断基準に基づいて正しく状況を識別しながら、目の前にいる心に重荷を抱えている信者に寄り添い、真の信仰の喜びに立ち帰ることができるよう適切に導くことなのです（cf. *AL* 300）。

②司祭、奉献生活者、ならびにその志願者

聴罪司祭は、司祭、奉献生活者、あるいは聖職志願者である神学生、奉献生活者を目指す修練者や志願者といった人々に対しては、特別な責任を持って告白を聴く必要があります。これらの人々に対して、聴罪司祭は、公平な裁判官、そして魂の良き医師の役割を果たさなければなりません。時に聴罪司祭の極端な厳格さは、取り返しのつかない損害につながる場合もあります。聴罪司祭は、聖職者や奉献生活者およびその志願者が、自らを正すのを助けるために、常にできる限りよい手段を用いなくてはなりません。些細なことについても厳しく叱ることは不当で逆効果になってしまう可能性があります。しかし、常に完徳を目指していなければならない聖職者、修道者においては、小さな罪でも習慣的に犯しているのであれば、当然、何らかの警告が必要となります。しかしそうした警告をする際も、徹底的に叱責するようであってはいけません。

---

(65)『カトリック教会における婚姻』（教友社、2017年）の224-230頁を参照。

　聖職者が、「持続的で重大な」倫理上の問題を抱えている場合、彼が間違って聖職に就いてしまった、あるいは聖職者になることが勧められない状況にあったにも関わらず教会の奉仕職の道を歩むことになったというようなことが判明した場合、聴罪司祭は、まずあらゆる手段を用いてその状況の改善を試みなければなりません。しかし、改善に成功しない場合は、その人に聖職者としての職務および義務からの免除を管轄機関に申し入れ、聖職者としての生活そのものを放棄するよう助言しなければなりません。

　叙階によって司祭としての生活を、また誓願によって修道者としての生活をそれぞれ歩み始めるためには、候補者が徳行に優れているのはもちろんのこと、精神的にも健康で、信仰に関する知識や貞潔を守る感覚を常日頃から身につけているという社会通念上の確信が養成の責任者によって得られていなければなりません（cf. can. 1029）。当然、教会の教えにあまり忠実でなかったり、習慣的に独身制や貞潔の誓いに不忠実な生活態度や無理解を示したりする者は、明らかに司祭叙階にも修道誓願にも不適格なのです。そのため聴罪司祭は、教会が絶えず提示してきた原則や規範を彼らに示すことで賢明に自らの職務を果たさなければなりません。このことに関して、教皇ヨハネ・パウロ2世が2002年3月15日に内赦院に宛てた訓話の中で重要な権威ある言葉を述べています。

　「ゆるしの秘跡は、聖職者としての適性を判断するための最適な手段です。叙階に向かって進むためには、可能な限り将来にわたってその決意を保ち続けることを保証する堅固かつ成熟した徳性が不可欠です。……したがって、候補者が聖職の道に進むことを許可する権限を持つ者は、今ここで、候補者の適性についてはっきりとした確信を持っていなければなりません。この原則が候補者のあらゆる徳性や倫理的生活習慣に適用されるとするなら、それらが貞潔の義務においていっ

そう必要とされていることは明らかです。なぜなら叙階されたその時から、候補者は生涯にわたってその独身を貫かなければならないからです」[66]。

〈注意点〉

ここで聖職者ならびに修道者、またそれらの志願者に関する内的法廷の実践について特に覚えておくべき原則を述べます。

修道会の上級上長（修道院長や管区長、総長）、教区司教および地区裁治権者（can. 984）、神学校の校長（can. 985）などの養成の責任者は、自己の従属者の秘跡的告白を聴いてはならないという規定を順守する必要があります（cf. cann. 630 §4, 985）。内的な告白の秘密の厳守は、秘跡的告白であろうと秘跡外の内的法廷での対話に関してであろうと絶対的に順守されなければなりません。こうして知り得た情報を単に直接的あるいは間接的に漏洩させるのみならず、自己の外的統治に何らかの仕方で用いることは、いずれにせよ秘跡的封印の侵犯につながり教会法上の制裁の対象となる可能性があります（cf. can. 1388; SST art. 4）。もちろん主任司祭であっても、教会法第984条第1項の規定「ゆるしの秘跡を受ける者に不利益を与えるおそれのあるときは、告白によって得た知識の使用は絶対に禁じられる」ことに留意する必要があります。また霊的指導者という任務を委ねられた人もこうした内的な対話の秘密をすべて固く守る義務があることを覚えておく必要があります。そして神学生の叙階の許可および神学校からの退学処分の決定に関して、霊的指導者および聴罪司祭は何ら意見を与えることも聴取されることも絶対に許されません（cf. can. 240 §2）。

これに準じて、修道会の上級上長の顧問や神学校の校長以外の養成

---

(66) *AAS* 94 (2002) 678.

者、司教顧問なども、教会の長上の人事的な決定に意見を与える立場
にあるため、同じ組織に属する人物の秘跡的告白を聴くか霊的指導や
同伴に当たるような場合には、教会法上の直接的な規制はないものの、
従属者との共同生活ならびに自らの任務遂行において特別慎重な行動
が求められます。修道会の志願者、聖職候補者、および同じ組織の仲
間である修道会会員や司祭に関して、たとえそれが良い評価につなが
ると思われる情報であっても、悪い評価に関するものと考えられるも
のであっても、聴罪司祭としてはもちろん霊的指導者として聴いた内
容に関して、外的な場においてはいかなる仕方によってもその情報を
与えるべきではありません。

　女子修道会においても例外ではありません。霊的同伴者、霊的指導
者たる修道女が、たとえば会の上級上長ないし会の運営、人事に関わ
る顧問のような立場である場合（もちろんそれ以外の立場であっても）、
先の神学校の規定で想定されているのと同様なことが言えます。修道
女の場合は直に秘跡的告白の秘密に関わることはないにしても、他の
姉妹との内的な対話の内容について、その情報が容易に外的な場、特
に会の統治者に直接知られる場に持ち込まれるといった危険が起これ
ば、真の意味での霊的指導、同伴の価値を失わせ、修道女としての健
全な霊的成長、ひいては修道会の健全な活動をも損なうことにつなが
ります[67]。

　実際、司教や管区長、神学校の校長などの教会の長上たる人物が、
自己の従属者が重大な罪を犯した事実をゆるしの秘跡において直接
知ってしまった場合（それが仮に重大なものでなくても）、その人物に
対する自らの評価・判断に何の影響も及ぼさずに済ますということは

───────────
　(67) 本書冒頭の使徒座裁判所内赦院の通達『内的法廷の重要性と不可侵である
秘跡的封印について』（2019 年 6 月 29 日）を参照。

現実的に難しいことでしょう。たとえば、従属者から非常に重大な犯罪を犯したことをゆるしの秘跡において告白された場合、それを聞いた長上は、告白者が自主的に外的法廷に事案を持ち込まない限り、直ちに加害者に適切な制裁措置を科したり、被害者への対応や教会共同体の躓きの回復のために、自ら知り得た情報をもとに直に教会法上の措置を取ったりすることが実質上不可能となるのです。そのような状況に遭遇した場合、教会の長上は、重大は犯罪について告白する自己の従属者の回心が真正なものかどうかを確かめ、事案を確実に外的法廷に持ち込むよう何らかの仕方で指示する責務があります。

　また教会権威者が、自己の従属者が関わった重大な犯罪について、その被害者から告白を聴いた場合（被害者に有責性が問われることはないとしても）、事案を外的法廷に訴えて解決するよう指示すべきです。教会権威者の中には、被害者・加害者問わず重大な犯罪に関する告白を仮に相談という場で聴いた場合、あえて問題を表沙汰にせず事を穏便に済ませるよう計らう人もいるでしょう。しかしそのような措置がすべて平和裏で適切な解決策であるとは限りません。被害者が問題を公表し訴え出なければ、適切な償いが果たされず、加害者は何事もなかったように平然と振る舞い続け、事件としては闇の中に葬られる可能性があるのです。一方で容疑者とされる人物においては、外的法廷において公正な調査と審判がなされない場合、容疑を晴らすための自己弁護の機会が奪われるという危険性も考えられます。このように争訟を回避し速やかに事案を解決するという名目で外的法廷での公正な審判に委ねない場合、かえって教会にとってより重大な問題、教会の無責任、隠蔽体質、高位聖職者の自己保身として糾弾されることにつながる恐れもあるのです。

　なお、秘跡的告白を聴いた司祭は、「いかなる状況であっても外的法廷においてその者の証人として証言を提供することはできない」（cf.

can. 1550, §2, 2°）ということも覚えておくべきです。

ⓐ婚姻を試みた聖職者・修道者

教会法上違法とされる、恒常的に神の十戒の第六戒に反する関係にある司祭や修道者が告白に訪れた場合、彼・彼女が再び諸秘跡を受けることが許されるためには、死の危険の場合を除いて、教会の管轄機関に措置を求めて聖職者としての独身の義務、または修道誓願からの免除を願うことが必要となります。

まず、事実上夫婦同然の生活状態（私通関係）にあるか、国家法上の婚姻を試みた[68]聖職者は、その事実そのものにより（ipso facto）教会の職務から罷免され（can. 194 §1, 3°）、伴事的聖職停止制裁を受けることになります（can. 1394 §1）。聖職者でない修道者の場合は、そうした事実そのものにより修道会から除名されたものとみなされ（can. 694 §1, 2°）、伴事的禁止制裁を受けます（can. 1394 §2）。ただし内赦院は、常に公になっていない事案においては、独身制を除いたこれらの教会法の制約を赦免する権限を持ちます。

（ケース１）

司祭の場合、通常、聖職停止制裁は、破門制裁や禁止制裁とは異なり、秘跡の受領まで制限するものではありませんが、聖職者が事実上、夫婦と同様な生活を送っている場合、持続的な姦通状態にあることから、当然、秘跡を受けることができません。聖職者がこうした状況に留まり続ける場合は、必要な手続きを経て聖職者としての身分が剥奪

---

(68) 『教会法典』においては、無効障害を持つ者が何らかの法律行為を行おうとする場合、有効に行為する能力がないので「試みた」と表現されます。一方で、たとえば無効障害を持たない（法的能力のある）人物が、正しい意向を欠いた状態で行為する場合は、「偽って～する」と表現されます。

されます（can. 1394 §1）。しかし聖職者は、その身分を喪失しても叙階の際に誓約した独身の義務からは自動的には解かれません。この独身の義務の免除（恩典）の付与は、唯一教皇に留保されているからです。それゆえ聖職者は、この独身の義務からの免除の手続きを教皇に願わなければなりません。

　まず聖職者本人が書いた教皇宛ての請願書と、公証官の立ち合いの下で調査官[69]によって行われた調査結果（本人ならびに関係者からの証言聴取、養成課程ならびに司牧生活時の全記録）、そしてそれらを基に作成された教区司教の意見書を使徒座[70]へ送り、使徒座での審査を経て免除が妥当と判断される場合に限り教皇からの恩典が与えられます[71]。通常はこの免除の中で懲戒罰の赦免が与えられます。ただし、すでに当事者が民法上婚姻の状態にあれば、当然、教皇から独身の義務の免除が当人に通知された後、ゆるしの秘跡を経て教会法上有効な婚姻を締結するまでは死の危険がない限り、持続的な姦通状態にあるため、いかなる秘跡も受領できません[72]。また恩典が与えられた後も、

---

(69) この場合、調査官および公証官は司祭が望ましいとされています。

(70) 聖職者によって管轄部署が異なります。通常は聖職者省、宣教地では福音宣教省、東方典礼の場合は東方教会省となります。

(71) 使徒座から出されている聖職者の義務からの免除に関する一連の規定は、*Collectanea documentorum, ad causas pro dispensatione super «rato et non consummato» et a lege sacri coelibatus obtinenda*（LEV, 2004）の第二部にまとめられています。現在の管轄省庁は各文書の発表当時とは異なるものの、現在も規定そのものは有効であり、すべての手続きはこれに従います。なお現在はこの手続きに際して聖職者の年齢や手続き開始までの年限などに関する以前の慣習は一切廃止されています。そのため手続きはいつでもできますが、事案ごとに決定が出されるまでの期間ならびに審査員の数が異なります。2014年の時点で、宣教地以外の国からの聖職者の義務からの免除の申請は、年間約1000件で、そのうちの約7割に対して恩典が付与されています。詳しくは『聖職者の違法行為と身分の喪失』（教友社、2017年）を参照。

(72) 例外として、教会法第1079条第2項にもとづいて死の危険にある助祭が

当人は司祭、助祭としての行為はもちろん、教会の公の職務、たとえば教区会計責任者、教区裁判所法務官、祭壇奉仕者（臨時の聖体奉仕者）、朗読奉仕者、カテキスタ、カトリック大学における神学の教授などを務めることはできません。ただし、信徒に躓きを与えないことが確実な場合に限って、地区裁治権者は、こうした職務に就くことを許可することができます。また一度有効に授けられた叙階の秘跡は、その霊印（カラクテル）が消えないため、死の危険にある人に対しては有効にゆるしの秘跡を授けることができます（cf. can. 976）。

（ケース２）

　一方、修道者の場合は、婚姻契約を締結した場合[73]、民法上であれ婚姻を試みた場合、その事実そのものにより当然修道会から除名されたものとみなされます（can. 694 §1, 1-2°）。この場合、会の上級上長およびその顧問会による調査、ならびにその事実の宣言により（必要な場合は使徒座の承認をもって）除名が確定します[74]。修道者が婚姻を試みた場合（非聖職者の修道者の場合、教会法第1394条第２項により伴事的禁止制裁が科され）、法的に除名が確定されると、もはや修道者の身分ではなくなり誓願に基づくすべての義務が解かれますが、諸秘跡に与かるためには別途禁止制裁などの刑罰を解いてもらう手続きを管轄機関に対して申請する必要があります。修道者が聖職者に叙階され

婚姻締結を望む場合、裁治権者および適法に委任された司祭、小教区主任司祭などは、助祭職階にある者に対してのみ叙階に起因する婚姻無効障害を免除することができるとされています。ただし司祭、司教職階は除外されています。

（73）たとえば有期誓願者や私誓願者の場合、貞潔の公的な終生誓願を立てていないため、婚姻を無効とする障害とはなりません。それゆえ不適法ではあっても婚姻そのものは有効に締結できるためこの表現が用いられます。

（74）教皇フランシスコ、自発教令形式の使徒的書簡『コンムーニス・ヴィータ Communis vita』（2019年3月19日）参照。

ている場合は、同時に聖職者の義務の免除を教皇宛てに請願すること
になります。

　また婚姻を試みなくとも、修道者が私通関係にある（夫婦同様の
生活をしている）場合、あるいは第六戒に反する外的罪に留まり、信
者に躓きを与えている場合（cf. can. 965）も必ず修道会からの除名手
続きを開始しなければなりません。上級上長およびその顧問会の調
査、審理を経て総長とその顧問によって法的に除名が決定された場
合、除名の決定書が出されます（cf. cann. 694, 695, 697, 699）。除名の
決定は、貞潔を含む誓願に由来するすべての義務と権利を消滅させ
ますが（cf. can. 701）、聖座法の会は使徒座の奉献生活・使徒的生活
会 省（Congregatio pro institutis vitae consecratae et societatibus vitae
apostolicae）によって、教区法の会は教区司教によって決定が承認さ
れないかぎり、除名の決定はその効果を生じないため、関係書類はす
べて管轄機関へ送付されます（cf. can. 700）。修道者が聖職者である場
合は、教皇に宛てた独身を含む聖職者の義務の免除の申請も必要とな
ります。除名の決定書と管轄機関からの承認の通知を本人が受け取る
ことで、修道者は普通の信徒の身分に戻ります。また教皇からの答書
によって聖職者としての身分を失い、その義務から解かれます。その
際に、管轄機関から懲戒罰の赦免を得られていない場合には、諸秘跡
に与かるために別途その手続きが必要となります。

　除名された修道者が、すでに関係を持っている相手との共同生活を
継続したいと望む場合、教会法上有効とされる婚姻を締結しない限り、
死の危険がない限り諸秘跡の受領は禁じられます（can. 692）[75]。

　聖職者と同じく、修道者を辞めた者は、教会の公的な任務に就くこ

---

(75) 教会法第1079条第2項によれば、死の危険が迫っている場合、貞潔の公
的終生誓願を立てた者に関しての婚姻無効障害（can. 1088）が免除されます。

とで教会共同体に躓きを与えることが予測される場合は、それらの任務を引き受けることを避けなければなりません。もちろん地区裁治権者が許可した場合はその限りではありません。そして上述した一連の手続きをもって信仰者としての法的、倫理的な生活状況を正常化しない限り適法な秘跡の受領はできません。

　ⓑ神の十戒の第六戒に反する重大な犯罪（性的暴行）を犯した聖職者
　先述の通り、教会の規律は、いわゆる聖職者による神の十戒の第六戒に反する罪について、それが恒常的かつ公然のもので現実的に躓きなどを生じさせているもの、ないし被害者が現実に存在する事案に該当するもの（法的に犯罪とされるもの）なのか、それとも犯罪性が問われない、あくまで私的なもの（個人的な罪とされるもの）なのかといった具合に、教会のこの種の事案の対応に違いを持たせていることがわかります。

　通常、神の十戒の第六戒の罪や犯罪に含まれるのは、必ずしも男女の性交渉だけでなく、いわゆる性的暴行、すなわちセクハラと呼ばれるもの、身体的な接触、言葉などの執拗な性的嫌がらせや勧誘といった他のしぐさによるものも含まれます。さらに最近では、データ通信を用いた場合も含めた（18歳未満の）児童ポルノ素材の制作、公開、所持、頒布の実施もこの犯罪に含められることが教会によって明示されています[76]。

　教皇フランシスコの自発教令形式による使徒的書簡『あなたがたは世の光である　*Vos estis lux mundi*』の施行により、現在では、聖職者による神の十戒の第六戒に反する犯罪のうち、相手の性別や年齢を

（76）教皇フランシスコ、自発教令形式による使徒的書簡『あなたがたは世の光である　*Vos estis lux mundi*』（2019年5月7日）第1条。

問わず、暴力または脅迫によって、あるいは聖職者の立場・権威の濫用によって性的行為を行うように、もしくは受けるよう強要した場合、あるいは同様な仕方で未成年者および成年弱者と性的行為を行った場合、またデータ通信を用いた場合も含めて（18歳未満の）児童ポルノ素材の制作、公開、所持、頒布を行った場合、さらには未成年者または成年弱者に対して、ポルノ公然陳列（ポルノグラフィック・エキシビジョン）に参加するよう募集したり誘ったりした場合、これらすべてが外的法廷において重大な犯罪に問われ、その審判は使徒座の各管轄機関に留保されます（art. 1, §1, a）。またそうした事実を知りながら教会法、国家法上の調査に際して隠蔽するなどの不適切な対応をした教会の責任者も同様の罪に問われることになっています（art. 1, §1, b; art. 6）。

　この特別法の対象とされている性犯罪は、基本的に伴事的制裁ではないため、使徒座が各裁治権者と連携して事案ごとに状況（犯行の有無や軽重）を確かめたうえで適切な刑罰を科すことになります。つまりゆるしの秘跡において司祭が既遂の事実としてこうした事柄を自身の罪として告白し、ゆるしを得たとしても、犯罪としては未だその時点で確定されていないのであれば当然犯罪としては赦免されることはなく、事後の訴追は免れ得るものではありません。また犯罪が確定され刑罰が科されている場合でも、聴罪司祭が刑罰の赦免の権限を欠いていれば当然赦免はできません。要するに内的な罪としては秘跡的にゆるされるとしても、外的な犯罪としては審判によって課される適切な償い、正義の回復などの責任から免れ得るものではなく、教会の管轄機関から赦免が認められるまで刑に服さなければならないのです。

　なお教皇ヨハネ・パウロ2世によって公布され教皇ベネディクト16世によって改訂された自発教令『諸秘跡の聖性の保護 *Sacramentorum sanctitatis tutela*』と付随する教理省の『より重大な

犯罪に関する規則　*Normarum de gravioribus delictis*』（2010 年 5 月
21 日）によれば、聖職者が、いかなる仕方であれ、いかなる状況であ
れ（同意のあるなしに関わらず）未成年者との間で神の十戒の第六戒に
反する罪を犯した場合、時効（20 年）は、当該未成年者が成年（18 歳）
に達してから起算されることになっています（art. 7, §2）。ただし、教
理省は事案ごとに時効を廃し、訴追された事案の審理を行い、制裁を
科す権限を有しています（art. 1）[77]。

　また教皇フランシスコは、2016 年の自発教令形式の使徒的書
簡『コメ・ウーナ・マードレ・アマレーヴォレ　*Come una madre
amarevole*』（2016 年 6 月 4 日）において、司教や聖座法の聖職者修道
会および使徒的生活の会の上級上長の立場にある者が、教会における
重大な問題を放置したり、それに対して誠実な対処を行わなかったり
する場合、罷免され得ることを規定しました（art. 1, §2）。これには年
少者への性的虐待の問題も含まれると明記されています（art. 1, §3）。

　このため聴罪司祭は、上記の教会の諸規定を心に留め、特に聖職者
が関係する神の十戒の第六戒に反する罪の告白を聴いた場合は、たと
えそれが被害者からのものであれ加害者からのものであれ特別に慎重
に状況を識別する必要ならびに重大な責任があります。秘跡的封印
を守る必要性から、当然、聴罪司祭本人には上述の自発教令『あな
たがたは世の光である　*Vos estis lux mundi*』が課す情報提供の義務
（*VELM* art. 3, §1）はありません。秘跡的封印（sigillum sacramentale）
と呼ばれるゆるしの秘跡における聴罪司祭の守秘義務は、2019 年 12
月 17 日付の教皇の答書（Rescriptum ex audientia Ss.mi: *Rescritto del
Santo Padre Francesco con cui si promulga l'Istruzione Sulla riservatezza
delle cause*）によって聖職者による未成年者への性的虐待事案につい

---

(77)『聖職者の違法行為と身分の喪失』（2017 年、教友社）241 頁参照。

て撤廃された「教皇機密 secretum pontificium」と呼ばれる守秘義務とは異なるものであることに注意が必要です[78]。

　しかし少なくとも告白者が加害者である聖職者の場合は、外的法廷に移して適切な措置を講ずるよう責任をもって指示しなければなりません[79]。これは殺人を犯したという信者の告白を聞いた場合と同じです。その際、当事者が真に心から悔い改めているのかどうかを確認し、罪としては内的にゆるされるとしても、罪の赦免そのものが犯罪としての外的な訴追を免れるものではないこと、そして誠実に自分の犯したことを外的法廷において認め、相応な贖罪的刑罰を受け裁治権者の指示に従って聖務から遠ざかり、被害者が負う傷の癒しや正義の回復のため適切な償いを果たすよう促さなければなりません。ただしこうした措置の遂行そのものを赦免の条件として強制することは適当でありません[80]。しかし、もし加害者である聖職者が心から自分がしたことを悔い改めていれば、秘跡的赦免を受けるに際して誠実に告白し、聴罪司祭の勧告に従って償いとして適切な措置をとることができるはずです。聴罪司祭は赦免に際して、勇気をもって自己の責任を果たすよう説得すべきでしょう。もし告白者がその勧告を誠実に実行しない場合、そのゆるしの秘跡は告白者にとって真正なものであったとはたして言えるでしょうか。

　一方で聖職者による性犯罪の被害者、特に未成年者がこうした出来事を告白した場合、当然のことながら被害者本人は何ら責任を問われ

---

(78) 教理省『信仰に反する犯罪およびより重大な犯罪に関する規則』（2010年5月21日改訂版）の第30条（『聖職者の違法行為と身分の喪失』[2017年、教友社] 248頁）および教会法第471条第2号を参照。

(79) 補注のCを参照。

(80) 本書冒頭の使徒座裁判所内赦院の通達『内的法廷の重要性と不可侵である秘跡的封印について』（2019年6月29日）を参照。

ないはずです。ただし聴罪司祭は、秘跡的告白の秘密を守る絶対的義務があるため、被害者本人が両親や主任司祭、他の適格な人物に自発的に犯罪の事実について話すよう勧めることができますし、またそうするよう勧めなければなりません[81]。

　現在、すべての聖職者または修道者は、聖職者による性犯罪の事案について、何らかの情報を得ている場合、それがたとえ不確実な情報であったとしても関係上長に報告する義務を負っています（*VELM* art. 3, §1）。また信徒もそうした報告を自由にすることができます（*VELM* art. 3, §2）。

　同様に、聖職者によるその他の重大な犯罪について何らかの情報を得ている場合、あるいは自身が実際に聖職者から性暴力以外で重大な被害に遭っている場合も信者は当該聖職者に改善を促すとともに事情を自己の裁治権者に報告し、問題が解決されるようはたらきかけるべきです。なぜなら聖職者の看過できない問題は、それが繰り返されている場合、それを放置することによってより多くの教会の現場においてさらに深刻な霊的、精神的、物理的被害を生じさせ、ひいてはその解決をより困難なものにし、教会そのものの信頼喪失にもつながる可能性があるからです。それゆえ聖職者による性暴力のような教会内の重大な問題を知りながら、あえてそれを隠すことは、それ自体、新たな犯罪に加担することになり得るのです。もちろん情報が提供されただけで即それが犯罪として認定されるわけではなく、報告内容が確定的なものでなければ、あくまでも疑いをかけられた人物は審理が確定するまで推定無罪とされる原則に立って当事者の名誉は最大限守ら

---

　(81) 同上および、教理省『聖職者による未成年者への性的虐待事案における手続きに関する手引書 *Vademecum su alcuni punti di procedura nel trattamento dei casi di abuso sessuale di minori commessi da chierici*』(2020 年 7 月 16 日) 14 項を参照。

れる必要があります（*VELM* art. 3, §1）。加えて被害者とその関係者、さらに報告者に対する適切な保護と配慮も求められます（*VELM* art. 5）。

　なお、性暴力に関する犯罪の報告が裁治権者になされた場合、容疑者とされる聖職者は、独身の義務と、同時に修道誓願を行っていればこれを含む聖職者としての身分に関するすべての義務の免除を請願する権利を有します。それぞれの裁治権者は、当該聖職者にこの権利の行使の可能性について知らせなければなりません。聖職者がこの権利を行使することを決意した場合、自らの経歴と共に教皇に宛てた聖職者の義務の免除を求める請願書を簡潔な理由を添えて、自身の裁治権者を通して、その意見書と共に使徒座の管轄機関に送付します。未成年者に対する性暴力の事案の場合は教理省の管轄となり、その他は、当事者の関係する省の管轄となります。教皇が請願を受け入れた場合、免除の答書を裁治権者に送付し、請願者へ適法に通知します[(82)]。ただし、この措置は聖職者本人や教会の責任者が責任を逃れるために行うものではありません。

③同性愛者の事案

　同性愛者の事案を考える前提として、教皇フランシスコが『カトリック教会のカテキズム』を引用して教えている通り、「同性愛の傾向を持つ人が、不当に差別されることはあってはなりません」し、その尊厳は常に尊重され「思いやりの心もって迎え入れられなければなりません」（*CCE* 358, *AL* 250）。そういった人も、「自身の生活を通して神のみ旨をしっかり果たしていけるよう必要な支援がなされるべきです」（同）。ただし、ある地域社会でいわゆる同性愛者間の結婚を認

---

　(82)　教理省『聖職者による未成年者への性的虐待事案における手続きに関する手引書　*Vademecum su alcuni punti di procedura nel trattamento dei casi di abuso sessuale di minori commessi da chierici*』（2020年7月16日）157項を参照。

める法律や社会制度が容認されていることを理由に、教会が同性愛者同士の結びつきを真の結婚と同じもの、類似のものとみなすことは決してできないという同教皇の明確な教導も心に留めておく必要があります（AL 251）。それゆえ単に同性愛的傾向を持っているということを越えて、同性愛者間で貞潔に反する罪が犯され続けているという場合は、神の十戒の第六戒に反する事案として慎重にその状況を識別しなければなりません。彼らも貞潔を守りキリスト教的な完徳に近づくよう招かれているからです。

　しかし、聖職者やその志願者が内的法廷においてこの話題について告白する場合は、特別な注意が必要とされます。すべての聴罪司祭、特に霊的指導司祭は、2005年11月4日に発表され教皇の承認を得た教皇庁教育省の指針、すなわち『叙階と神学校への受け入れに際して同性愛の傾向がある者の召命に対する判断基準についての指針』[83] を必ず手元に置いておかなければなりません。この指針は、2016年の聖職者省の司祭養成のための基本要綱『司祭召命の賜物』[84] にそのまま取り入れられました。教会は、これらの文書において同性愛の傾向を持つ人々の立場を尊重してはいるものの、「同性愛の傾向が深く根づいている者、実際に同性愛を行う者、またはいわゆる『同性愛文化』を推奨している者の叙階と神学校への入学を認めることはできない」[85] と明記しています。また一時的な問題の表れ、たとえば思春期

（83）*Istruzione della Congregazione per l'Educazione Cattolica circa i criteri di discernimento vocazionale riguardo alle persone con tendenze omosessuali in vista della loro ammissione al seminario e agli ordini sacri*, in *AAS* 97 (2005) 1007-1013.

（84）聖職者省『司祭召命の賜物』（*The Gift of the Priestly Vocation, Ratio Fundamentalis Institutionis Sacerdotalis*, 2016年12月8日）。

（85）教育省、*Instruction Concerning the Criteria for the Discernment of Vocations with regard to Persons with Homosexual Tendencies in view of their Ad-*

の問題としてこの傾向があった候補者に関しては、「この傾向が少なくとも助祭叙階の3年前までに明確に克服されていなければ叙階を受けることはできない」[86] としています。

　さらにこの指針は次のようにも述べています。「候補者が叙階に適しているかを判断する中で、霊的指導司祭には特に重要な役割が与えられています。霊的指導司祭は守秘義務に拘束されてはいますが、いわば内的法廷において教会を代表する者であり、候補者の人格における資質を審査し、その者に聖職者の任務と相容れない性的な問題がないことを確認する義務があります」[87]。そして、候補者が実際に同性愛を行っている場合、または深く根づいた同性愛の傾向を見せている場合は、「その者の霊的指導司祭や聴罪司祭は、自らの良心にかけて、その者に叙階に向かって進むことを断念させる義務がある」[88] とも明記されています。

　こうした同性愛の問題との関連で、アルコールなどの依存症、小児性愛の傾向といった司祭職を生きる上で大きな問題となり得る他の特別な性格についても同様な注意が必要と言えるでしょう。教区や修道会が志願者を受け入れる際の調査および慎重な適格審査に始まり、養成において、こうした性向をしっかりとコントロールできるだけの人格的な成熟が獲得できているかという見極めは大変重要で

mission to the Seminary and to Holy Orders, n. 2: in _AAS_ 97 (2005) 1010; 聖職者省『司祭召命の賜物』(_The Gift of the Priestly Vocation, Ratio Fundamentalis Institutionis Sacerdotalis_), 2016年12月8日、199項。

　(86) 教育省、_Instruction Concerning the Criteria for the Discernment of Vocations with regard to Persons with Homosexual Tendencies in view of their Admission to the Seminary and to Holy Orders_, n. 2; 聖職者省『司祭召命の賜物』200項。

　(87) _Ibid._

　(88) _Ibid._

す（教皇庁未成年者保護委員会のガイドラインの第5、6項［http://www.
protectionofmisinors.va］を参照）。

④常習者

特定の罪を犯す常習性を持つ人の状況は倫理的に根の深い問題で対応が困難です。ここでの常習者とは、何度も罪を告白したにもかかわらず、告白の後、改心や再び罪を犯さないための努力があまり見られないまま再び同じ過ちを犯し続けてしまう人々を指します。

当然のことながら、そういった人々が本当に抑えきれない衝動によって再び罪を犯してしまうのか（精神疾患や何らかの病気が原因で教会の教える倫理にかなった行動が取れないのか）、あるいは自分の弱さを克服する意志がまったくないために単に罪を繰り返し犯しているのかを見極めることが重要です。

こういった人々に対しては、常に厳しい態度よりも愛の眼差しを向けなければなりません。しかし告白者は、自分の罪を心から反省し、同じ過ちを再び繰り返さないと固く決心し、そのためにあらゆる方策を用いて努力する必要があります（cf. can. 959）[89]。聴罪司祭は赦免を

---

(89) たとえばナバラのアスピルクエタは次のように言っています。「聴罪司祭は、もし、何らかの状況により大目に見られるのでなければ、あるいは次のいくつかの条件にあてはまるのでなければ、同様の人々がほとんど常に大罪を犯してしまうような誘因を振り捨てようとしない相手に赦免を与えるべきではない。それは、①過去の罪に対する心からの悔悛、②同じ過ちを決して繰り返さないという真摯な言葉、③誘因が現れたとき、神の助けによって罪を避けるという真摯な言葉、④罪への誘因を避けられない明確な理由が存在する場合である」（Martín de Azpilcueta, *Abrégé du manuel...*, p. 43）。また『トリエント公会議のカテキズム *Catechismus Concilii Tridentini*』は次のように勧告しています。「信者の告白を聞いた後、もし彼らが自らの罪を認め、告白するのにある程度心を砕き、罪に対する嫌悪の情を感じているのに気づいたなら、彼らに赦免を与えることができる。しかし反対に、彼らの中にそうした心理的態度、つまり罪への再転落を避

授ける前に、そのような反省と意志が本当にあるかどうか確認しなければなりません。何回か告白に訪れたにもかかわらず、告白者がまったく改心の意思を見せなかった場合、再び罪を犯したことを悔いて二度と罪を犯さないという決意をまったく表明しなかった場合には、その者には赦免が与えられるべきではありません（cf. can. 987）。神に対して少しも詫びる気持ちもなく、改心の素振りさえまったく見せない人々については、ゆるしの秘跡で有効に赦免を受けられる条件を満たしていないため、聴罪司祭はそのような対応をすることで彼らに処罰を行うのではなく、むしろ正しく改心に導くことによって自らの義務をしっかり果たしていることになります。

　とはいえ、自らの弱さゆえに常習性から抜け出せないものの、僅かでも改心の情を見せる者に対しては、愛の眼差しと温かな態度で接し、その弱さを克服するための方法を助言する必要があります。そうした人々は、秘跡を無効なものとするような意思を持っているわけではないため、彼らに対して赦免を拒否することはできませんし、そうすべきではありません（cf. can. 980）。仮にそれが僅かではあっても罪を悔いていて、改心の気持ちがある者に対して聴罪司祭が赦免を拒否することは横暴かつ不適法であり、赦免を受けられなかったため、そして場合によっては自信喪失のために、かえって告白者が再犯に陥る危険を増してしまう可能性もあります。告白者が少なくとも繰り返し犯してしまった罪を悔いて痛悔の念を表明し赦免を求めている事実こそ評価すべきで、弱さゆえにその人が再び同じ罪を犯す可能性や予測は赦免の条件とはまったく別の事柄です。

けようとする意志が認められなければ、司祭はできる限りの優しさで彼らを扱いながらより慎重に自己の意志を検証するためにいくらか時間をとるように勧めるのが望ましい」（258項）。

⑤良心に確信が持てない人

　聴罪司祭は精神療法士ではなく、自身に与えられている任務の限界を常に意識していなければなりません。特に良心に確信が持てない人に対しては、根気強さと優しさとともに、精神的な強さと聴罪司祭としての威厳とをもって接するべきです。こうした人々の告白は、時に多くの問題を含んでいます。もちろん良心に確信が持てず、常に不安を感じているような人々には、いくつものタイプが存在します。ここではそれらの分析については割愛することにします。

　このような人々の考えの中では、ゆるしの秘跡は非常に重要な役割を果たしている場合があります。そういった人々は、ゆるしの秘跡を受けることによって、内面的な緊張が取り除かれることを期待しています。しかし自分の良心に確信が持てない状況から完全に解放されることを強く求めている場合、ゆるしの秘跡を何度も受けることによって、かえって不安や緊張を増してしまうことがあります。そうなると、良心に確信が持てない人は、自分がきちんと告白を行っていないのではないかという疑念からさらに不安を抱き、その不安によって常に気持ちがかき乱されて何度もゆるしの秘跡を求めてしまうのです。

　このような人々は繰り返し聴罪司祭のもとを訪れたいと考え、実際に何人もの聴罪司祭のもとに通うことになります。聴罪司祭は、最初はそのような人の話を詳しく聴くべきでしょう。しかしその後は、告解室からその者を遠ざけることが望ましいと判断されない限り、一般的な罪の告白のみを聴くようにしなければなりません。

　良心に確信が持てない人は、多くの場合、聴罪司祭に誤解されたのではないかという考えを抱きやすいことから、次から次へと聴罪司祭を変える癖、いわば強迫観念のようなものに駆られていることがあります。多くの聴罪司祭からさまざまな回答や判断を得ることで、良心に確信を持てない人はかえって当惑し混乱を増すことにもなります。

そのため、こうした人と特別に機会を設けて会う場合、聴罪司祭はまず、その人に「行きつけ」の聴罪司祭がいるかどうかを確認し、いる場合はその司祭を常に信頼するよう告白者を諭し、告白者が自ら抱いている疑念などを延々と詳しく説明することを阻止すべきでしょう。

⑥悪霊の憑依が疑われる人

　内赦院は、秘跡的内的法廷ないし秘跡外の内的法廷（たとえば信仰生活の相談や霊的指導の場）において、聴罪司祭が対面する相手に悪霊が憑依していると思われるような現象に遭遇する場合があることを説明してきました。これに関して、教皇フランシスコは、2017年度の同裁判所主催の内的法廷に関する講座の参加者との謁見の際に（3月17日）、この事案を取り上げて悪霊の憑依が疑われるケースに遭遇した場合、聴罪司祭は慌てず過度に神経質になることなく、賢明かつ慎重に状況を判断するために事案を祓魔師（エクソシスト）あるいは他の専門家に委ねるように勧告しました。通常、祓魔師に任命されている司祭は、聖職者としての自らの判断だけでなく、常に専門の医療関係者の協力のもとに幅広い見識をもってその任務にあたるものとされていることから[90]、霊的な面からもまた臨床医学的な面からも教会の役務者としてより的確な判断を下す立場にあります。盛式な祓魔式（エクソシズム）そのものは、非公開が原則で内的法廷と同様にプライベートな形で（ときに近親者の支援の下で）実施される準秘跡です。悪霊の憑依と思われる現象については、その大半が何らかの精神的な疾患に由来するものだと判断されていることから、司祭は霊的な面だけでなく精神的、医学的な面からも問題を抱える人に対して解決に向け

（90）Cf. *Rituale Romanum*, tit. XII, *De Exorcizandis obsessis a daemonio*, cap. I, norma 3（1952年改訂版）；*De Exorcismis et supplicationibus quibusdam*（editio typica 1999, emendata 2004）, Praenotanda, nn. 17, 18.

た的確なアドバイスを与える適切な関わり方を心得ておく必要があります。

　もちろん一刻も早く医学的治療を受けるべき人が、自分は悪霊に取り憑かれていると思い込み、ひたすら霊的指導司祭や修道院、黙想の家などの教会組織に頼りきってしまうことのないように適切な措置を促すことは重要です。一方で、教会の聖務者が、精神疾患に由来する人間の問題は教会の領分ではないと言い切ってまったく相手にもせず、「単なる病人として問題を片付ける」ような態度も望ましいものとは言えません。こうした事案に遭遇した場合、司祭は専門機関での治療を勧告するのと同時に、教会との出会いを通して当事者の全人的な救いを考えること、そのための精神的、霊的な支援についても配慮すべきでしょう。キリストの教会は、世の終わりまで悪との戦いを戦い抜く使命があり、またさまざまな悪によって傷ついた人を包み癒す働きも求められているのです。なお祓魔師の任命は古来より各部分教会の長の権限に委ねられています（cf. can. 1172）。

⑦無実の聴罪司祭を教会の権威者に訴えた人

　ゆるしの秘跡の挙行において、またはその機会に、またはその口実で、ゆるしの秘跡を受ける者を第六戒の罪に誘惑したとして、無実の聴罪司祭を教会の権威者に偽って告発した者[91] に対する赦免は、当該聴罪司祭に対する虚偽の告発が正式に取り消され損害が償われるまで（少なくともその覚悟を誣告者が有していない限り）与えられないという規則があります（cf. can. 982）。具体的には、神の十戒の中の第六戒に反する罪への誘惑には、言葉だけでなく肉体的な接触や他のしぐ

---

(91) 教会法第1390条は、姦淫、姦通を犯すよう聴罪司祭が何らかの仕方で誘ったと偽って教会の長上に訴えた場合、その者は誣告罪に問われると規定しています。

さによるものも含まれます。偽って聴罪司祭を告発した者は伴事的禁止制裁を受けることになります（cf. can. 1390 §1）。それが聖職者によって犯された場合には、さらに伴事的聖職停止制裁も科せられます（同条参照）。この場合、上述の教会法第982条の条件を満たさない限り、誣告の罪ならびに懲戒罰の赦免はできません。なお、この場合の禁止制裁および聖職停止制裁の赦免は、その赦免が各自の裁治権者に留保されているので注意が必要です[92]。

⑧神法ならびに教会の教えに反する活動を行っている人

教会法第1399条は、以下のように規定しています。

「本法または他の法に規定された場合の他、神法または教会法の外的違反については、違反の特別の重大性が処罰を要求する場合、および躓きの予防または是正の必要に迫られる場合にのみ正当な刑罰によって処罰され得る」。

公に神法あるいは教会の教えに反する活動を行うか支持している人は、それをやめない限り（それを二度としない決意を持っていない限り）諸秘跡の受領は妨げられます（cf. cann. 915, 1371-1374, 1399）。たとえば、裁治権者や使徒座の勧告にもかかわらず、教会の教導職に誤謬と断罪された教えを頑なに支持または宣布する人、信ずべき教会の教えを頑なに拒絶し続ける人、公に無神論、唯物論に染まったイデオロギーを主張あるいは支持する人がこれに該当します[93]。信者でありながら、神法や教会の教えに相反する主張・活動を公に展開する組織の構成員、政治家ならびに医師、およびその支持者なども、その態度を

---

(92) 内赦院、*La festa del perdono con Papa Frncesco, sussidio per la Confessione e le indulgenze*, LEV 2017, p. 70 参照。

(93) それが奉献生活者であれば、会から除名される場合があります（cf. can. 696 §1）。

改めない限り諸秘跡を受領するのにふさわしくありません[94]。そもそもそうした人は、自らの行動をもってカトリックの信仰を否定しているのです。神とキリストの教会の導きに反対する人が、なぜ神から教会を通して与えられる恵みである秘跡を求めることができるのでしょうか？　それはまったく矛盾したことです。

　もし、こうした重大な罪が聖職者によって犯されていたとしたらどれほど教会は霊的、精神的、物的被害を受けることになるでしょうか？　たとえば教会の法や教義、権威に対する軽視ないし無視にはじまり、悪質なマネーロンダリングや多額の賄賂などの不正な金銭のやりとり、企業との個人的な多額の取引、恐喝、暴力あるいは武器や麻薬の密輸入および取引への関与、さらに信者や教会共同体に対して重大な物的・精神的損害を与える行動、たとえば信者に対する執拗なパワーハラスメントやモラルハラスメントとされる悪質な嫌がらせ、執拗な差別的態度、裁治権者の許可のない信者への不当な献金の要求（cf. can. 1265 §1）、小教区財産の横領・使い込みに相当することを行ったりするなど、聖職者としても社会人としてもあるまじき重大な不正行為を挙げることができます。これらが外的法廷に訴えられた場合、迅速に事案を解決し教会の交わりを正常化するために適切な制裁が科されるよう、さらに状況次第では聖職者の身分の剥奪という措置が講じられるよう、近年、聖職者省および福音宣教省など、使徒座における特別な手続き規則が定められました[95]。

　また教皇フランシスコは、2016 年の自発教令形式の使徒的書簡『コメ・ウーナ・マードレ・アマレーヴォレ *Come una madre amarevole*』（2016 年 6 月 4 日）において、司教や聖座法の聖職者修道

（94）補注 D を参照。

（95）『聖職者の違法行為と身分の喪失』（2017 年、教友社）53-55、79-80、143-146、187-201、214-217 頁参照。

会および使徒的生活の会の上級上長の立場にある者が、より広い文脈において個人や共同体に物理的、倫理的、霊的ないし財産上の重大な損害をもたらすことは、その職務解任の対象事案とされることを明示しました（ar.1, §1, art. 4）。これには、そのような教会における重大な問題を放置したり、それに対して誠実な対処を行わなかったりすること（不作為）、および無過失の対処能力の欠如も含まれます（art. 1, §2）。たとえば問題行動を繰り返す聖職者への適切な措置を講じなかった場合などがこれに相当するものと判断されます。また先述したように、この自発教令には年少者への性的虐待の問題も含まれることが明記されています（art. 1, §3）。当然、教皇は職権により、重大な犯罪を犯した司教を含むすべての聖職者に対して、解任あるいは聖職者の身分の剝奪を行う場合があり、また教皇の委任を受けた教理省長官や聖職者省、福音宣教省などの長官も、職権によって有責性のある司教に対して辞任勧告することがあります。この自発教令では使徒座は 15 日の期限付きで辞任勧告をし、当該司教が辞任しない場合、罷免の決定書を出すと定めています（art. 4）。

　こうしたことから、聖職者が特に重大とされる犯罪、問題行動に関して告白をする場合、その状況に応じて、当事者が今後とるべき態度の指示を含めて特別慎重な対応が望まれます。

まとめ

　本章を終える前に、告解室で提示されるすべての良心の問題について、次の指導原理を付け加えておきたいと思います。すなわち罪の赦免は、極端な事案を除いては拒否されるべきではないということです。規則上、告白の際、告白者が改心の情を示している、罪を悔いている、二度と罪を犯さないと約束している場合は、仮にその決心がどれだけ

続くのかに疑問が持たれたとしても、原則として赦免は授けられるべきです[96]。もし聴罪司祭がこうしたことに疑いを持ったとしても、決してそれを告白者に伝えてはなりません！「悔悛者を信頼する」という原則は尊重されるべきです。

　さらに旧教会法から変更された点で最も喜ばしいものとして強調したいのは、かつてはもっぱら「裁き」として捉えられていたゆるしの秘跡が、より明確に本来の教会の理解に近いものとして捉えられるようになったということです。それは、ゆるしの秘跡が、世界のいかなる場所でも、いかなる状況でも、信者たちが主の教会と調和を保ちながら生き、活動していこうという努力を促すように、またそうした努力へと誘う確かな光明となるように、「罪人と教会との和解」という社会性をもった記述がゆるしの秘跡に関する教会法の最初の条文に付け加えられたということに表れています（cf. can. 959）。

　また第二バチカン公会議後の新しい『ゆるしの秘跡の儀式書 *Ordo Paenitentiae*』は、教義上の改革の影響を色濃く受けており、儀式の形態そのものも司牧的に実り多い新たな展望に道を開くものとなっています。私たちは、皆がゆるしの秘跡を本来あるべき姿で評価できるよう、こうした展望をうまく活かしていかなければなりません。

（96）聖アルフォンソ・デ・リゴリは、出来得る限り赦免を与えることの方がそれを遅延させるよりもはるかに優れていると力説していました。「神は悪しき習慣を持つ人間に、より多くの救いの手を差し伸べられる。赦免の遅延よりもむしろ秘跡の恩恵によってこそ、罪人の向上を期待すべきなのはそのせいである。……厳格さという道によってのみ人々の魂を救おうと考えている著述家たちは、自らを糾す前に赦免を受けてしまえば、累犯はますます悪化していくと言う。しかし我が師父たちよ、赦免も秘跡的恩恵も受けずに送り返されたすべての累犯が、それによって心が強くなり自らを改善できるものだろうか。私はそれを知りたい。赦免なしに送り返された挙句、悪徳と絶望に身を委ね、多くの歳月、告解を怠るようになった人々を私自身の宣教生活の中でいったい幾人見たことだろうか」（Alphonse de Liguori, *Praxis confessarii*, n. 77, pp. 132-133）。

正常な罪の感覚を失うことは、神に心を向ける感覚を失うことにつながります。実に健全な罪意識を欠くことと信仰の欠如とは関係し合っています。神のゆるしの恩恵に飢え渇くことがないということは、その人が自分だけで事足れりとする感覚に陥っていることを意味します。私たちは教会の教えに沿った新たな福音宣教の方法を常に探っていかなければならないのですが、それは神との和解というキリスト信者に与えられた恵みを、自身が正しく認識し評価するよう努めることでもあるのです。そしてゆるしの秘跡において、赦免の言葉とゆるしの恵みだけでなく、罪と戦い続けるための信仰の賜物、さらに対立の絶えないこの世界で和解の証人になれるという希望の種をも見出すことができるよう人々の心を内側から鼓舞することも必要です。こうして、私たちが神と平和な関係を築かなければ、自分自身とも和解できないだけでなく、周りの人々とも平和な関係は築けないということをあらためて確認すべきです。

　最後にドイツのルーテル派の牧師ディートリヒ・ボンヘッファーの次の言葉を思い起こすことは有益でしょう。「安価な恵みは、悔い改め抜きの罪のゆるしである。安価な恵みは、従順のない恵みであり、十字架のない恵み、生きた人となられたイエス・キリスト不在の恵みである。……高価な恵み、それは従順へと招くがゆえに高価であり、イエス・キリストに対する従順へと招くがゆえに（真に）恵みである。それは、人の生命をかける値打ちがあるがゆえに高価であり、またそうすることによって人に初めて生命を贈り物として与えるがゆえに（真の）恵みである。それは罪を罰するがゆえに高価であり、罪人をゆるし義とするがゆえに恵みである。（真の）恵みが高価であるのは、まず何よりも、それが神にとって高価であったから、すなわち、それが神に対して御子の生命をその値として支払わしめたからである。……高価な恵みがまさに恵みであるのは、何よりもまず、神が御子を我々

の生命のために高価なものとして惜しみなく、我々のために犠牲にされたからである」[97]。

　「親愛なる兄弟の皆さん。私たち教会の構成員は、神ご自身が与えてくださるこの賜物のすばらしさをどのように自覚しているでしょうか。教会が私たちにもたらす癒しと母としての気遣いの喜びをどれほど感じているでしょうか。単純かつ熱心にこの賜物にどれほど感謝しているでしょうか。どうか神がうむことなく私たちをゆるしてくださることを忘れないでください。司祭の役務を通して、神はあらためて私たちを抱きしめてくださるのです。こうして私たちは新たに生まれ変わり、再び立ち上がり、もう一度道を歩み始めることができるのです。絶えず新たに立ち上がり、新たに道を歩み始めること、これこそが私たちの人生だからです」（教皇フランシスコ『一般謁見での演説』2013 年 11 月 20 日）。

（97）ディートリヒ・ボンヘッファー『キリストに従う』（森平太訳、1966 年、新教出版社）15-16 頁参照。

III. 教会法における制裁と内的法廷⁽⁹⁸⁾

（1）教会法における制裁

　ここでは教会法上の犯罪とそれに対する制裁の内的法廷における赦免について取り扱います。まず教会法上の犯罪とは、「（刑罰を定めた）法律または命令に対する故意または過失による重大な有責性のある外的違反」のことを指します（cf. can. 1321）。この点で教会法上の犯罪は、倫理上の問題とされる罪とはある意味で異なるものであることを理解しておく必要があります。

　この教会法の制裁を受けるのは、カトリックの信者で、16 歳以上の理性の働きを有する人とされています（cf. cann. 11, 1322）⁽⁹⁹⁾。教会法上の違反、犯罪行為の成立には、故意、つまり少なくとも神法や教会法、教会の教えがそれを犯すことを禁止していることを蓋然的であれ認識していること（具体的に教会法を学んでいる必要はありません）、その法に違反する意志を自ら有すること、あるいは過失すなわち怠惰や不注意によって他者や共同体に被害を与えること（cf. cann. 1321, 1389 §2）が必要とされます。

---

(98) Cf. J. Ignacio Arrieta, *Le irregolarità e le censure canoniche nell'esercizio del ministero pastorale*, in Penitenzieria Apostolica, *Ascoltare con il cuore di Dio*, LEV 2017, pp. 213-235.

(99) なお 7 歳未満の信者は法律行為の無能力者とみなされ、7 歳以上 16 歳未満の信者で理性の働きを有する者は法律または命令に違反しても、犯罪行為そのものは成立するものの何ら刑罰の対象とはなりません。

　違反が「外的」であるということの意味は、他者によって確知され得ることを言います。たとえば教会法第1330条における、「意思、学説もしくは知識の宣言またはその他の表明に基づく犯罪」に関しては、　その宣言または表明が必ず他者によって見聞きされ、理解されることが必須条件とされています。もし誰もいないところで神を冒瀆するような発言をした場合、罪としては問われるものの上記の犯罪の定義にはあてはまらず未遂罪とみなされます（can. 1330）。また教会法第1399条においては、制裁・刑罰を規定する法律および命令の他に、神法または教会法の外的違反が特別重大性を持ち、その処罰が必要とされる場合、躓きの予防または是正の必要が緊急とされる時は、正当な刑罰によって処罰され得るとも定められています。

　このように犯罪とは、罪の中でも特に重大なものとして教会が法律や命令によって特別に刑罰をもって対処法を規定している外的な違反行為であると言えます。こうして法の規定において犯罪とされている事案は、通常、外的法廷で主に刑事訴訟法に基づいて扱われますが、仮にそれが公でない場合には内的法廷でも扱われることになります。つまり教会が特別重大な犯罪として規定されている行為が、単なる個人の内面だけの問題に留まることなく、他者や共同体との関わりにおいて何らかの害悪を生じさせるものである場合、（内的法廷において扱われる罪としては赦免がなされ得るとしても）他者に確知される犯罪としてそれが訴えられると刑事事件として外的法廷において扱われ、犯罪が特定されると相応の躓きの修復、正義の回復、犯行者の矯正が果たされることを目的として所定の刑罰が教会の権威の下で与えられるのです（cf. can. 1341）。この教会法の刑法の制度に関しては、歴史的にみると、内的法廷では済まされない一定の重大な罪を、教会が特別に犯罪として規定し統治権を行使してこれに対処するようになって

いった経緯があります⁽¹⁰⁰⁾。それゆえ倫理と法律の概念に基づいて罪と犯罪との区別をきちんと整理しておく必要があります。

　犯罪として規定されている違反行為については、それが犯された時点から内的に罪として問えるものの、伴事的刑罰が規定されていない犯罪については、刑罰ではなく予防的措置（can. 1722）が講じられるとされています。それは、犯罪の事実が確認されて管轄権限者から刑罰的命令が出されるか（can. 1319）⁽¹⁰¹⁾、刑事訴訟を経て裁判官の判決によって相応の刑罰が確定されるまでは、そもそも刑罰およびその赦免について何も問うことができないからです（cf. can. 221 §3）。ある行為の罪としての秘跡的赦免と教会法上の犯罪としての解除・赦免のプロセスとは別だということです。

　教会においては、犯された犯罪に対して制裁を規定する法あるいは命令に基づいて刑罰が科せられます。この教会の制裁・刑罰には大きく分けて改善のための性格をもつ懲戒罰（cf. cann. 1331-1335）と、贖罪的な性格を持つ刑罰（cf. cann. 1336-1338）の2種類があります。贖罪的刑罰にはさまざまな種類のものが挙げられますが⁽¹⁰²⁾、それらの法律に規定された刑罰だけでなく、裁治権者や裁判官がその裁量において科す任意の刑罰も存在します。

　懲戒罰の中には伴事的なものがいくつか規定されていますが、贖罪的刑罰には例外（cann. 1336 §2, 1383）を除いて伴事的な刑罰は存在しません。伴事的でない教会法上の刑罰は、刑事訴訟法（cann. 1717-1731）に従って、裁判による判決（ferendae sententiae）か、裁治権者

　（100）『教会法神学論集　教会法から見直すカトリック生活』（2019年、教友社）の第1章（19-23頁）を参照。

　（101）今後の刑法の改正により行政権者による停職制裁が正式に可能とされる見込みです。

　（102）補注のEを参照。

の決定（decretum）によって科せられます。ただし刑事上の訴追権は時効によって消滅します。時効は、別段の決定がない限り、通常の犯罪に関しては3年、教会法第1394条（婚姻を試みた聖職者あるいは修道者）、第1395条第1項（私通関係にある聖職者、公然と第六戒の罪に留まり躓きを与え続ける聖職者）、第1397条（殺人、暴力、誘拐、監禁など）、第1398条（堕胎）所定の犯罪に対しては5年、教理省に留保された犯罪[103]に対しては20年（cf. can. 1362, *SST* art. 7 §1）となっています。なお教理省に留保された重大な犯罪については、時効の消滅を認める決定が出される場合があります。また未成年者に対する性的犯罪については、時効は当該未成年者が満18歳になった日から起算されます（*SST* art. 7 §2）。

①懲戒罰に関する基礎知識

　ここでは、あまり専門的で細かい内容には立ち入らずに、ゆるしの秘跡と内的法廷に関係する教会法の定める懲戒罰について基礎的な知識を示すことにします。まず懲戒罰とは何なのか、教会ではどういった種類の懲戒罰が存在するのか、それがどのような影響をもたらすのか、どのようにしてその赦免が得られるのかといった点について見ていきましょう。

　まず、最初の問いから検証していきます。懲戒罰とは何なのでしょうか？　教会法によると、懲戒罰とは「洗礼を受けた者が罪を犯し、法律に違反した場合に与えられる処罰で、それによって犯行者が反抗を止め、赦免を得られるまで教会が与え得る霊的物的善益が剥奪される」罰（cf. can. 2241 CIC'17）とされています。

　この「反抗を止めるまで」という言葉に、まさに懲戒罰を与える教

---

(103) 付録3の表Dを参照。

会の意図が込められています。つまり懲戒罰とは、「改善を目的とする」刑罰であり、その主たる目的は犯行者を処罰することや、乱された教会の秩序を回復させることではありません（もちろんそれらも重要な要素です）。懲戒罰は、特に犯行者を悔い改めさせ、回心させることが目的であり、「反抗的態度」（不服従）が見られなくなり、罪を犯した者が法律に違反したことを悔いるようになった瞬間にその目的は達成されたと言えます。つまりその人物は、赦免が与えられ罰そのものから解放されるという法律上最も重要な信仰者としての権利を得るのです。そのため、永続的な懲戒罰というものは概念的には存在しません。

②伴事的な懲戒罰

　上記のような目的から、ラテン教会において懲戒罰は常にというわけではありませんが、多くの場合 latae sententiae つまり伴事的な刑罰とされる犯罪行為と関係しています。

　周知のように、伴事的と呼ばれる刑罰は、特定の罪を犯したという事実だけで自動的にそれが科されるというものです。こういった場合、裁判官や他の教会権威者が登場することなく（ここでは罪を犯した者の良心が裁判官の役割を果たすと言えます）、刑罰が自動的に科されます。この場合、通常、有罪となっていることは当人のみが確知していることで、その他の人々に知られることはほとんどありません。

　信者たちに破門となった者の行動について警告する必要がある場合、教会の権威者は通達によって、その者が伴事的な刑罰を科されたことを公に宣告することができます。つまり伴事的な刑罰の場合、刑罰そのものは自動的に科されるわけですが、そのことを公にする必要がどうしてもあったために、権威者としてそのことを公示しただけにすぎないのです。ただし一度このように刑罰が公にされると、伴事的な懲

戒罰は、裁判官によって判決が下されたその他の刑罰と同様に、外的法廷で扱われることになり、それを受けた者の状況は、宣告以前よりもさらに厳しいものになります。たとえば、その者に対して、聖体の秘跡をはじめとする諸秘跡を行うことを他の聖職者が拒否する義務が公に生じ、またその人の教会の統治に関する行為も無効とされます（cf. can. 1331 §2）。

　一方、懲戒罰を含む教会法上の刑罰は、通常、刑事訴訟を通して判決によって（ferendae sententiae）科せられます。つまり裁判官の下す判決によって当事者の状況が法的に確定します。これは教会法第221条第3項にある通り、通常信者は「誰であれ法の規定によらずには教会法上の刑罰を受けない権利を有している」からです。また裁治権者は、命令により刑罰を科すこともできますが、特別の規定がない限り贖罪的終身刑を命令によって科すことはできません（cf. can. 1319）。特に「刑罰が不定期のものであって法が別段の定めをしていない場合、裁判官は事件の重大性が是非とも要求しない限り、より重い刑罰、特に懲戒罰を科してはならず、かつ終身刑を科すことはできない」（can. 1349）と定められています。

　一般的に教会法で定められた伴事的な懲戒罰は、聖パウロがエフェソの信徒への手紙の中で述べたキリスト信者共同体の三つの根本的な善益を守ることを主目的としています（エフェ4・5参照）。その三つの善益とは、洗礼を受けた者にとって教会共同体の中心となる、唯一の信仰、秘跡、そして教会の統治権の本質的担い手、つまり教皇と司教たち、この三つです。たとえば教会法第1364条の信仰の背棄、異端および離教に対する伴事的破門制裁は、この根本的な善を守るためのものと言えます。この犯罪の審判は、各々の裁治権者に留保されています。この他に、たとえば堕胎の罪の罰として伴事的な破門制裁が存在します。教会法上の堕胎の定義は、「受精後のいかなる時期であれ、

手段を問わず胎児を意図的に殺すこと」[104]とされています。そのため、受胎が早期に確知された後に薬物による人工流産などの手段を用いることもこの犯罪に該当します[105]。この罪に問われるのは、胎児の死亡を直接目的とした場合のみであり、かつその既遂者です。つまり堕胎の当事者、またそれを指示、あるいは強制した人物、実行者である医師、そして看護師、麻酔医などがこの罪の共犯に問われます（cf. can. 1329）。注意が必要なのは、教会法第1324条第3項の適用が可能な場合です。これには堕胎を行った人物が18歳未満であったり、外的な強制を受けていたり、強度の恐怖に強いられていた、あるいは堕胎が神法上罪とされるとは認識していたが教会法上犯罪に問われ刑罰を受けると確知してはいなかったような場合には、罪そのものは問われるものの（行為そのものが絶対悪とされるので刑罰は免れませんが）、必ず減刑される必要があり、伴事的刑罰を受けることはありません。また犯行者が16歳未満の場合は、教会法第1323条の原則によって、罪に問われるものの、いかなる刑罰も犯行者に対して科されることはありません。なお、いつくしみの特別聖年に公布された教皇フランシスコの使徒的書簡『あわれみあるかたと、あわれな女 *Misericordia et misera*』の12項に基づいて、現在ではすべての聴罪司祭に堕胎の罪の赦免の権限が与えられています。

　さらに、教会法第1390条が規定する「偽って聴罪司祭を教会の上長に神の十戒の第六戒の罪に誘ったと訴える」犯罪にも伴事的禁止制裁が（聖職者の場合は聖職停止制裁も併せて）科されますが、その赦免はそれぞれの裁治権者に留保されています。なお伴事的な制裁は、その名の通り伴事的に刑罰が科されるため時効による刑事訴追権の消滅

（104）*AAS* 80 (1988) 1818.

（105）教理省『指針　人間の尊厳——生命倫理のいくつかの問題について』の23項を参照。

はありません。

③不服従の状態の必要性

伴事的刑罰が科されるためには裁判官が公に判決を下す必要はない
のですが、犯行者が教会の規律に反抗する意志を持って行動したとい
う事実がなければいけません。

不服従（反抗的な態度）は、犯行者が犯罪を犯していると認識して
いる、つまり特定の行為が倫理的に悪いと知っているだけでなく、教
会がその行為に対して何かしら禁止をしていると蓋然的にでも認識し
ている、ということも意味しています[106]。

判決によって科せられる刑罰（ferendae sententiae）に関しては、そ
ういった反抗的な態度の有無を確認するのは裁判官の役目であり、裁
判官の下す判決によって当事者の状況が法的に確定します。しかし伴
事的な刑罰（latae sententiae）の場合は、その刑罰が確定するために
は犯行者の不服従が確認されなければならず、教会法では、罪を犯し
ていると認識していたことをうやむやにしてしまうような、またはそ
の罪の意識を軽減させるような要素がないことが絶対条件となります。
教会法第1324条第3項では、同第1項で列挙されている八つの軽減
要素に関連して、「本条第1項に言われている事情においては、違反
者は伴事的刑罰によって拘束されない」と述べられています。これは
覚えておくべき重要なことです。

---

(106) 教会法第1321条を参照。教会法的に犯罪が成立するためには、たとえば、
そのことをしてはならないと定めた法が存在していることを知っており、それを
破ろうとする意志をもって犯行に及ぶことが必要とされます。なお過失、故意に
よらず不注意による違反者は原則として処罰されません。教会法で唯一、不注意
による犯罪を規定しているのは、教会法第1389条第2項、教会の役務者の有責
的怠慢による損害に対してです。

このような不服従の態度と懲戒罰との関係性に基づいて、不服従の態度が改められると、この刑罰は目的を果たしたとみなされ、犯行者には間違いなく赦免を受ける権利が生じます（cf. can. 1358 §1）。

　実は『カトリック東方教会法典』には伴事的な刑罰というものは規定されていません。その代わりに、聴罪司祭が赦免を与える権限が制限される使徒座に留保された罪というものが存在します（cf. cann. 727-729 CCEO）。東方カトリック諸教会においては、二つの罪の赦免が使徒座、つまり内赦院に留保されています。それは、秘跡的告白の秘密を順守する義務の直接侵犯と貞潔に反する共犯者の赦免です（cf. can. 728 §1 CCEO）。

（2）懲戒罰の種類

　教会法には三つの懲戒罰が定められています。破門制裁（excommunicatio, can. 1331）、禁止制裁（interdictus, can. 1332）、そして聖職者にだけ科せられる聖職停止制裁（suspensio, cann. 1333-1334）です。これらによって、教会が信者たちに与えるすべて、または一部の霊的物的善益、特に秘跡を受けることないし挙行することができなくなります。聖職者の場合、聖職停止制裁によって、すべてまたは一部の教会の職務を果たすことが禁じられます。繰り返しになりますが、これらの懲戒罰は法律で伴事的なものとされている場合もあれば、裁判の判決によって科される場合もあります。

　それでは、それらの制裁の内容を簡単に見ていきましょう。

①破門制裁（excommunicatio）

『教会法典』は、七つの伴事的な破門制裁を規定しています。そのうち二つは使徒座に留保されていません。その二つとはすなわ

ち、「信仰の背教、異端および離教」[107]（can. 1364 §1）と「堕胎」（can. 1398）です。他の五つは使徒座に留保されています。それらは、「聖体に対する冒瀆」（can. 1367）、「ローマ教皇に対する暴力」（can. 1370 §1）、「神の十戒の第六戒に反する共犯者の赦免」（can. 1378）、「教皇の指令なしの司教叙階」（can. 1382）、ならびに「秘跡的告白の秘密を守る義務の直接侵犯」（can. 1388 §1）です。この他に特別法で、「女性に対する叙階の試み、ないし女性が叙階を受けようとする試み」（SST, art. 5, n. 1）や教皇選挙（コンクラーベ）に関連した伴事的な破門制裁も規定されています（UDG, 58, 78, 80, 81）。

　信仰の背棄の事案を除けば、破門制裁によって信者の法的な権利は部分的に制限されても、信者は教会との交わりの内にあり続けます。特に当事者の教会およびキリストとの神秘的・霊的な絆は損なわれることはありません。これは罪を犯すことで失われます[108]。つまり、破門制裁を受けることは改善のための措置としての制裁を受けることであり、その人が信仰共同体から本質的に除外されることを意味するも

（107）受洗後、神的かつカトリックの信仰をもって信ずべきある真理を執拗に否定するか、またはその真理について執拗な疑いを抱くことを異端と言い、キリスト教信仰を全面的に放棄することを背教、ローマ教皇への服従を拒否し、または教皇に服属する教会の成員との交わりを拒否することを離教と言います（can. 751）。

（108）たとえば堕胎を行った信者は、その事実によって伴事的破門制裁を受け、一時的に信者としての法的な権利・義務が制限されるものの、信仰告白、諸秘跡、教会の統治の絆を拒絶しているわけではないので、法的には教会との交わりは保たれています（cf. can. 205）。ただし堕胎という罪によって内的な神との一致を欠いている状態にあると言えます。一方、異端や背教、離教を公に宣言した者は、教会との交わりを外的にも内的にも明らかに失っています。ただし存在論的に洗礼によって獲得したキリスト者という身分は失われません。詳しくは、『教会法神学論集　教会法から見直すカトリック生活』（教友社、2019 年）の第 1 章「カトリック教会への帰属とそれからの離脱」（V・デ・パオリス）を参照。

のではありません。一度受洗した人は最後までキリスト者であり続けるため（semel catholicus, semper catholicus）、信仰を放棄した信者であっても教会の法の下に置かれています。

　教会法第1331条では、被破門者には以下の事項が禁止されると定められています。

・ミサ、または他のすべての典礼、祭儀に奉仕者として参与すること（参列者として参加することは可能、ただし裁治権者に禁止された場合はこの限りではない）
・秘跡または準秘跡の挙行および秘跡の受領（準秘跡の受領は可能）
・教会のいかなる職務、奉仕職または任務の行使もしくは統治行為

　さらに、破門制裁が教会裁判所の裁判官から刑事訴訟手続きによって判決をもって科せられた場合、または犯罪が伴事的であったために後に教会権威者からそれが宣告された場合には、先ほど述べた禁止事項に、新たに別の禁止事項が付け加えられます。それは、特に聖職者に対する禁止事項——教会の職務の無効化、付与された特権の利用の禁止、新たな職務を得ること、また現在の職務の報酬を受領することの禁止——です。さらに裁判官から判決によって破門制裁を言い渡された者、または教会権威者によって破門制裁が宣告された者は、ミサまたはその他の典礼、祭儀への奉仕者としての参加が完全に禁じられることになります。その場合、とりわけ重大な理由がない限り、そうした聖職者の行う典礼は中断されるか、当該聖職者の典礼への参加が拒否されなければなりません。

　これらが、かつて「大破門」（excommunicatio maior）と呼ばれていた破門制裁（東方教会法第1434条では今でもその呼び方がされています）の効力です。

　使徒座に留保されていない破門制裁は、通常は裁治権者のみが赦免の権限を有しますが、「堕胎」（can. 1398）に関しては、2016年11月20日の教皇フランシスコの使徒的書簡『あわれみあるかたと、あわれな女　*Misericordia et misera*』（12項）によって、現在は、内的法廷においてすべての聴罪司祭が赦免の権限を普遍的に与えられています。

②禁止制裁（interdictus）

　二つ目の懲戒罰は禁止制裁です。禁止制裁は、その他の懲戒罰と同様、「改善を目的とする」刑罰です。これにより、教会の特定の霊的善益に参与することが禁じられますが、破門制裁と同様、教会との霊的な絆は失われません。

　『カトリック東方教会法典』には、禁止制裁は存在しませんが、それと同じような効力を持つ「小破門」（excommunicatio minor）が存在します（cf. can. 1431 CCEO）。

　具体的には、禁止制裁を科せられた者には二つのことが禁止されます。

　それは、ミサまたは他のすべての典礼、祭儀への奉仕者としての参与と、秘跡または準秘跡の挙行および秘跡の受領です。

　破門制裁と同様、裁判官から判決によって禁止制裁が言い渡された場合、またはそのことが教会権威者によって宣告された場合は、制裁を受けた者は公的に典礼に奉仕者として参与することができなくなります。それゆえこの制裁を受けた聖職者は、典礼の場から退くか、典礼そのものを中止しなければなりません。

③聖職停止制裁（suspensio）

　三つ目の「改善を目的とする」懲戒罰は聖職停止制裁です。この刑

罰は、制裁が科せられた者の叙階権の行使、職階に基づく権限、その者の職務の一部またはすべてを停止させるものです。これは聖職者としての役目を果たすことを禁じるものであるため、聖職者（司教、司祭、助祭）にのみ適用されます。

　その他の制裁と同様に、この懲戒罰の効力は、これがどのように言い渡されたかによって変わっていきます。聖職停止制裁が伴事的だった場合、聖職者には職階に基づく権限、統治権に基づく行為や職務に付随する権利または任務の行使がすべて禁じられます（can. 1334 §2）。一方、伴事的でない事案では、懲戒罰を適法に科すためには、教会法が規定する刑事訴訟手続きが必要となります（cf. cann. 1347, 1349, 1350, 1717-1728）。訴訟手続きによって聖職停止制裁を科すまでの間、聖職者の処分に緊急を要するような場合は、この制裁によってではなく刑罰的行政命令（cf. can. 1319）によって、当該聖職者の活動を制限・禁止することが可能です。現時点では行政手続きによって直接的に聖職停止制裁を科すことはできませんが、今後の教会法（刑法）の改正により行政手続きによる制裁が可能とされる見込みです。

　原則として聖職停止制裁の禁止事項は、聖職者の行為の適法性にのみ関係するものですが、統治権に基づく行為が無効となる特別なケースも存在します（cf. can. 1333 §2）。制裁の範囲は、法律ならびに命令、判決あるいは決定によって事案ごとに定められなければなりません。

（3）懲戒罰の法的効力の中断

　最後に、聖職者に懲戒罰が適用された場合、どれほどの影響が信者に及ぶのかを明らかにしたいと思います。というのも、そのような場合、犯罪を犯した聖職者は、秘跡の挙行という固有の善益を剥奪されるわけですが、それによってこの聖職者からの支えを失った信者たち

も同時に損害を被ることになってしまうからです。

　こうした深刻な理由から、教会は信者の魂の救い（salus animarum）と彼らの権利——具体的に言えば秘跡に与る権利——を守ることを優先します。教会法は、犯罪を犯した司祭でも、特定の状況下では信者に対して職務が果たせるよう、「懲戒罰による禁止の一時的な中断」が認められると定めています。教会法第 1335 条によると、死の危険にある信者に付き添うことが必要な時は、懲戒罰を受けている司祭は、秘跡の挙行、または統治権の行使の禁止が自動的に一時中断されます。

　伴事的な懲戒罰が宣告されていない場合は、信者に死の危険がなくとも、正当な理由が存在すれば、刑罰による禁止事項は、「信者が秘跡および準秘跡の挙行または教会の統治行為を願う時はその都度、一時中断される」と教会法第 1335 条に定められています。

　しかし、この文面にある「正当な理由」とは何なのかを正しく理解する必要があります。たとえば、ゆるしの秘跡を願う信者が教会を訪れた時、未宣告の伴事的破門制裁を受けている司祭の他には聴罪司祭がおらず、他の司祭を待つことが難しい状況には、この司祭は秘跡を有効に授けることができます。ただし、この教会法第 1335 条を正しく解釈するための教皇庁法文評議会の宣言[109] には、「刑罰が未だ宣告されていない場合でも、婚姻を試みたために（can. 1394 §1）伴事的な聖職停止制裁が科され、教会の定める規律に従って職務を果たすのに客観的に不適格な状況に置かれていると認められる聖職者に対して、秘跡および準秘跡の適法な挙行を求めることには、死の危険がある場合以外、正当な理由は存在しない」と明記されています。

　また秘跡を受ける側に関しては、仮に秘跡または準秘跡の受領を禁

---

　(109) *AAS* 90 (1998) 63-64.『聖職者の違法行為と身分の喪失』（教友社、2017 年）259-261 頁。

止する刑罰を科せられた信者が死の危険にある時は、その刑罰は一時的に中断されます（cf. can. 1352）。つまり、破門制裁あるいは禁止制裁を受けた信者が、死の危険にある時に限って、ゆるし（can. 986）、聖体（can. 921）、堅信（can. 891）、病者の塗油（can. 1006）、婚姻（can.1068）の秘跡に有効に与ることができます。これは教会が何よりもまず信者の魂の救いを優先させるからです（cf. can. 529）。しかしながら、こうした信者が、仮に健康を取り戻した時には、再び同じ刑罰に服することになるため別途解決策を講じる必要があります。

（4）懲戒罰の赦免

　繰り返し述べてきた通り、犯行者が自分の罪を悔いた瞬間に、懲戒罰の赦免を得る権利が生じます。刑罰の赦免は、その機能から、当事者がこの痛悔に達することに常に依存しているのですが、事実上、懲戒罰を解除・消滅させるためには法的措置が必要となります。それは、ごく普通の聴罪司祭が罪の告白に訪れた者に与えることのできる通常の罪のゆるしとは異なるものです。

①懲戒罰を解く権限をもつ管轄機関
　懲戒罰を含めた刑罰の赦免は、裁治権を有する教会権威者（管轄機関）に委ねられています。具体的にどの権威者がどこまでの管轄権を持つのかは、犯罪の性質と犯行者の状況によって異なります。
　一般的な原則は次の通りです。使徒座に留保されている事案を除いて、判決によって懲戒罰を科した裁治権者、またはこの裁治権者に相談した上で犯行者が滞在している教区の地区裁治権者は、刑罰の赦免を与えることができます。懲戒罰が宣告されていない伴事的なものの場合、どの裁治権者でも、自分の管轄下にある者、自分の管轄区域に

滞在している者、管轄区域内で犯罪を犯した者にも赦免を与えることができます。さらに、ゆるしの秘跡において公にされていない懲戒罰を赦免する権限を持つのは、すべての司教（can. 1355）、またいうなれば内的法廷の司教代理に当たる教区聴罪司祭（paenitentiarius dioecesanus seu cathedralis, cf. can. 508）あるいはゆるしの秘跡の祭式者（paenitentiarius canonicus, cf. can. 508）、病院、刑務所および航路などにおいてはそれらを管轄する団体付司祭（cf. can. 566 §2）です。さらに、いつくしみの特別聖年に制定された「いつくしみの宣教者　missionari della misericordia」および航路における団体付司祭（cappelanus itineribus maritimis）は、現在、それぞれの派遣先において使徒座に留保された罪も赦免する権限を有しています[(110)]。

　このように教会において制裁を赦免する権限が留保されていることは、すでに罪の赦免のところでも述べたように、教会の規範を正しく理解している者に特別な権限が与えられ、その者にだけゆるしを願えることで、特定の犯罪を犯した者に事の重大さをしっかり認識させ、必要な償いを果たして教会の教えに従って生活を改めるよう適切に指導することが意図されているのです。またこのような刑罰の赦免の留保は、その犯罪がより重大であるため、安易に取り扱うことができないことから、その対応にあたっては、役務者に教会を代表して慎重かつ責任ある判断、行動をすること、そのための知識が求められているということをも意味しています。そのため教会は、懲戒罰を赦免す

（110）教皇フランシスコ、いつくしみの特別聖年の大勅書『イエス・キリスト父のいつくしみのみ顔』（2015年4月11日）第18項、および教皇庁新福音化評推進議会のweb サイト http://www.im.va/content/gdm/it/partecipa/missionari.html を参照。さらに 2019 年 6 月 27 日の船員司牧担当者との謁見に際して、教皇フランシスコは航路の団体付司祭に対しても内的法廷における使徒座に留保された罪を赦免する特別な権限を付与しました。

る権限を司祭なら誰にでも与えてよいとはしていないのです（cf. can. 970）[111]。

　懲戒罰の全体像はさまざまな文献で掴むことができます。特別法を除いて現在の『教会法典』には、伴事的に破門が科される犯罪が七つあり、その内の五つが使徒座に留保されています。伴事的な懲戒罰が科されるその他の犯罪——禁止制裁が科されるものが五つ、聖職停止制裁が科されるものが六つ——に関しては、裁治権者によって常に赦免が与えられます。

　使徒座に留保される伴事的な破門制裁が科される犯罪とは——前にも述べた通り、カトリック東方教会法には伴事的な刑罰が制定されていないため、このような行為は別の方法で処罰されるのですが——聖体に対する冒瀆（cf. can. 1367 CIC'83, can. 1442 CCEO）、ローマ教皇に対する暴力（cf. can. 1370 §1 CIC'83, can. 1445 §1 CCEO）、教皇の指令なしの司教叙階（cf. can. 1382 CIC'83, can. 1459 §1 CCEO）、秘跡的告白の秘密を守る義務の直接侵犯（cf. can. 1388 §1 CIC'83, cann. 1456, 728 §1, 1° CCEO）、そして、神の十戒の中の第六戒に反する共犯者の赦免の試み（cf. can. 1378 §1 CIC'83, cann. 1456, 728 §1, 1° CCEO）[112]です。この他に特別法に定められた事例としては、女性に対する叙階の試み、な

（111）先にも述べたように、日本司教協議会で 1993 年に承認、翌年より発行されている司祭用の『権能委任書』（*Pagella Facultatum*）の「すべての司祭に委任される権能」という個所の A-11 をみると、「使徒座に留保されていないすべての懲戒罰を赦免すること」とあり、この委任書を使用しているすべての日本の教区では、司祭は誰であれ、外的・内的を問わず、普遍法では司教ないし裁治権者にしか赦免が許されていない懲戒罰をことごとく赦免することができるものと解されます。このことは、重大な犯罪を犯した人物に対する制裁も（それを科した裁治権者と関係なく）形式上容易に解かれてしまうことになるため、教会の規律上、相応な是正が必要と考えられます。

（112）死の危険が迫っている場合を除いて、このような状況での赦免は無効であるので、法文では赦免を「試みる」という言い方をします。

いし女性が叙階を受けようとする試み（SST, art. 5, n. 1）が挙げられます。

　先述したように死の危険がある場合、教会法第976条は「すべての司祭は告白を聴く権限を欠く場合、または職務の遂行を禁じる懲戒罪を受けている場合（cf. can. 1335）であっても、有効かつ適法に、聖座に留保されているものも含めたすべての懲戒罰および罪を赦免できる」としており、さらに教会法第976条によれば、たとえ適格な司祭がその場に居合わせていたとしても、ひとたび司祭叙階を有効に受けた者であれば誰でも死の危険にある人のいかなる罪や罰でさえも赦免することが可能とされています。ただし、それらの刑罰が使徒座によって公に宣告されて科されたものであった場合、あるいは公でなくとも使徒座に留保されたものであった場合、犯行者が死の危険にある状態から回復した際には、改めて使徒座に赦免を願う義務が生じます。

②懲戒罰の赦免、精神的な重荷となっている場合

　罪の告白に訪れた者が伴事的な懲戒罰の赦免を求めてきた時、通常、聴罪司祭は、赦免を与える権限を有していないので、管轄機関から懲戒罰の赦免と適切な償いを与える権限を得る手続きを行う時間を確保するため、告白者に時間をおいて再び聴罪司祭のもとを訪れるように指示しなければなりません。

　しかし、こうした赦免の手続きにはある程度時間を要することから、別の赦免の方法が存在することを知っておくとよいでしょう。容易に理解できることですが、告白者が罪のゆるしを得られず、神と和解できないまま大罪の状態に留まることを非常に苦痛と感じ、精神的な重荷や苦しさを絶え間なく感じるという場合があります。聴罪司祭であれば、時として告白者のそのような切迫した状態を感じ取ることができるでしょう。

そのような場合、聴罪司祭はゆるしの秘跡の中で、赦免の妨げとなっている破門制裁と禁止制裁を解くことができます。それによって告白者は、罪、そして一時的にではありますが懲戒罰の赦免をも得ることができるのです。

　この方法を実施するための条件は、告白者が神のゆるしを得て、再び神の恩寵に浴したいと心から願っている場合のみです。このように願うことは不服従の気持ちがなくなったことを示しているとみなされ、先に述べた通り、赦免を得る権利がその人のうちにすでに生じているのです。しかし、このような方法で赦免されるのは宣告されていない伴事的な破門制裁と禁止制裁のみで、聖職者だけに科せられる聖職停止制裁には適用されません（cf. can. 1357 §2）。

　『カトリック東方教会法典』においても同じような状況が想定されています。カトリック東方教会法第729条によると、ゆるしの秘跡の受領を妨げる制裁は次の三つの状況においてその効力を失います。

　（1）告白者が家から出ることのできない病人である場合、または結婚を控えている婚約者である場合
　（2）告白者に苦痛を与えず、告白の秘密を守る仕方で管轄機関に赦免の権限を求めることが不可能であると聴罪司祭が慎重に判断した場合
　（3）告白者が、懲戒罰を科した教会権威者の管轄地域外（遠方）にいる場合

　最後に、赦免の方法について簡単に述べます。聴罪司祭がゆるしの秘跡の場で懲戒罰を直接赦免できる権限を持っている場合は、その場でゆるしの秘跡の赦免の定句をもって懲戒罰と罪の赦免とを同時に与えることができます。

　一方、ゆるしの秘跡において聴罪司祭が懲戒罰を赦免する権限を持たない場合は、まず司祭は管轄機関にはかり、赦免の権限を与えてもらった後、再び司祭のもとを訪れた告白者に対して次の定句によって制裁を解き、続けてゆるしの秘跡を行います。

Potestate mihi concessa, ego te absolvo vinculo excommunicationis (interdicti), in nomine Patris, et Filii, + et Spiritus Sancti. Amen.
私に与えられた権能によって、＋父と子と聖霊の御名において、私はあなたに科せられた破門制裁（禁止制裁）を解きます。アーメン。[113]

（113）ラテン語規範版『ゆるしの秘跡の儀式書 *Ordo Paenitentiae*』の Appendix I（editio typica, Typis Polyglottis Vaticanis, 1974）を参照。

IV. 叙階および叙階権の行使に対する 不適格と単純障害[114]

（1）一般的な問い

①不適格、単純障害とは何か？

　教会法には、司祭・助祭候補者の不適格ないし叙階に対する障害というものが定められていますが、そもそもこれらはいったい何を意味しているのでしょうか？

　「不適格」（irregularitas）とは、叙階を受ける、または叙階の秘跡を授ける際の、教会法が定めた持続的な性質を持った禁止事項です。それゆえ「不適格」を解く唯一の方法は、権限を持つ教会の管轄機関に免除を願うことです。一方、「不適格」と似た「単純障害」（impedimentum simplex）と呼ばれる叙階に対する障害は、永続的なものではなく、管轄機関からの免除がなくても、その根本的な原因が取り除かれるだけで消滅します。

　『カトリック東方教会法典』は、これと異なり単に「障害」という用語だけが用いられていて、ラテン教会で言う不適格と単純障害の間に違いはありません。

　ではなぜ「不適格」と「単純障害」といったものが教会に存在するのでしょうか？　それは一言でいえば、聖職者の担う職務の尊厳を守

---

(114) Cf. J. Ignacio Arrieta, *Le irregolarità e le censure canoniche nell'esercizio del ministero pastorale*, in Penitenzieria Apostolica, *Ascoltare con il cuore di Dio*, LEV 2017, pp. 213-235.

るためです。

『カトリック教会のカテキズム』の 1578 項で述べられている通り、本来「叙階の秘跡を受ける権利を持っている者は誰もいない」のです。実際、この文章に続いて述べられている通り、「この秘跡は過分な贈り物としてのみ受け取るべきものなのです」。

叙階の秘跡は、通常各々の地区裁治権者（司教）によって行われますが、教会は特に第一ニケア公会議（第 17 条）以来、聖職への敬意と聖職者そのものの尊厳を保証すべく、一連の禁止事項と必要条件を定めてきました。これらの禁止事項が不適格や単純障害なのです（cf. can. 1040）。

不適格には——単純障害と同様に——刑罰としての性質はありません。つまりそれらは教会法が定める刑罰、つまり犯行者を処罰したり、痛悔を促したりするものでもありません。不適格は、聖職の尊厳を守るための機能的な禁止事項であり、その目的は、いずれの時点であれ過去に特定の行為を行い（通常は、大きな罪を犯すことにより）、そのことに対して適切な免除を受けていない者を聖職から遠ざけることです。この不適格は、懲戒罰の推移と消滅の過程からは独立したものです。たとえば堕胎罪を犯した者は、破門制裁が科されるだけでなく叙階されるのに不適格な者となります。すでに叙階されている場合はその叙階権を行使するのに不適格な者となります。回心が確かめられ破門制裁が解かれた後でも、聖職者としての職務を果たすための不適格からの免除が与えられるまでは、その者は引き続き不適格者とされます。

これらの規則は刑罰としての性質がないため、「不適格および障害の不知はその免除の理由とはならない」（can. 1045）のです。ある人が、いつの間にか客観的に不適格な状況に置かれていることもあり得ますが、そういった場合には、その者には倫理上の責任はないとされ、このことは教会法に沿った処罰の対象にはなりません（cf. cann. 1323, 2°,

1324 §1, 9°）。

　このように不適格とは、聖職遂行の上でふさわしくない特定の行為を聖職者ないしその候補者が行ったという客観的な事実に依拠するものなのです。

②教会法上の叙階に対する不適格

　これから現在の教会法が定める不適格の例を、叙階に関するものと、叙階権の行使に関するものとに分けて具体的に述べたいと思います。

　教会法で述べられている不適格は、すべての聖職位階——助祭職、司祭職、司教職——に関係するものであり、この不適格がある状況での叙階は有効ではありますが不適法とされます。これらは単純な禁止事項であるため、それに違反しても叙階の秘跡は無効とはされませんが[115]、そこからさらに叙階権の適法な行使を妨げる新たな不適格が生じることになります（cf. can. 1044 §1）。

　具体的な事案として教会法第1041条は、叙階を妨げる六つの不適格事情を定めています。最初の一つを除いた五つの不適格事情は、過去に行われた犯罪に関連するものです。

　（1）最初の不適格事情は、「（複数の）専門家の意見を徴して、叙階に基づく奉仕職を適正に遂行する能力に欠けると判断されるある種の精神錯乱者または他の精神疾患を有する者」に関するものです（can. 1041, 1° CIC'83, can. 762 §1 CCEO）。

　（2）二つ目の不適格事情は、「信仰の背棄、異端、または離教の罪を犯した者」に関するものです（can. 1041, 2° CIC'83; cf. can. 1364 CIC'83, can. 762 §2 CCEO）。

（115）補注Fを参照。

教会法では「意思、学説もしくは知識の宣言またはその他の表明に基づく犯罪は、なんぴともその宣言または表明を受け入れない場合は、未遂罪とみなされる」（can. 1330）と述べられていることから、この不適格事情は実際の表明および他者による確知が必須条件となります。

（3）三つ目の不適格事情は、「婚姻の絆、聖なる叙階、または貞潔の公的終生誓願によって婚姻締結を禁じられている者にして国家法上だけであっても婚姻を試みた者。または有効な婚姻に結ばれている女性もしくは誓願によって拘束されている女性と、同上の行為をした者」に関するものです（can. 1041, 3° CIC'83; cf. can. 762 §1, 3° CCEO）。

（4）四つ目の不適格事情は、「故意の殺人罪を犯した者、または堕胎を実行した者、ならびにそれらのすべての積極的協力者」に関するものです（can. 1041, 4° CIC'83; cf. cann. 1397, 1398 CIC'83, can. 762 §1, 4° CCEO）。

周知のように、この問題に関しては、それなしでは心理的にも物理的にも犯罪の実行が不可能であった「積極的な関与」が必要とされます（cf. can. 1329 §2）。

（5）五つ目の不適格事情は、「自分自身、または他人に、故意にひどい切断傷を与えた者、もしくは自殺を試みた者」に関するものです（can. 1041, 5° CIC'83; cf. can. 762 §1, 5° CCEO）。

この規定では、過失だけでは該当事情とはみなされず、それが意図的な行為でなければならないと定められています。ひどい切断傷とは、通常の身体機能を永久に奪うような重度の外傷のことを言います。

（6）最後に、教会法第1041条の示す六つ目の不適格事情は、「司教または司祭叙階を受けていないにもかかわらず、司教または司祭に留保されている職階の行為をなした者、宣告されたかまたは科せられた教会法上の刑罰をもって禁じられているにもかかわらず同上の行為を行った者」に関するものです（can. 1041, 6° CIC'83; cf. can. 762 §1, 6°

CCEO）。

　なお、これらのうち4番目と5番目の項目は、行為の時点でカトリック信者でなかった場合にも適用されることが、教皇庁法文評議会の公権的な解釈として示されています[116]。

　以上が、教会法で述べられている、そしてカトリック東方教会法が単に「障害」と呼ぶ、叙階を妨げる六つの不適格事情です。このうち三つはその免除が使徒座に、内的法廷においては内赦院に、外的法廷においては典礼秘跡省に留保されています。それらは、①信仰の背棄、異端、または離教の罪を犯した場合、②婚姻を試みた場合、③殺人または堕胎を実行した場合の三つです。その他の三つのケースは、各裁治権者が免除を与える権限を持っています。ちなみに不適格に関する事案が裁判で扱われる場合、すべて免除は使徒座にのみ留保されますが（cf. can. 1047 §1）、通常は①と②については公の場合に、③については公然・秘密関係なく免除は使徒座に留保されます。

　これまで述べてきた不適格は叙階の秘跡を受けるのを単に禁止するものでしたが、これから叙階権の行使を妨げる障害がどういったものであるのか端的に述べたいと思います。

（2）叙階権の行使に対する不適格と障害および叙階に対する単純障害

①叙階権の行使に対する不適格

　叙階に対する不適格と同様に、叙階権の行使に対する不適格の存在

---

(116) 教皇庁法文評議会、*Risposta autentica al can. 1041, nn. 4-5 CIC*（2016年9月16日）参照。

目的も聖職の尊厳を守ることにあります。叙階権の行使を禁じる不適格は、先ほど述べた叙階が禁じられる不適格と一致しているため、ここではそれらを列挙するだけに留めます（cf. can. 1044 §1 CIC'83, can. 763 CCEO）。

　叙階権を行使するのに不適格とされるのは次の者です。

・叙階に対する不適格に妨げられていながら不適法に叙階を受けた者
・自分自身、または他人に、故意にひどい切断傷を与えた者、もしくは自殺を試みた者
・司教または司祭叙階を受けていないにもかかわらず、司教または司祭に留保されている職階の行為を行った者、宣告されたかまたは科せられた教会法上の刑罰をもって禁じられているにもかかわらず同上の行為を行った者
・信仰の背棄、異端、または離教の犯罪を行った者
・叙階による障害に拘束されているにもかかわらず婚姻を試みた者（cf. can. 1394）
・殺人または堕胎を実行した、またはそれに積極的に協力した者
これらのうち、最後の三つの不適格が使徒座に留保されています。

②叙階に対する単純障害および叙階権の行使に対する単純障害

　これまで述べてきたのは、叙階、または叙階権の行使を禁じる、持続的な性質を持った「不適格」（irregularitas）でした。それらによく似ているものとして、基本的には同類のものであっても持続性のない、叙階または叙階権の行使を禁じる単純障害（impedimentum simplex）というものがあります。こうした障害は一時的な禁止事項で、仮にそれが免除されていなくても、その根本的な原因が取り除かれることで

解消されます（場合によっては、その原因を取り除かずに免除を求める必要があるという状況もあり得ます）。この種の障害がある状況での叙階は有効ではありますが不適法とされます[117]。これらは単純な禁止事項で、それにより叙階権の適法な行使を妨げるものです（cf. can. 1044 §2）。

　通常、この障害は外的法廷によって解かれるものであるため、内的法廷にはあまり関係しませんので、ここでは簡単にそれらを列挙しておくに留めます。

　ⓐ叙階に対する単純障害

　『教会法典』には、叙階が禁じられる三つの障害が挙げられています（cf. can. 1042）。

　（1）妻帯者

　ご存知のように、これは通常、終身助祭に関するラテン教会の規則、および東方教会の叙階の教義においてはそもそも障害として挙げられるものではありません。ただしそれぞれの自治教会（Ecclesia sui iuris）において、その固有法にこの規則を取り入れることは可能とされています（cf. can. 764 CCEO）。これはラテン教会の司祭叙階に関して使徒座に留保されている唯一の叙階障害です[118]。たとえば、英国国教会などの非カトリックの教会共同体において教役者として働く人物が妻帯者で、後年、カトリック教会の司祭として叙階されるといった場合、この障害について使徒座の免除が必要とされます。

　（2）教会法第285条および第286条の規定により聖職者に禁止されており、かつ報告の義務を伴う職務または管理職に従事している者

（117）補注Fを参照。

（118）補注Gを参照。

　ただし、同上の職務または管理職を辞任し、かつ報告を完了し、自由となった後はその限りではありません（can. 1042, 2° CIC'83, can. 762 §1, 7° CCEO）。この障害の免除は地区裁治権者に留保されています。

　（3）新しく洗礼を受けた者（can. 1042, 3° CIC'83, can. 762 §1, 8° CCEO）

　ただし裁治権者が十分な資格を有すると判断する場合はこの限りではありません（同条参照）。この場合、新しく洗礼を受けた者とは、14歳以上の年齢になってから回心し、洗礼を受けたばかりの人のことを指します（cf. can. 863）。

ⓑ叙階権の行使に対する単純障害

　先ほど述べた、三つの叙階に対する単純障害の他に、与えられた叙階権の行使に対する単純障害というものが存在します。

　一つ目は、当然のことながら、「叙階の単純障害に拘束されていながら不適法に叙階された者」（can. 1044 §2, 1°）です。不適格と同様、単純障害が存在している状態での叙階は有効ですが、障害の原因が取り除かれるまでは、叙階された者はその叙階権を行使しないよう求められます。

　二つ目は、「精神錯乱者または他の精神疾患を有する者」です（can. 1044 §2, 2°）。この場合、障害の免除は、複数の専門家から任意で得た肯定的な意見に基づいた裁治権者の審査によって与えられます。

　これまで叙階の秘跡に関連した「不適格」と「障害」の全体像について短く述べてきました。次に、この二つの障害がどのようにして取り除かれるかについて述べたいと思います。

③不適格と単純障害の消滅と免除

　すでに述べた通り、単純障害は、障害の原因が取り除かれることで、または免除によって消滅します。それに対して、不適格は持続的なも

のであるため、免除つまり管轄機関からの法的措置によってのみ消滅します。

　免除は、不適格ならびに単純障害が引き起こされた状況が、公的な性格を持っている場合、つまり他の人々に知られている場合、法的措置の効力が公的に示される必要があるため、通常、外的法廷で与えられますが、そうでない場合は内的法廷においても与えられます。

　しかし、教会法第64条が教皇庁内の省庁によって外的法廷での免除が拒絶された場合、その省庁の許可がなくとも、内赦院の内的法廷にその案件を持ち込むのを許可していることは注目に値します。

　それでは、その対象者またはその聴罪司祭が、不適格、単純障害が存在していることに気づいた場合、どのように行動すべきでしょうか？　守秘義務がある中で、誰にどのように相談すればよいのでしょうか？

　こういった場合、不適格とされる者は、まずできるだけ速やかに聴罪司祭を通じて、管轄権を持つ機関に、不適格者である自分の名前を打ち明けずに、免除を願う書面を提出しなければなりません（can. 1048）。この際、聴罪司祭は、単に当事者の答書を渡すだけの役割を果たしているにすぎません。この免除は、ゆるしの秘跡での罪の赦免とは異なる秘跡外の内的法廷における法的措置であり、聴罪司祭は自ら免除を与えることができないため、申し立てを仲介する単なるパイプ役にすぎないのです。

　それでは、誰が免除を与えることができるのでしょうか？　一般原則は次の通りです。

　免除が使徒座に留保されている場合、公には使徒座の管轄機関（典礼秘跡省）、内的法廷においては内赦院です。それ以外の場合では裁治権者（cf. can. 134）──つまり司教とその代理（総代理または司教代理）、聖座法による聖職者修道会の上級上長など──が、自己の管轄

下に置かれているすべての人々の不適格、単純障害を免除する権限を持ちます。

　不適格および単純障害の免除が使徒座に留保されていない場合、司教、または聖職者修道会の上級上長は、内的法廷あるいは外的法廷のいずれにおいても、自己の管轄下にある信者たちに免除を与えることができます。

　さらに、形式的な観点から次のような疑問が生じるかもしれません。免除を求めるにはどのような手続きをとらなければならないのか？　免除を得るためには、管轄機関にどういった情報を提出すべきなのか？　これについて、教会法は三つの条件を示しています（can. 1049）。

　（1）免除の請願書には、不適格および障害事項のすべてが表示されなければならない。ただし一般的免除は、善意で表示しなかったものに対しても有効である

　（2）故意の殺人または実行された堕胎から生じる不適格に関しては、免除が有効となるため（ad validitatem）には犯罪の数も表記されなければならない

　（3）叙階のための不適格および障害の一般的免除は、すべての職階に対して有効である

　最後に、不適格ないし単純障害を持つ聖職者に偶発的に職務を果たすことが求められた場合、どのようにこの問題に対処したらよいか考えてみましょう。そういった場合、はたして司祭はどのように行動すべきなのでしょうか？

　この場合、信者の魂の救い（salus animarum）の必要性が、先述した禁止事項を一時的に解除させます（can. 1048）。これにより、不適格者であっても次の事態が同時に発生した場合、叙階権を行使するこ

とが可能になります。

(a) 不適格や障害が秘密であり、かつ緊急を要する事態が発生している場合

(b) 秘密保持を要する事案で、裁治権者または内赦院に請願することが不可能な場合

(c) 叙階権を行使しないことで、重大な損害または汚名の危険が差し迫っている場合

叙階に対する不適格および単純障害についての説明は以上です。

繰り返しになりますが、これらの禁止事項は刑罰ではなく、あくまで叙階の秘跡からもたらされる聖職の尊厳を守るために教会が定めたものなのです。

なお不適格の免除は、次の定句をもって行います。ただし、ゆるしの秘跡においては秘跡的赦免の後に行います。

Potestate mihi concessa, ego dispenso te super irregularitate in quam incurristi, in nomine Patris, et Filii, + et Spiritus Sancti. Amen.
私に与えられた権能により、＋父と子と聖霊の御名において、私はあなたの不適格を免除します。アーメン。[119]

---

(119) ラテン語規範版『ゆるしの秘跡の儀式書 *Ordo Paenitentiae*』、Appendix I（editio typica, Typis Polyglottis Vaticanis 1974）n. 3。

V. 免償

(1) 一般的な問い

　そもそも免償とは、「罪科としてはすでに赦免された罪に対する有限の罰の神の前における免除」であって、「信者は、教会が求める一定の条件を果たすとき、これを自分のために、また死者のために、教会の奉仕職を通して獲得できる」（*CCE* 1471）とされています。そのため「教会は救いの奉仕者として、キリストおよび諸聖人の功の宝をもってこれを分配し付与」するのです（*Ibid.*, cf. *ID* 5）。

　教会法は、第993条で「免償は、罰からの解放が部分的であるか全体的であるかによって、部分免償と全免償とに分けられる」とし、第996条第1項で「免償を受けるためには受洗者であること、破門制裁を受けていないこと、少なくとも規定の行為の終了時に恩恵の状態にあることが必要である」と規定し、さらに第995条第1項で「教会の最高権威者の他に免償を与えることができるのは、法によってその権限を認められる者、またはローマ教皇によってその権限を付与された者のみである」と述べています（内赦院『免償の手引き　*Manuale delle indulgenze, norme e concessioni*』[第4版、1999年7月16日、LEV] 参照）。

　『カトリック教会のカテキズム』は次のように説明しています。

　「教会のこの教えと実践とを理解するには、罪が二つの結果をもたらすことを理解する必要があります。大罪は私たちの神との交わりを断ち、その結果、永遠のいのちを受けることを不可能にします。この状態は、罪の結果として生じる『永遠の苦しみ（罰）』と呼ばれます。

他方、小罪も含めたすべての罪は、被造物へのよこしまな愛着を起こさせます。人はこの愛着から、この世であるいは死後、清められなければなりません。この死後の清めの状態が煉獄と呼ばれます。この清めによって、人は罪の結果として生じる『有限の苦しみ（罰）』といわれるものから解放されます。この2種類の苦しみ（罰）は、外部から神によって行われる一種の復讐ではなく、罪の本性そのものから生じるものと考えるべきです。熱心な愛に基づく回心は罪びとの全面的な清めをもたらすことができ、その結果いかなる苦しみ（罰）も存続しなくなります」（cf. CCE 1472, DS 1712; *Decretum de purgatorio* : DS 1820）。

　「罪のゆるしと神との交わりの回復は、罪の結果である永遠の苦しみを取り除きます。ただし、有限の苦しみは残ります。キリスト者は、あらゆる種類の苦しみと試練に耐え、死の日が訪れたときには平静に死を迎えて、罪の結果である有限の苦しみを恵みとして受け入れるように努めなければなりません。また愛の実践、慈悲のわざ、さまざまな償いの実行によって、『古い人』をまったく脱ぎ捨て、『新しい人』を着るように（エフェ4・24参照）励むべきです」（CCE 1473）。

　私たちが罪から浄められるのに免償がどのような助けとなるのかを教皇フランシスコは次のように述べています。

　「私たちの罪に対する神のゆるしには際限がありません。……私たちは、自分を造り変えてくださる恵みの力を感じるとき、自分を左右する罪の力をも体験するのです。ゆるしを受けたにもかかわらず、私たちの生活には罪の結果である矛盾が残っています。和解の秘跡で、神は罪をゆるし、その罪は本当に消し去られます。しかし、私たちの思いや行いには望ましくない罪の痕跡が残ります。それでも、神のいつくしみはこれよりもずっと強いのです。キリストの花嫁（教会）を介して、神のいつくしみは御父の免償となって罪人のもとにゆるしを

届けます。そしてその人が愛をもって行動できるようにさせ、再び罪に陥るのではなくむしろ愛の中で育まれるよう、罪のあらゆる結果から解放してくださいます。それゆえ……免償とは教会の聖性の体験であり、教会はすべての人をキリストの贖いがもたらした恩恵に与らせます。そうしてゆるしは隅々にまで広がり、そこに神の愛がもたらされるのです」(*MV* 22)。

(2)「聖徒の交わり sanctorum communicatio」という視点

『カトリック教会のカテキズム』は、「聖徒の交わり」(諸聖人の通行)という信仰の視点において免償の現実を次のように提示しています。

「自分の罪を清め、神の恵みに助けられて聖となることを求めるキリスト信者は、一人でいるわけではありません。『神の子らのそれぞれの命は、キリストにおいて、キリストによって、他のすべてのキリスト信者である兄弟姉妹の命に感嘆すべき仕方で結ばれ、神秘的な方であるキリストの神秘体の超自然的な一致のうちにあります』(*ID* 5)」(*CCE* 1474)。

「聖徒の交わりのうちにある『信者たち——天上の祖国にある人々、清めのために煉獄にある人々、まだこの世の旅路にある人々——の間には、愛の不断の絆とあらゆる善の豊かな分かち合いとが存在します』(*ID* 5)。この感嘆すべき分かち合いの中で、ある人の聖性は、他の人の罪が周りの人々に対して引き起こす損害よりはるかに多く周りの人々に益をもたらします。ですから、痛悔した罪びとは聖徒の交わりのおかげで、罪の結果として生じる苦しみから速やかに、効果的に解放されることができます」(*CCE* 1475)。

「聖徒の交わりのこのような霊的善はまた、教会の宝 (thesaurus Ecclesiae) とも呼ばれます。『それは世紀を重ねて積み上げられた物

的財産のような宝ではなく、人類が罪から解放されて御父との交わりを持つようになるために捧げられた、主キリストの贖いと功徳とが神のもとに持つ無尽蔵の宝です。私たちの贖い主であるキリストのうちには、その偉大な贖いの償いと功徳とが溢れるほどに存在するのです』(*ID* 5)」(*CCE* 1476)。

「この宝に属するものとしては、また聖なるおとめマリアやすべての聖人たちが神の御前で捧げる祈りや善行などの、計り知れないほど大きく、常に新たな功徳があります。聖人たちはキリストの恵みによってその後に従いながら自分たち自身を聖化し、御父から委ねられた任務を果たしました。こうして彼らは、自分自身の救いに努めながら、神秘体の中で結ばれた兄弟姉妹の救いにも寄与してきたのです」(*ID* 5, *CCE* 1477)。

(3) 現代における免償の実践的な意味[(120)]

以上のことから、免償は単に「すでに赦免された罪に対する罰の免除」という性格を有するだけでなく、キリスト信者が自身の生活において愛とゆるしを生きることで、より完全な仕方で神の恩恵に生かされていくための手段、いわば生活を聖化するための秘跡的性格を有するものでもあることがわかります。完徳を目指すことは、洗礼を受けたすべてのキリスト信者の召命であり務めです (cf. can. 210)。言い換えればキリストの聖性に与る者とされたがゆえに、キリスト信者は常に自らをよりいっそう聖なる者として神に捧げていくよう招かれてい

---

(120) Cf. K. Nykiel, *Il Sacramento della Misericordia, accogliere con l'amore di Dio*, LEV 2019, pp. 243-270. また同様な免償に関する考察については、谷崎新一郎『現代における免償の意味——ポルチウンクラの免償に関連して』(第32回フランシスカン家族代表者会研修会配布資料、2016年) を参照。

るのです[121]。そのため、単なる宗教的な自己満足やいわゆるご利益信仰のような誤った態度を避け、キリスト信者が真に自らの召し出しにふさわしく生きるためにこの制度が活用されるならば、免償は真に愛を実践し謙遜に生きること、互いにゆるし合い、生者・死者を問わずさまざまな形で互いに真心から助け合うことを通して、個人の霊的成長、共同体の聖性の発展、そして世の救いに寄与するものとなります。

　ここで近年の教会の教導を確認することが有益です。

　教皇ベネディクト16世は、教皇に選ばれる前の1996年に、教理省長官としてアッシジを訪れた際に、ポルチウンクラの免償について説教の中で次のように述べていました。

　「免償を願うということは、このような霊的財産を共有する（教会の）交わりに入り、自由に自らを捧げる姿勢を抱くことを意味します。……こうして、ポルチウンクラのあるここ（アッシジ）で始まった免償は、自分自身の救いを超えて、まさにこの世で他者の救いを実現する務め、招きへと変わっていきます」[122]。

　教皇ヨハネ・パウロ2世が西暦2000年の大聖年に公布した大勅書『受肉の秘義』（1998年11月29日）に付されていた教皇庁内赦院の『聖年の免償を得るための規定』の冒頭には次のように記されています[123]。

　「聖年の頂点となるのは父なる神との出会いです。それはご自分の教会の中に、特にご自分の諸秘跡の中におられる救い主キリストにおける出会いです。このため、巡礼によって準備される聖年の歩みの出

---

(121)　教皇フランシスコ、使徒的勧告『喜びに喜べ　*Gaudete et Exsultate*』14, 15項参照。

(122)　J. Ratzinger（Benedetto XVI）, *Il Perdono di Assisi*, LEV, 2005, Edizioni Porziuncola, 2014, pp. 15-39.

(123)　教皇ヨハネ・パウロ2世、2000年の大聖年公布の大勅書『受肉の秘義　*Incarnationis Mysterium*』（東門陽二郎訳、カトリック中央協議会、1999年）を参照。

発点と到達点は、ゆるしの秘跡と感謝の祭儀の秘跡、私たちの平和であり私たちの和解であるキリストの過越の秘義です。この出会いによって私たちが変えられ、自分と他者のための免償の賜物を受けられるようにするのです」。

さらにこの文書の第4項に、何らかの他者への愛情深い関わりが免償の一つの条件として挙げられている点は重要です。

「あらゆるところで、適当な時間、貧困、あるいは困難の中にある兄弟たち（病人、囚人、独居老人、障碍者など）を、この人々の中におられるキリスト（マタ25・34-36参照）への巡礼として訪問し、免償を得るためにいつも前提となる霊的条件、秘跡について、また祈りについての条件を果たすこと。信者はこうした訪問を、おそらく聖年の期間中にあらためて行いたいと思うでしょう。なぜならそのような訪問をするたびに、もちろん1日1回限りではありますが、信者は全免償を得ることができるからです。

聖年の全免償は、いわば聖年の魂である悔い改めの精神を効果的に、また物惜しみせずに現実に生かす種々のイニシアティブを通しても得ることができます。その方法として、1日の間、余分なものを取らず（たとえば、たばこを吸わない、あるいはアルコール飲料を飲まない、大斎あるいは小斎を教会の一般規則と司教団の施行細則に従って守る）、相応な金額を貧しい人々のために充てること、信仰的・社会的性格を持つ事業（特に遺棄された子供たち、問題を抱えた青年たち、生活困難な老人たち、もっと安心できる生活を求めている寄留者のための事業）に対して、その生活維持・改善のために相応の寄付をすること。自分の自由な時間のうち適当な部分を教会共同体に役立つ諸活動に捧げること、あるいは他のこれに類する個人的犠牲を捧げること」。

さらに教皇フランシスコが、『いつくしみの特別聖年に際して与えられる特別免償に関する書簡』（2015年9月1日）の中で次のように

述べたことにも注目すべきでしょう。「私は、免償が神のいつくしみを真に体験するものとして、各人に届くよう望みます。神のいつくしみは、人間を受け入れ、ゆるし、犯した罪を完全に忘れてくださる御父のみ顔のうちに、人間一人ひとりに訪れます」。さらに使徒的書簡『あわれみあるかたと、あわれな女』（2016 年 11 月 20 日）の中では、「免償とは教会の聖性の体験」であり、教会が「すべての人をキリストの贖いがもたらした恩恵に与らせるもの」、「神のゆるしを世界の隅々にまで行きわたらせるもの」、「神の愛をもたらすもの」だと教えています（22 項）。

このように免償は、単に法的に認められた慣習や制度ということを越えて、信仰の体験、つまりいつくしみ深い神との出会い、その限りないゆるしと愛という恩恵の体験がその根底にあってしかるべきものであり、それによって信者一人ひとりが信仰の実践を通して聖化されていく秘跡的な手段であることがわかります。

（4）免償を受ける方法

カテキズムは、免償は教会を通して得るものだとして次のように説明しています。

「免償は教会を通して得られます。教会はキリスト・イエスによって与えられた、結び、解く権能によって、キリスト信者個人の仲立ちとなり、キリストや聖人たちの功徳の宝庫を開き、罪のために受けるべき有限の苦しみ（罰）のゆるしをあわれみ深い御父からいただけるようにします。このようにして教会は、単にキリスト信者を助けるだけでなく、敬神と償いと愛の実践を彼らに促すのです（ID 8：トリエント公会議第 25 総会『免償についての教令』[*Decretum de indulgentiis : DS* 1835] 参照）」（*CCE* 1478）。

「清めの状態にある死者も同じ聖徒の交わりの中にある人々ですから、私たちは彼らの手助けをすることができます。罪のために受けなければならない有限の苦しみから解放されることを願って死者のために免償を得るという方法が特に勧められます」（*CCE* 1479）。

現行の『教会法典』は免償について次のように規定しています。

教会法第995条「すべての信者は、部分免償または全免償を自己自身のために収受し、または代祷の様式で死者に付与することができる」。

教会法第996条「（1）免償を収受できるためには、受洗者であること、破門制裁を受けていない者であること、少なくとも規定の行為の終了時に恩恵の状態にあることが必要である。

（2）実際に免償を収受することができるためには、少なくともそれを得ようとの一般的意思を有し、付与規定に従って定められた時期に定められた方法により、命ぜられた行為を果たさなければならない」。

教会法第997条「免償の付与および使用に関しては、さらに教会の特別法に定められる他の規定を順守しなければならない」。

内赦院の規定 *Il dono dell'indulgenza*（2000年1月29日）では次のように述べられています。

「全免償を受けられるのは1日に1回のみです。そのための条件として、信者は恵みの状態にあることが必要とされ、さらに次の条件を満たしていなければなりません。

1）どんな小さな罪をも退ける決心を持ち、全免償を受けたいとの望みを持つこと

2）ゆるしの秘跡に与ること

3）聖体拝領をすること（ミサ聖祭に与って拝領することが望ましいが、

　免償を得るためにはミサ以外での聖体拝領でもかまわない）

　4）教皇の意向のために祈ること」（第4項）

　「上記の四つの条件は、免償が与えられるその日にすべてを満たすことが望ましいとされますが、それは免償を得るのに絶対的に必要な条件でありません。少なくとも免償が付与される前後約20日以内にすべてが満たされていればそれで十分とされます。教皇の意向のための祈りについては信者が自由に選択できます。たとえば主の祈りやアヴェ・マリアなどを唱えることです。同時期に異なる全免償を得るためには、ゆるしの秘跡は1回のみで十分とされますが、聖体拝領ならびに教皇の意向のための祈りはそれぞれの免償ごとに果たす必要があります」（第5項）。

　上記の一般原則には後述する『内赦院の免償に関する規定』の25項に基づく例外も認められています。2020年にCovid-19（新型コロナウイルスによる感染症）が世界的に流行したことから、世界中で人々の社会生活が大きく制限され、ミサをはじめとする諸秘跡に人々が与ることが困難になった際、感染症に苦しむ信者、その医療従事者や家族、彼らのために祈りを捧げるすべての人に対して、内赦院は特別な条件で全免償を付与しました[124]。それは、現実に秘跡には与れないとしても秘跡的恩恵を心から望む人々、また同様な状況にあって特に切迫する医療現場で人々の命のために懸命に働いている人々に対しての全免償の付与です。それにともなって内赦院は、感染症の終息と、この病気に苦しむ人々への慰め、そして主が自らのもとへ

　（124）本書巻末の付録2、使徒座裁判所内赦院教令『現在のパンデミック状況下における信者への特別免償の付与に関して』（2020年3月20日公布）を参照。

呼び寄せられた人々の永遠の救いを全能の神に祈願するために、聖体訪問や聖体礼拝、最低 30 分間の聖書朗読、聖なるロザリオの朗誦、敬虔な十字架の道行きの実践、神のいつくしみへの祈りの花束（チャプレット chaplet）の朗誦などを、聖堂に行けなくとも何らかの形で果たした信者に対しても全免償の付与を確認しました。これらの個々の信心行為は、それまで内赦院が『免償の手引き *Enchiridion indulgentiarum*』において全免償付与の諸条件として示してきたものですが、感染症の蔓延により、実際に教会を訪れることができない状況でも誠心誠意行えばそれで十分であるとしました。さらに病者の塗油や臨終の聖体拝領（viaticum）を受けることのできない人々のためには、神に祈りを捧げ聖徒の交わりの力によりすべての人を神の慈悲に委ねる教会が、臨終にある信者が赦免を受けるにふさわしい心構えを持ち、生涯を通して何らかの祈りを唱えることを常としていた場合、その信者に対して全免償を授けてきたことも確認されました（*Enchiridion indulgentiarum*, 12 項参照）。この場合、通常、免償を受ける三つの条件を満たす行為は教会が代理します。加えて内赦院は、2020 年 10 月 22 日付で新型コロナウイルス感染症拡大の予防的措置として、死者のための免償の特別規定を公布しました。それによると、後述する 11 月 1 日から 8 日までの各日において墓地を訪問し故人のために祈る者に与えられる全免償が、実際に墓地を訪れることができなくとも心の中において故人のために祈る者にも 11 月中どの日においても付与され、また 11 月 2 日の「死者の日」に関する全免償も 11 月中どの日でも付与されることとされました。そして高齢者、病者、重大な理由のために外出できないすべての人は、他の信者と心を合わせてすべての罪から完全に離れる決意を持ち、全免償を得るために必要な通常の三つの条件（ゆるしの秘跡、聖体拝領、教皇の意向に従った祈り）をできる限り早く果たす意志を持ち、イエスあるいは幸いなる

おとめマリアの聖画像の前で、敬虔に死者のための祈りを捧げる（た
とえば「死者の日」の聖務日課の朝と晩の祈り、あるいはロザリオの祈り、
神のいつくしみのチャプレットなど）か死者の典礼に用いられる福音朗
読箇所の一つを黙想する、もしくは自分の生活の苦しみと困難を神に
捧げながら愛徳の業を行うことで全免償が与えられると定められまし
た。いかなる状況であれ、心から祈り求める者に神の恩恵が妨げられ
ることはないのです。

（5）内赦院の『免償に関する一般規定』[125]

これまで免償について日本語の詳細な資料がなかったので、以下に
内赦院の『免償に関する一般規定』を訳出して紹介します。

1.　免償は、罪科としてはすでに赦免された罪に対する有限の罰の
神の前におけるゆるしであって、キリスト信者はこれをふさわしい心
構えを有し、一定の条件を果たすとき、教会の介入によってこれを獲
得する。教会は救いの奉仕者として、キリストおよび諸聖人の功の宝
を権威をもって分配し付与する。

2.　免償は、罪のために負わされる有限の罰からの解放が部分的で
あるか全体的であるかによって部分免償と全免償とに分けられる。

3.　すべての信者は、部分免償または全免償を自身のために収受し、
または代祷の様式で死者に付与することができる。

（125）内赦院『免償の手引き　*Manuale delle Indulgenze, norme e concessioni*』
（第4版）、23-30頁。

4. 少なくとも心からの悔い改めをもって部分免償が付与される行為を行う信者は、自らの行為によって有限の罰のゆるしを受け、さらに教会の介入によっても同様の罰のゆるしを得る。

5. §1 教会の最高権威者の他に免償を与えることができるのは、法によってその権限を認められている者、またはローマ教皇によってその権限を付与された者のみである。

§2 ローマ教皇より下位の権威者は、免償を付与する権限を他の者に委任することができない。ただし、使徒座によって明確にその権限が与えられた者についてはこの限りでない。

6. ローマ教皇庁において、免償の付与と使用に関するすべての事柄は内赦院にのみ委ねられるが、教理省が免償に関する教義的な理論について検証する権限についてはこの限りではない。

7. 東方教会の教区またはラテン教会の教区の司教、およびこれらの者と法律上同等とされる者は、たとえ司教の職位を与えられていなくとも、司牧的職務の開始以降、以下の事柄を行うことができる。

(1) 各自の統治領域内における信者すべてに対して、また自身の統治領域外にあっても自身の管轄権に属する信者に対して部分免償を付与すること。

(2) 東方教会、ラテン教会を問わず各自の教区において、規定された文言を用いて、年に3回、各自が選択する祭日または祝日に全免償を伴った使徒的祝福を授与すること。これは、これらの権威者がミサに臨席しているだけでもよい。ただしこの祝福は、『司教儀式書 *Caeremoniale Episcoporum*』の規定に則って、ミサ終了時に通常の祝福の代わりに授与される。

8. 主都大司教（metropoliti）は所轄のラテン教会および東方教会の（諸）教区においても、自己の統治領域内と同様に部分免償を付与することができる。

9. §1 （カトリック東方教会の）総大司教（patriarchi）は、自身の総大司教区に属する地域、および通常統治権が及ばない地域において、また総大司教区外の同じ典礼に属する教会において、同じ典礼に属する信者に対してはいずれの場所においても以下の事柄を行うことができる。

（1）部分免償を付与すること。

（2）通常年3回、全免償を伴った使徒的祝福を授与すること。さらに信者の霊的善益のために全免償が求められる何らかの特別な状況または宗教的理由が生じた際にこれを授与すること。

§2 主管大司教（arcivescovi maggiori）にも同じ権限が与えられる。

10. 聖なるローマ教会の枢機卿は、いずれの場所においても部分免償を付与する権限を有するが、その際の免償は、その都度、その場に臨席している者に対してのみ与えられる。

11. §1 『免償の手引き *Enchiridion indulgentiarum*』を印刷する際には、いかなる言語であろうとも使徒座の明示的許可が必要とされる。

§2 免償の授与についての記載が含まれる他のすべての書籍や書面およびその他の文書は、ラテン教会あるいは東方教会の地区裁治権者の許可なしに刊行することは許されない。

12. 教皇の意思にしたがって、すべての信者によって請願される免償の付与は、すべて正式な文書が内赦院によって確認された後に初めて効力を有するものとなる。

13. 決められた日に執り行われる典礼行事に伴う免償は、典礼行事または移動可能な祝祭日が適法に移動された場合、その日に変更されるものとする。

14. 免償を得るために予め定められた日に教会または礼拝堂を訪れる場合、こうした訪問は定められた日の前日の正午から、当日の夜の零時まで行うことができる。

15. 信者は、適宜祝福を受けたキリストの磔刑像または十字架、冠、スカプラリオ（肩衣）、メダイといった信心道具を敬虔に使用することで免償を収受することができる。

16. §1　教会または礼拝堂の訪問に伴う免償は、こうした建物が取り壊されても、同一またはほぼ同一の場所に同じ称号（資格）において 50 年以内に再建される場合は失効しない。

§2　信心道具の使用に伴う免償は、その道具が壊れたり、売却されたりした場合に限って失効する。

17. §1　免償を収受できるためには、受洗者であること、破門制裁を受けていない者であること、少なくとも規定された行為の終了時に恩恵の状態にあることが必要である。

§2　実際に免償を収受することができるためには、少なくともそれを得ようとする一般的な意思を有し、付与に必要とされる時期と方

法に従って、規定された行為を果たさなければならない。

18. §1　全免償は1日に1度しか得ることができないが、部分免償は1日に何度でも得ることができる。

§2　しかしながら信者は、死がさし迫っている場合は、同じ日に全免償をすでに得ていたとしても、それとは別にさらに全免償を享受することができる。

19. 教会または礼拝堂に関連した全免償を収受するために規定された行為は、通常こうした聖なる場所を敬虔な心で訪問し、そこで主の祈りと信仰宣言を唱えることによって行われるが、免償の付与に際して異なる規定がある場合はこの限りではない。

20. §1　全免償を得るためには、大罪を含むあらゆる罪を志向する感情を排除することに加えて、免償のための行為を果たし、かつ次の三つの条件を満たすことが必要である。すなわちそれらの条件とは、聖体拝領、秘跡的告白（ゆるしの秘跡）、教皇の意向に従った祈りである。

§2　1度の秘跡的告白によって複数の全免償を得ることが可能であるが、教皇の意思により、1度の聖体拝領と1度の祈りで得られることのできる全免償は一つのみである。

§3　上記の三つの条件は、免償のために規定された行為完了前後、数日をかけて行うことができる。しかし教皇の意向に従った祈りと聖体拝領は、規定の行為が実施される同日に行うことが望ましいとされる。

§4　完全な心構えが欠けている、あるいは免償のために定められた行為がまったく行われていない場合、そして上記の三つの条件が満

たされていない場合、免償は部分的にしか付与されない。ただし、何らかの妨げがある場合の規定（以下の第24、25項）で定められている事柄についてはこの限りではない。

§5　教皇の意向に従った祈りの条件は、その意図をもって主の祈りおよびアヴェ・マリアの祈りを唱えることによって完遂されるものとする。しかしながら、その他の祈りに関しては、それぞれの信者の信仰と信心に従って自由に行うことができる。

21.　§1　通常、法律または命令に従って遂行が義務づけられた行為を行うことでは免償を得ることはできないが、それに反して免償の授与に際して「法律または命令に従って遂行が義務づけられた行為を行うことで免償が得られる」と明示されている場合はこの限りではない。

§2　ただし、（免償のために）規定された行為であるゆるしの秘跡に与る者は、ゆるしを得るための償いと、その行為に伴う免償とを同時に受けることができる。

§3　奉献生活の会と使徒的生活の会の会員も同様に、祈りと信心業を行うことで免償を得ることができるが、その際にはこれらの会の規則または会憲に則って、あるいはその他の規定に則って祈りを唱え信心業を行わなければならない。

22.　祈りに伴う免償は、それが唱えられる言語がいかなるものであれ、各国語版の祈りが所轄の教会権威者によって承認されているものである限り適切に得ることができる。

23.　祈りに伴う免償を得るためには、他の信者と交互に祈りを唱えるか、別の信者が唱えている間に心の中でこれに従って唱えるだけで

十分とされる。

24. 聴罪司祭は、（免償のために）規定された行為、条件について、これらの適法な実施に際して障害を有する者に対しては、それらを変更することができる。

25. さらにラテン教会ならびに東方教会の地区裁治権者は、自身が法の規定に従って裁治権を行使する信者に対して、彼らがゆるしの秘跡および聖体の秘跡に与ることが不可能な場所ないし非常に困難な場所に居住している場合には、彼らが心から痛悔し、こうした秘跡を受けることが可能になり次第すぐにこれを果たすことを約束していることを条件に、実質的にゆるしの秘跡および聖体拝領を行っていなくても全免償を得ることを認めることができる。

26. 口のきけない人、耳の不自由な人は、他の祈りを唱える信者とともに魂を全面的に神の方に向けているのであれば、公的な祈りに伴う免償を収受することができる。個人的な祈りの際に、心の中で祈りを唱えるか、何らかのしるしによってそのことを表示するか、目だけで祈りの文言を追うだけで十分とする。

（6） 具体的な事例ごとの免償付与の原則[126]

内赦院の『免償の手引き *Manuale delle Indulgenze, norme e concessioni*』（*Enchiridion indulgentiarum*、第4版）には全免償・部分

---

(126) 内赦院『免償に関する手引き *Manuale delle Indulgenze, norme e concessioni*』（*Enchiridion indulgentiarum*、第4版）35-95頁の中から抜粋。

免償を得るために果たすべき教会が定めた信心行為が掲載されています（その他の免償　Altre concessioni, pp. 51-95）。そのうちの主なものを以下に列挙します。（　）内の数字は当該資料中の concessioni の番号です。これらは免償を受ける条件とされる信仰の業であり個人および共同体の聖性に益するものです。聖年などの特別な機会に内赦院の教令をもって公的に免償が付与される場合もありますが、個別の事案に対しては、先述の通りそれぞれの機会に正式な免償の付与を裁治権者を通して内赦院へ請願する必要があります。

聖体礼拝（n. 7）

聖体訪問をした信者には部分免償が与えられ、さらに 30 分以上聖体礼拝を行った信者に対しては全免償が与えられます。またキリストの聖体の祭日（Corpus Domini）に聖体行列に参加した信者も同様です。

ローマの教皇バジリカの訪問（n. 33）

次のいずれかの日に、ローマにある四つの教皇バジリカのうち一つを敬虔な心で訪問し、主の祈りと信仰宣言を唱えた信者には全免償が与えられます。

・各バジリカの名前の由来となった聖人の祭日に

・いずれかの主日もしくは守るべき祝日に

・年に 1 度、上記以外の日で信者自身が決めた日に

教皇祝福（n. 4）

教皇が与える「ウルビ・エト・オルビ　Urbi et Orbi」[127] の祝福（通

---

(127) Urbi et Orbi とはラテン語で「都市と世界へ」という意味で、もともとローマ帝国において「帝都ローマとすべての属領へ」という意味で皇帝の勅令や布告文の冒頭の定型として使用されていたものですが、今日ではローマ教皇が「ロー

常、降誕祭と復活祭に与えられる祝福）を敬虔な心で受け取った信者には、ラジオなどのメディアを介してこれを受け取る場合も含めて全免償が与えられます。この祝福が全免償であることは、付与の際にそのことが宣言されます。

墓参（n. 29）

敬虔な心で墓地を訪れ、死者のために祈りを捧げた信者には、声に出さず心の中で祈る場合も含めて免償が与えられますが、この場合の免償は、煉獄の霊魂のためにのみ適用することができます。ただしこれを11月1日から8日の間に行う場合は全免償となり、それ以外の日に行った場合は部分免償となります。

十字架の礼拝（n. 13）

聖金曜日の荘厳な典礼祭儀において、十字架の礼拝に参加しこれに口づけ（表敬）をした信者には全免償が与えられます。

十字架上のイエスに対する祈り『私はここにいます、私の愛すべき善きイエスよ　*Eccomi, o mio amato e buon Gesù*』（n. 8）

「私はここにいます、私の愛すべき善きイエスよ。あなたの打ちひしがれた聖なる御姿に、心から熱意を込めて祈ります。信仰、希望、愛を、私の数々の罪の苦しみを、そして二度とあなたに背かない覚悟

マ市と全世界へ」という意味で行う公式の荘厳祝福のことを指します。この祝福は基本的に年に2回、復活祭と降誕祭、また教皇選出時および聖年に際して、サン・ピエトロ大聖堂の中央バルコニーからサン・ピエトロ広場に集まった人々に向けて行われますが、この祝福は多くのテレビ局やラジオ局（欧州放送連合）によって、またインターネットを介しても全世界へ配信されており、どのような仕方であれこの祝福を視聴すれば免償の効果があるとされています。

を私の心に刻み付けてください。おお、私のイエスよ、聖なる預言者ダビデがあなたについて述べた言葉『彼らは私の手と足に孔を開けた。彼らは私のすべての骨を数えた』（詩編21・17-18）から始めて、私は自らの愛と共感のすべてをもって、あなたの五つの傷を想いながら歩みます」。

　聖体拝領後に、十字架のイエスの像の前でこの祈りを敬虔な心から唱えた信者には、免償が与えられますが、四旬節の毎週金曜日と主の受難の金曜日にこれを行った場合は全免償、その他の日に行った場合には部分免償となります。

黙想会・連続教話（nn. 10, 16）

　丸3日以上黙想会ないし連続教話（praedicationes quas exercitia spiritualia et sacras missiones）に参加した信者には全免償が与えられます。

普遍的に教会が定めた特定の信仰上の企画・行事への参加（n. 5）

　たとえば世界病者の日のミサや世界召命祈願日のミサ、世界難民移住異動者の日のミサや関連する集会に参加すること。

聖母マリアのロザリオの祈り（n. 17）

　教会あるいは礼拝堂、小教区の集会所、あるいは家庭で、もしくは修道院共同体、ないし信心会においてロザリオの祈りを唱えた信者には全免償が与えられます。その他の環境でこれを行った信者には部分免償が与えられます。

『タントゥム・エルゴ　Tantum ergo』の朗誦（n. 7）

「Tantum ergo sacramentum veneremur cernui, et antiquum

documentum novo cedat ritui; praestet fides supplementum sensuum defectui. Genitori Genitoque laus et iubilatio, salus, honor, virtus quoque sit et benedictio; Procedenti ab utroque compar sit laudatio. Amen. Panem de caelo praestitisti eis. Omne delectamentum in se habentem. 　かくも偉大な秘跡を伏して拝もう。古えの祭式は過ぎ去って新しい儀式にその座を譲った。願わくは信仰が五感の不足を補うように。父と子に賛美と喜び、栄えと誉れ、そして力と祝福がありますように。父と子より出給う聖霊も、また同じく讃えられますように。アーメン。あなたは彼らに天から降って来たパンを与えられました。あなたはすべての楽しみのをその中に含ませられたのです。

　祈りましょう。神よ、あなたは尊い秘跡において、私たちにご受難の記念を残してくださいました。私たちの内に、いつもあなたの贖いの成果を感じることができるために、あなたの御体と御血という聖なる神秘を賛美することができますように。あなたは世々に生き支配しておられます。アーメン」。

　敬虔な心で上記の詩節を唱えた信者には部分免償が与えられます。さらに聖木曜日およびキリストの聖体の祭日（Corpus Domini）にこの朗誦を荘厳に行った場合には、全免償が与えられます。

十字架の道行き （n. 13）

　聖なる十字架の道行きを達成した信者には全免償が与えられます。十字架の道行きは、神である贖い主が死刑宣告を受けたピラトの官邸を出て、私たちの救いのために十字架上で息を引き取ったカルヴァリオ（ゴルゴタ）の丘まで行く道中の苦痛の記憶を新たにするものです。これに関して全免償を受けるためには、次の規則に従うことが必要とされます。

・この信心業は、適正に設置された各留の前で行わなければならない。

・十字架の道行きの創設にあたっては、14 の十字架の設置が必要であり、近年ではそれぞれにエルサレムの各場面を表す聖画や彫刻も設置されるのが常とされている。

・最も一般的な慣習によると、十字架の道行きでは、14 回、敬虔な心で聖書の一部を朗読するが、これに加えていくつかの祈りの朗誦も行う。しかし、この信心業を達成するためには、主の受難と死について黙想を行うだけで十分とされ、必ずしも各留におけるそれぞれの神秘（秘義）について特別な配慮をする必要はない。

・一つずつ順番に次の留へと移動していくこと。この信心業を集団で行う場合、すべての参加者が規則正しく移動することができないときは、その集団の代表者以外は各自の場所に留まったまま祈り、代表者だけが各留へ赴けばそれで十分である。

・障碍者は、私たちの主イエス・キリストの受難と死について 30 分以上の聖書朗読を行って黙想することで同様の免償を得ることができる。

・この信心業の慣習のない東方教会においては、免償の獲得のためには十字架の道行きに代わって、私たちの主イエス・キリストの受難と死に思いを馳せる他の信心業を総大司教が定めることができる。

小教区聖堂の訪問（n. 33）

次の日に敬虔に小教区の聖堂を訪問した信者には全免償が与えられます。

　・各教会堂の名称の由来となった祭日

・「ポルチウンクラ　Porziuncola」の免償[128]を請願することので
きる8月2日

　あるいは、地区裁治権者が信者の都合を勘案して定めた日に小教区
聖堂を訪問することで全免償、部分免償のいずれも与えられます。訪
問するのは小教区聖堂だけでなく司教座聖堂、また場合により準司教
座聖堂であっても良いとされています。さらに準小教区の聖堂の場合
でも同様の免償を得ることができます。この信心に基づく聖堂訪問に
際しては、教皇パウロ6世の使徒憲章『インドゥルジェンツィアール
ム・ドクトリーナ　*Indulgentiarum doctorina*』の第16条に従って信
者は主の祈りと信仰宣言を唱える必要があります。

教会堂あるいは祭壇が聖別されたその日の教会訪問（n. 13）
　教会堂あるいは祭壇が聖別された日にその教会を訪問し、主の祈り
と信仰宣言を唱えた信者には、全免償が与えられます。

死者の日の教会堂あるいは礼拝堂の訪問（n. 29）
　死者の日（11月2日）に、教会や公共の礼拝堂もしくは適正に使

　（128）アッシジの聖フランシスコが、1216年8月2日に教皇ホノリウス3世か
ら認可を受けて以来、いわゆる「アッシジのゆるしの日」と呼ばれる8月2日の
晩から8月3日の晩の祈りの間に、アッシジのサンタ・マリア・デリ・アンジェ
リ大聖堂のポルチウンクラを訪れて祈れば全免償が与えられるとされてきまし
た。この免償について、教会は後にその条件を拡大し、ポルチウンクラのみならず、
定められた司教座聖堂や小教区教会堂において、年に2度（「アッシジのゆるし
の日」の8月2日と各教会のために定められた日）、1日に1回免償を受けるこ
とができるとしてきました。その際、ゆるしの秘跡を受け、聖体を拝領し、教皇
の意向に従って祈ること（少なくとも主の祈り、アヴェ・マリアの祈り、栄唱各
1回）が必要とされています。

用されている準公共の小礼拝堂を敬虔な心で訪れた信者には全免償が与えられます。しかし、この場合の全免償は煉獄の霊魂に対してのみ適用されます。この免償は先に述べた死者の日に付与されますが、地区裁治権者の同意がある場合はその直前もしくは直後の日曜日、あるいは諸聖人の祭日でもよいとされます。この信心に基づく教会訪問に際して、信者は、教皇パウロ6世の使徒憲章『インドゥルジェンツィアールム・ドクトリーナ *Indulgentiarum doctorina*』の第16条に従って主の祈りと信仰宣言を唱えなければなりません。

―その他の全免償が付与される事例―

この他に、全免償が与えられ得る信心行為として内赦院の『免償の手引き』には次のようなものが挙げられています。

・イエスの聖心や聖家族の御絵を前にして、イエスの聖心ないし聖家族に対して、家族の一員を初めて奉献する祈りを捧げること（できる限り司祭や助祭の前で行うこと）（n.1）
・王であるキリストの祭日に人類を王であるキリストに奉献する祈り「人類の贖い主、いつくしみ深いイエスよ……」[(129)]を公に捧げ

---

(129) 人類の贖い主、いつくしみ深いイエスよ、あなたの御前にひれ伏す私たちを顧みてください。私たちはあなたのものです。私たちはあなたのものになりたいのです。よりいっそうあなたと一致するために、今、御前に進み尊い御心に私自身を奉献いたします。人々の中には未だあなたを知らない者、御心を無視してあなたに背く者が大勢います。最も善い方、いつくしみ深いイエスよ、これらの人々をあわれみ、皆をあなたの聖なる御心に引き寄せてください。主よ、あなたに忠実な人だけでなく、あなたから遠く離れている人にも王であってください。彼らを惨めさと飢えによる死から救うために御父の家へ立ち帰らせてください。無知や誤りによってあなたから離れている人にも王であってください。彼らが信仰の一致によって真理の港にたどり着き、速やかに一人の牧者の導く一つの群れとならせてください。主よ、教会に確かな安全と自由とをお与えください。すべ

186

ること（n. 2）

・キリスト教一致祈祷週間に所定の祈りを捧げること（n. 11）

・イエスの聖心の祭日に聖心に対する「償いの祈り」を捧げること（n. 3）

・初聖体を受けること、および初聖体の祭儀に与ること（n. 8）

・新司祭として初ミサを挙行することおよび信者としてそれに与ること（n. 27）

・死の危険にある者にして司牧者から使徒的祝福を受けることないし司祭からの祝福が得られない場合でも免償を受けられる条件を満たしており何らかの祈りをもって信仰者として生涯を全うすること（司祭不在の場合でも母なる教会が直に免償を付与するとされています）（n. 12）

・司祭叙階 25、50、60、70 周年を迎える司祭にして司祭召命の義務を忠実に果たす約束を神の前で更新すること、および司教叙階 25、40、50 周年を迎える者にして自らに課された義務を忠実に果たす約束を神の前で更新すること、ならびに当該聖職者の挙行する叙階記念のミサに与ること（n. 27）

・聖ペトロ、聖パウロの祭日に教皇または司教から祝福された信心用具を敬虔に用いて信仰宣言を唱え心から祈りを捧げること（n. 14）

・復活徹夜祭の祭儀に参加するか自身の受洗記念日に自らの洗礼の約束の更新を行うこと（n. 28）

・聖霊降臨の祭日に、あるいは年の初めに１年の歩みの上に神の助けを願って聖霊への祈り『ヴェニ・クレアトール　*Veni Creator*』

ての民が平穏と秩序のうちに、世界の隅々まで声を合わせてあなたをほめたたえますように。私たちの主イエス・キリストの御心が賛美され、世々にあがめられますように。アーメン。

を捧げる信者、また年の終わりに1年の間にいただいたすべての恵みを神に感謝して『テ・デウム　*Te Deum*』の祈りを捧げること（n. 26）

・少なくとも30分以上み言葉への畏敬の念を込めて認可された聖書本文を敬虔に読み黙想すること（自ら聖書を読むことができない場合は録音・録画を含む他者の朗読を聞くことで足りる）（n. 30）
・教区代表者会議（教区シノドス）に際して信心をもって指定教会を訪問して主の祈りおよび信仰宣言を唱えること（n. 31）
・修道会や使徒的生活の会の創立者の記念日にその会の聖堂を訪問すること（n. 33）など

―その他の部分免償が付与される事例―

上述の内赦院の『免償の手引き』の前文には、部分免償が与えられる一般的な信心行為の四つの性格が挙げられています（Quattro concessioni di carattere generale, concessioni, nn. 1-4）。その内容から、免償を受けるための信心業は、単に個人的な行為として果たされればそれでよいというものではなく、神と人々への愛を生きるという意味で信仰を実践することとして行われる必要があることがわかります。大切なことは、単にどれだけ多くのことをこなしたかではなく、どれだけ心を込めてしたかということなのです。

・自らの務めを果たしながら、または困難な生活を耐え忍びながら、（心の中だけであっても）謙遜に信頼を込めて神に心を向けて敬虔に祈りを捧げること（n. 1）
・信仰の精神といつくしみの心で、必要に事欠く人を助けるために、自らの行いや財産をもって奉仕すること（n. 2）
・悔い改めの心をもって、犠牲として自ら進んで自身の楽しみを控

えること（n. 3）
・日々の生活において自ら進んで他者に信仰の証をすること（n. 4）

　このような仕方で部分免償を得る機会は一日中、いつでも、何度でも与えられているので、信者は常に永遠の宝を自身のためにも煉獄の魂のためにも積むことができます。さらに、部分免償が与えられ得る信心行為として具体的に次のものが挙げられています（Altre concessioni）。

・良心の糾明を行い、悔い改めの業を行うこと（n. 9）
・朝、昼、晩に『お告げの祈り　*Angelus*』ないし『天の元后　*Regina caeli*』を他の祈りや聖書朗読とともに敬虔に捧げること、あるいは『マニフィカト　*Magnificat*』や『元后あわれみの母　*Salve Regina*』などの聖母マリアへの祈りを捧げること（n. 17）
・守護の天使ないし聖ヨセフ、聖ペトロ、聖パウロに祈りを捧げること（nn. 18, 19, 20, 21）
・ミサで用いられる祈りなど、教会で公認された祈りを用いて各聖人の記念日にそれぞれの聖人への祈りを捧げること（n. 21）
・すべてのキリスト信者の一致のため教会が公認した祈りを捧げること（n. 11）
・霊的聖体拝領を行うこと、聖体拝領後に『キリストの魂　*Anima Christi*』などの祈りをもって感謝を捧げること（n. 8）
・公認されたノヴェナの祈り（降誕祭や聖霊降臨祭、無源罪の聖母の祝日などに向けて準備するための9日間の祈り）、連願（イエスの御名の連願、イエスの聖心の連願、おとめマリアの連願、聖ヨセフの連願、諸聖人の連願など）を捧げること（n. 22）
・一日の初めと終わりに、または仕事の初めと終わり、ないし食事

の初めと終わりに教会が公認している祈りを捧げること（n. 26）

・月の黙想（静修）を行うこと（n. 10）

・教会の教義を学ぶこと（n. 6）

・墓地を訪問して死者のために祈るか死者のために朝の祈りや晩の
祈り、永遠の安息を願う祈りを捧げること（nn. 29, 33）

・承認された教皇のための祈りを捧げること、また教区司教の就任
に際して司教のために祈ること（n. 25）

・恩人のために教会が承認した祈りを捧げること（n. 24）など

VI. ゆるしの秘跡を受ける際の良心の糾明のてがかり

　ここでは、ゆるしの秘跡を受けるための準備として、ゆるしの秘跡の意味、ゆるしの秘跡を構成する要素、そして良心の糾明のヒントを紹介します。

（1）ゆるしの秘跡の意味を考える

　私たちにとって「ゆるしの秘跡」とはいったい何であるのかを教皇フランシスコの教えから考えてみましょう。

①いつくしみの秘跡、喜びの秘跡

「いつくしみの祝いは、特にゆるしの秘跡において実現されます。このとき特に、御父がご自分の愛する子とする恵みを私たちが再び取り戻すために、御父自ら私たちに向かって来られるのを実感します。私たちは罪人であり、自分が望むことと実際に行っていることとの矛盾からくる重荷を抱えています（ロマ7・14-21）。しかし神の恵みは、常に私たちに先んじており、いつくしみの御顔として示され、結果として和解とゆるしとをもたらすのです。まさに罪人である私たちに、神はご自分の計り知れない愛を悟らせてくださるのです。恵みは常にいかなる罪よりも強く、起こり得るすべての反対を乗り越えます。それは、愛こそがすべてに打ち勝つもの（1コリ13・7参照）だからです」（*MM* 8）。

②神の賜物であるゆるしの秘跡

「ゆるしは私たちが願うものです。他の人に願うものです。そして、ゆるしの秘跡において、私たちはイエスにゆるしを願います。ゆるしは私たちの努力がもたらす結果ではなく贈り物、聖霊の賜物です。聖霊は私たちを、十字架につけられ死んで復活したキリストの開かれた心から絶えず湧き出る、あわれみと恵みの清めの水で満たします。……ゆるしの秘跡に与ることは、温かい抱擁に包まれることです。それは御父の限りないあわれみの抱擁です。財産を手にして家を出た息子についてのすばらしいたとえ話を思い起こしてください。彼は全財産を使い果たし、無一文になると、息子としてではなく僕として家に帰ろうと決意しました。彼は心のうちで多くの過ちを犯したと感じ、恥じ入りました。驚くべきことに、彼が話し、ゆるしを求め始めるやいなや、父親はそれをさえぎって彼を抱き、接吻し、祝います。あらためて私は皆さんに申し上げます。私たちが告白するたびに、神は私たちを抱き、祝ってくださるのです。このような道を歩んでいこうではありませんか」（教皇フランシスコ「一般謁見の演説」2014年2月19日）。

③キリスト信者にとって欠かすことのできない秘跡

「一人ひとり声に出さずに、心の中で答えてください。最後に告白をしたのはいつですか。一人ひとり、考えてみてください。……2日前、2週間前、2年前、20年前、40年前でしょうか。一人ひとり、数えてください。自問してください。最後に告白をしたのはいつだっただろうかと。長い時間が経っていたなら、明日を待たずに告白に行ってください。司祭はいくつしみに満ちています。そしてイエスがそこにおられます。イエスは司祭よりもいつくしみ深い方です。イエスはあなたを受け入れてくださいます。深い愛をもって受け入れてくださいます。勇気をもって告白に行ってください」（教皇フランシスコ『一

般謁見での演説』2014 年 2 月 19 日）。

（2）ゆるしの秘跡において求められること

　教会の教えに従えば、「すべての信者は、分別のつく年齢に至った
後は、重大な罪を少なくとも 1 年に 1 回忠実に告白する義務を有して
います」（cf. can. 989, DS 1683, 1708）。大罪を犯したことを自覚してい
る人は、前もってゆるしの秘跡を受けていない限り聖体を拝領するこ
とはできません（cf. DS 1647, 1661）。ただ聖体拝領をするための重大
な理由があり、また聴罪司祭に近づくことのできない場合はこの限
りではありません（cf. can. 916 CIC'83; can. 711 CCEO）。子供は初聖体
を受ける前に、ゆるしの秘跡を受けなければなりません（cf. can. 914）。
ゆるしの秘跡に必要とされる要素として、聖霊に助けられて回心する
人間の行為として痛悔（悔い改め）、罪の告白、償い、そして教会の
仲介による神の行為つまり聴罪司祭による赦免が挙げられますが、特
に四つの人間の行為について教会の教えを確認したいと思います。

①痛悔について
　『カトリック教会のカテキズム』の 1451 項は次のように教えています。
　「悔い改める者の行為としては、まず痛悔が挙げられます。それは
『罪を犯したことを心から悲しみ、その罪を忌み嫌うことであり、今
後再び罪を犯さないという決心を伴うものです』（DS 1676）」。この
痛悔は、ゆるしの恵みに与るための根本的なものです。カテキズム
が 1452 項で「神への愛に基づく痛悔は『完全な痛悔』と呼ばれます。
このような痛悔をすれば小罪のゆるしが得られ、またできるだけ早く
ゆるしの秘跡を受けるという固い決心が伴うなら大罪のゆるしも得ら
れます」と述べている通りです。

②罪の告白について

『カトリック教会のカテキズム』の1456項は次のように教えています。

「司祭への告白は、ゆるしの秘跡の本質的な要素の一つです。『悔い改める者は、真剣に究明した後で、告白の際に意識しているすべての大罪を列挙しなければなりません。たとえその罪を知る者が誰もいないときでも、あるいは十戒の第九戒と第十戒とに背いただけであってもです（出20・17、マタ5・28参照）。なぜなら時として、これらの罪は公然と犯した罪よりも霊魂を深く傷つける、より危険なものだからです』（*DS* 1680）。『キリスト信者は思い出したすべての罪を告白し、神のあわれみを受けるためにそれらを打ち明けるように努めなければなりません。もしこれと反対に、故意に大罪を告白しないときには、司祭を通じて与えられるはずの神のゆるしは与えられません。「もし病人が、恥ずかしがって自分の傷を医者に見せなければ、医者は自分が知らない傷を治すことはできない」からです』（*DS* 1680；聖ヒエロニムス『コヘレト書注解』〔*CCL* 72, 338/*PL* 23, 1096〕参照）」。

③償いについて

『カトリック教会のカテキズム』の1459項は次のように教えています。

「多くの罪は隣人に害を与えます。それを償うために、できるだけのことをしなければなりません（たとえば盗んだものを返す、中傷された人の評判を回復する、与えた傷の補償をするなど）。これは正義の上からも要求されることです。しかしそれにもまして、罪は罪びと自身だけではなく、神や隣人との関わりを傷つけ、弱めます。秘跡によるゆるしは罪を取り除きはしますが、罪から生じたすべての無秩序を修復するものではありません（*DS* 1712）。罪から立ち直った人は、十分な霊的健康を回復する必要があります。したがって、罪を償うために何

かをしなければなりません。すなわち、適切な方法で『弁済する』なり罪を『あがなう』なりする必要があります。この弁済のことを『償い』ともいいます」。

④具体的な償い——罰について

『カトリック教会のカテキズム』の 1460 項は次のように教えています。
「聴罪司祭が科す償いは、悔い改める者の個人的状況を考慮しながら、当人の霊的助けになることを目指すものでなければなりません。また犯した罪の重さと性質にできるだけ相応するものであるべきです。償いには、祈り、寄付、慈善のわざ、隣人への奉仕、自発的な苦行、犠牲、特に私たちが担わなければならない苦しみを忍耐強く受容することなどがあります。キリストはお一人で私たちの罪をただ一度で完全に償ってくださいましたが（ロマ 3・25、1 ヨハ 2・1 参照）、このような償いは、そのキリストに私たちが似た者となれるよう助けてくれます。私たちはこの償いによって、復活されたキリストとの共同の相続人となることをゆるされます。『キリストとともに苦しむ』（ロマ 8・17）からです（DS 1690）」。

（3）良心の糾明のための問い[130]

私たちは日々、善か悪か、世俗社会か神の支配か、無関心か分かち合いか、どちらを取るべきか心の中で常に選択して生きています。人間には正義と平和と愛が必要ですが、それらは他でもない、あらゆるものの源である神に完全に心を向けることによってのみ実現しま

---

(130) 内赦院、*Guida all'esame di coscienza*（multilingue）、LEV 2016; *La festa del perdono con Papa Francesco, sussidio per la Confessione e le Indulgenze*, LEV 2017, pp. 35-45 参照。

す。私たちが「魂を守ること」、いつも御心に従って生きること（回心）を助けるために以下の問いについて振り返ることは有益でしょう。

①神と隣人、そして自分自身に対しての問い

神に対して

・必要なときだけ神に頼っているか？　それとも常に神に信頼しているか？

・主日と守るべき祝日にミサ聖祭に参加しているか？

・祈りによって一日を始め、終えているか？

・聖三位の神、おとめマリア、聖人の名をみだりに唱えていないか？

・自身がキリスト信者であることを他者の前で恥じたことはないか？

・霊的に成長するために何かしているか？　日々祈り、聖書を読み、教会の教えを学んでいるか？

・神の計画に反旗を翻すような生き方をしていないか？

・自分の願望を神の助けによって実現させようと欲していないか？

隣人に対して

・隣人をゆるし、共感し、助けることができているか？

・子供や老人、病人など弱く無防備な人を中傷したり、彼らから盗んだり、彼らを軽蔑したりしたことはないか？

・人を妬んだり、怒りっぽかったり、不公平な態度であったりすることはなかったか？

・貧しい人や病気の人の世話をしているか？

・すべての人に対して誠実で正しい態度でいるか？

・他人に悪事を行わせようと唆したことがあるか？

・福音が教える夫婦間および家族間の道徳を守っているか？

・子供に対してどのような教育上の責任を負っているかをわきまえ

VI. ゆるしの秘跡を受ける際の良心の糾明のてがかり

ているか？　自分の両親を敬い大切にしているか？　宿したばか
りの命を拒絶したことがあるか？

・神からの賜物である生命（生き物）を亡きものにしたことがある
か？　あるいは生き物の命を助けたことがあるか？　神によって
創造された自然環境についてどのように振る舞ったか？

自分自身に対して

・自分は世俗的であるか、信仰心があるか？

・過度に暴飲暴食をしたり、煙草を吸ったり、娯楽に現を抜かすこ
とがあるか？　あるいは償いの犠牲を捧げて信仰者に求められる
清貧を心掛けているか？

・過度に自分の外見や財産、学歴、地位を気にかけていないか？

・自分の時間をどのように使っているか？

・怠け癖があるか？　それとも勤勉か？

・人に仕えてもらいたいと思っているか？　特権的意識や差別的思
想を有し、どこか他人を見下すような態度をとっていないか？

・心や考え、行いにおいて純潔を愛し、大切にしているか？

・復讐を計画したり、怨恨を抱いたりしていないか？　それとも温
厚で、慎み深く、正義と平和を実現しようとする人間であるか？

②信者全般の良心の糾明のための要点

神の十戒の掟に対しての問い

第一戒　私の他に神があってはならない

・あなたの人生において神はいかなる立場にあるか？

・御父と御子を愛しているか？

・あなたは真に神への感謝のうちに生きているか、それともあなた

にとって自らの努力と情熱、希望の大部分を捧げる神以外の偶像
（豊かさ、美しさ、名声、権力）が存在するか？

・どんなときでも神に希望と信頼を置いていたか？　それとも怒り
や恐れ、悲嘆や絶望に自らを任せていたか？

・カトリックの信仰のうち、あなたが受け入れることができていな
いものがあるか？

・あなたは迷信深いか？

・お守りまたは魔除けのようなものを大事に持っているか？

・あなたは予言者、占い師、タロット占いに頼ったことがあるか？

第二戒　主の名をみだりに唱えてはならない

・敬意を払わずに主の御名または聖母の御名を唱えたことがある
か？

・面白くない出来事があったとき、神に対して怒り、冒瀆の言葉を
発したことがあるか？

・誰かが神への冒瀆の言葉を発するのを耳にしたとき、心の中でそ
の人を憐れに思い、その侮辱を償うための祈りを捧げたか？

・神への冒瀆の言葉を発する者に対して、少なくとも神を愛する
人々への敬意から、二度とそのようなことをしないように然るべ
き方法で戒めたか？

・聖なる物や聖なる場所、人々に対して敬意を欠いたことはないか？

第三戒　主の日を心にとめ、これを聖とせよ

・主日または守るべき祝日に、怠惰や不注意によってミサ聖祭に参
加しなかったことがあるか？

・ミサ聖祭の最中に、意図的に気を散らしたり、無駄話をしたり、
他人の邪魔をしたりしたことがあるか？

・主日に休息と祈り、家族のための必要な時間を確保せず、あえて
　働くようにしたことがあるか？

第四戒　あなたの父母を敬え

・家族に優しく協力的であるか？

・家庭において朗らかで落ち着いた平穏な雰囲気を作り出そうと努
　力しているか、それとも自分の不機嫌または怒りを家族にぶちま
　けているか？

・子供の教育に積極的に関わっているか？

・子供の話を聞き、彼らとともに何かしたり、遊んだりするための
　時間を作っているか？

・話し方においても、生活態度においても子供たちに良い手本を示
　しているか？

・子供たちの交友関係、遊び、娯楽、読書に対して注意を払ってい
　るか？

・市民としての義務を果たしているか？

第五戒　殺してはならない

・過度にアルコールや煙草を楽しんだり、薬物を摂取したりしたこ
　とはないか？

・暴飲暴食、または度を越えた食道楽ではないか？

・嫉妬、怨恨、憎悪あるいは復讐の念を抱いたことはないか？

・他者の過ちまたは自分が被った不正をゆるしたことがあるか？

・他人に対して、言葉や態度による暴力、または身体的な暴力をふ
　るったことがあるか？

・人工妊娠中絶を行ったこと、または積極的に勧めたことがあるか？

・他人を軽蔑したり、人種差別主義的な考えまたは態度にとらわれ

たりしたことはあるか？

・自動車の運転またはスポーツを行う際に節度を欠いて乱暴であったことがあるか？

・喧嘩した際、和解を試みたか？

・他人の不幸を喜んだことはなかったか？

第六戒および第九戒　姦淫してはならない／隣人の妻を欲してはならない

・ポルノ画像または映像を見たことがあるか？

・1人で、または他人とともに姦淫を行ったことがあるか？

・婚約者（男性または女性）あるいは、夫または妻に対して忠実であったか（思いにおいても）？

・未婚であるにもかかわらず、結婚している者のように誰かと一緒に暮らしているか？

・既婚である場合、夫または妻、子供に対して十分な配慮を行っているか？

・あなたの性生活は常に愛の表現であるか、それとも夫または妻への敬意と配慮を伴わない単に自己中心的な快楽の探求を優先したものであるか？

・夫婦として新しい生命に対して自然に開かれた態度であるか、それとも常に自己中心的な選択に支配されている（積極的に不自然な態度、避妊行為をしている）か？

・あなたの服装、行動または話し方のために他人を躓かせたことがあるか？

・不純な欲望をもって誰かを眺めたり、不純な想像に身を委ねたりしたことはないか？

第七戒および第十戒　盗んではならない／隣人の財産を欲してはならない

- 何かを盗んだこと、支払いをせずに何かを持ち出したこと、誰かに詐欺を働いたことはないか？
- 他人の物を壊したり、傷つけたりして、そのことを黙っていたことはないか？
- 怠惰により時間を無駄にしたことはないか？
- 気まぐれにお金を浪費したことはないか？
- 誠実かつ責任をもって仕事に臨んでいるか？
- 不正を働いた者の肩を持ち、他人に損害を与えたことがあったか？
- 賭博をして節度を失ったことがあるか？
- 他人の財産または物を妬んだことがあるか？

第八戒　偽証してはならない

- 人を欺いたことがあるか？
- 他人の悪口を言ったり、噂話をしたり、陰口をきいたり、誰かの名誉を傷つけたりしたことがあるか？
- 根拠なく他人を告発したことがあるか？

③青少年の良心の糾明のための要点

第一戒　私の他に神があってはならない

- 心から神に信頼し、主キリストの教えを大切にしているか？
- 一日のうちたとえば自分の生活の中で何か良いことがあった時、神のことを思い、感謝したか？
- 友人と話をしている最中に、自分がキリスト信者であることを恥じたり、嫌悪したりしたことがあるか？

・自分の欠点について、神に祈り助けを求めるのではなく自信を喪失し悲嘆に暮れたことはないか？

第二戒　主の名をみだりに唱えてはならない
・敬意を払うことなく主の御名または聖母の御名を唱えたことがあるか？
・神への冒瀆の言葉を発したことがあるか？
・誰かが神への冒瀆の言葉を発するのを耳にしたとき、心の中で憐れに思い、侮辱を償うために祈りを捧げたか？
・冒瀆の言葉を発する者に対して、少なくとも神を愛する人々への敬意から、そのようなことをすべきではないと言えたか？

第三戒　主の日を心に留め、これを聖とせよ
・怠惰により、または単に失念してミサ聖祭に参加しなかったことがあるか？
・ミサ聖祭に遅刻してしまった、ミサの最中に意図的に気を散らしたり、他人の邪魔をしたりしたことはなかったか？

第四戒　あなたの父母を敬え
・自分の両親に対して敬意を欠いたことがなかったか？
・両親が必要とするときにふさわしい助けをしたか？
・自分の兄弟たちにキリスト信者としてふさわしい教育をし、彼らに良い手本を示したか？
・家庭では家族の手伝いをしているか、それとも家族に何もかもやってもらっているか？
・整理整頓を心掛けているか？

第五戒　殺してはならない

・人工妊娠中絶の罪を犯したことがあるか？

・人工妊娠中絶および安楽死を認める文化に加担したことがある
　か？

・人と喧嘩したり、人を侮蔑したり、からかったりしたことがあっ
　たか？

・人と喧嘩した際、必要に応じて自分の行いについて謝罪し、なる
　べく早く和解しようとしたか？

・人をゆるそうと努力したか、または憎しみにとらわれて復讐を
　誓ったり、人の不幸を願ったり、（思い言葉、行いによって）人に
　悪いことをしたりしたか？

・辛抱が足りず、怒りっぽく、他人を理解しようとしなかったか？

第六戒および第九戒　姦淫してはならない

・自分の身体、性（セクシャリティー）を誤って用いて、１人で、ま
　たは他人とともに姦淫を犯したことがあるか？

・下品な振る舞いをしたことがあるか？

・人間の尊厳を顧みないポルノ画像を自発的に見たことがあった
　か？

・性に関する事柄を、敬意を欠いて語ったことがあったか？

第七戒および第十戒　盗んではならない／隣人の財産を欲してはな
　らない

・他人の金品を奪ったことがあるか？

・店でお金を払わずに何かを持ち出したことがあるか？

・貸してもらった物を返したか？

・他人の物を壊したり、傷つけたりして、そのことを黙っていたこ

とがあるか？

・過度にビデオゲームやチャット、ネットなどに夢中になったり、テレビを見たりして自分の時間を無駄に使ったことがあるか？

・必要な勉強をしているか、それとも怠けてばかりいるか？

・神が創造した自然環境に対して敬意を欠いたことがあるか？

第八戒　隣人に関して偽証してはならない。

・他人を欺いて自分だけ得をしようとしたことはないか？

・他人を中傷したことはないか？

・自分が過ちを犯したとき、それを素直に認めることができたか？

・告白に際して罪を恥じ、それを正直に話さなかったことがあるか？

④子供の良心の糾明のための要点

・神様のことを大切に思っているか？

・毎日祈っているか？

・他の人のために祈ったか？

・主の御名をみだりに呼んだことがあるか？

・日曜日にミサ聖祭に行ったか？

・ミサ聖祭の最中に他の人の邪魔をしたか？

・家では家族に協力して必要な手伝いをしているか？

・両親、先生の言うことをきいているか？

・自分のおもちゃを他の子供たちと一緒に使っているか？

・物事を自分の思い通りにしようとして自己中心的だったことがあるか？

・学校で怠けていたことはあるか？

・自分にできる限りのやり方で自分の義務を果たしたか（学校の係の仕事など）？

・喧嘩に加わったことがあるか？

・誰かを酷くからかったことがあるか？

・誰かに悪い言葉を言ったことがあるか？

・食い意地が張っているか、または気分次第で食事をしないことがあるか？

・誰かに意地悪をしたり、その人の悪口を言ったりしたことがあるか？

・嘘をついたことがあるか？

・物を盗んだことがあるか？　他人の物を壊したり傷つけたりしたことがあるか？

・兄弟に悪い手本を示したことがあるか？

・人に悪いことをするように唆したことがあるか？

・遊んでいるとき誰かを仲間外れにしたことがあるか？

「こう言う人がいるかもしれません。『私は多くの罪を犯しました。……私はひどい罪人です。……初めからやり直すことなどできません』。それは間違いです。あなたは初めからやり直すことができます。なぜでしょうか。神はあなたを待っておられ、あなたの近くに来ておられ、あなたを愛し、あわれみを示し、あなたをゆるしてくださるからです。神はあなたが初めからやり直す力を与えてくださいます。神はこの力をすべての人に与えてくださいます。だから私たちは再び目を開き、涙と悲しみを越えて、新しい歌を歌うことができるのです。このまことの喜びは試練と苦しみのときも留まります。それはうわべだけの喜びではなく、神に身をゆだね、信頼する人の心の奥深くに根ざしているからです」（教皇フランシスコ『お告げの祈りの言葉』2013年12月15日）。

補注

〔A〕注（18）

　仮に不適法な婚姻関係にある信者が、秘跡の恵みを受領するのにふさわしい生活ができていない、少なくとも秘跡的赦免の後は、教会が求めるキリスト者としてふさわしい生活をする覚悟がないにもかかわらず、自分のことを知らない司祭から偽って不当にゆるしの秘跡や聖体の秘跡に与ったとしても、法的にも、霊的にもその人の内にはふさわしい秘跡的恵みは働かないと解されます。これは秘跡をふさわしく受けるのに必要とされる恩恵の状態にないこと、いわゆる恩恵障害（obex gratiae）と呼ばれる状態に起因するものです。次の二つの文献を参照してください。L. Sabbarese, *Fede, intenzione e dignità sacramentale nel matrimonio tra battezzati*, Periodica 95 (2006) 261-306; *Il matrimonio canonico nell'ordine della natura e della grazia*, Città del vaticano 2002, pp. 414-416. また以前、教会法第915条が離婚再婚者に対して適用されると解釈されてきたことは、*Communicationes* 15 (1983) 194 でも確認できます。

〔B〕注（24）

　教会法第844条第2項に次のように定められています。「必要のある場合または真の霊的利益がこれを妥当とする場合、誤謬および無関心主義の危険が避けられる限り、カトリックの奉仕者に近づくことが物理的に、また倫理的に不可能であるキリスト信者は、ゆるしの秘跡、聖体の秘跡および病者の塗油の秘跡を、有効な秘跡として保持するカトリック以外の教会の奉仕者より受領することが許される」。ラテン教会の信者であっても、カトリック東方典礼に属する司祭からは問題なく秘跡を受けることができますが、場合によっては正教会の司祭か

らも同じ秘跡を有効に受けることができます。逆に正教会などの東方教会に所属する信者がラテン教会の司祭に秘跡を請願することも可能です。しかし東方教会の中には、たとえば離婚した後、一定の償いを果たした上で、事実上の再婚を許す伝統を持つ教会もあります。正教会においては、結婚は3回まで許されています。また東方教会では、既婚者が助祭、司祭に叙階されていることもしばしばあります。このように特にゆるしの秘跡の実施に際して、秘跡に関する教義、伝統や規律が教派間で異なる場合があるので、それぞれの信者が所属する教会の状況を勘案しなければなりません。その意味において、教会法第844条の原則は重要であると言えます。

〔C〕注（79）

聴罪司祭は、ゆるしの秘跡に訪れた人物が性的虐待の加害者である場合も、当然、深い慈愛の心を持って迎え入れるべきです。教会の内的法廷は、まさにご自分のもとを訪れる罪人をどこまでもゆるし福音の喜びに招くキリストの「いつくしみの法廷」だからです。それゆえ、加害者が心から自分の犯したことを悔いているのなら、他の事案と同様に秘跡的赦免を拒むべきではないでしょう。当然、性暴力という犯罪そのものは決して単純に解決できる問題ではなく、容易にゆるされるものでもありません。社会的にも教会的にも加害者の果たすべき責任は非常に重いものです。しかし教会の制裁の目的は、そもそも犯行者が悔い改めるために科されるものであり、また躓きの修復、正義の回復のためのものでもあります。そして犯罪を犯した者の矯正と癒しも必要とされるのです。なぜなら加害者となった者が、永遠の罰に留め置かれることは、キリストとその教会の望みではないからです。その人物が悪びれもせず、自分のしたことに何の責任も感じていないような態度のままであれば厳しい対処が必要でしょう。しかし真に心か

ら悔い改めていることが確知され、十分な償いを果たしているというのであれば、キリスト者としての基本的な権利まで奪われたり、一市民として穏やかに生活することまで否定されたりすることはあってはならないはずです。何よりも教会を通して与えられる信仰による救いから永遠に遠ざけられることはあってはなりません。真に魂の救いこそが教会とその法の本質的な存在理由であるのなら、教会はそうした人物にとっての癒しと救いのためにも存在しているはずです。確かに重大な犯罪を犯したのが司祭である場合、その人は、社会においても教会共同体においても責任を問われ、同時にその居場所を失い、大きな精神的、霊的、物的な苦しみを味わうでしょう。場合によって聖職者の身分を剥奪されるという終身刑も受けるでしょう。それは当然の報いであるのかもしれません。しかしだからといって神の教会において、そうした人を厳しく罰するだけで、その人への精神的、霊的、物的配慮をまったく欠くということはあってはならないのです。

　当然、被害者に対する精神的、霊的、物的責任は、加害者として（状況次第では教会としても）誠実に果たしていかなければなりませんが、それと関連して、なぜその司祭が問題の犯行に及んだのかという原因の真相解明も大変重要です。なぜならそれによって、その人物の担うべき責任の限界を見極めることが可能となり、同時にその人物の真の意味での治癒、その後の生活に向けた改善にもつながるからです。そして何よりもこうした事件の真相解明は、教会組織そのものの回心と刷新のためにも、また司祭養成においても大変重要なことなのです（教皇庁未成年者保護委員会のガイドラインを参照。http://www.protectionofminors.va)。

〔D〕注（94）
教理省の教令 *Quaesitum est,* in *Enchiridion Vaticanum*, vol. 9, p. 487

(1983 年 11 月 26 日) :《I fedeli che appartengono alle associazioni massoniche sono in stato di peccato grave e non possono accedere alla santa comunione》を参照。この他にも V. De Paolis と D. Cito の共 著、*Le sanzioni nella chiesa, Città del Vaticano*, Urbaniana University Press（2000 年）の 316-317 頁、また D. Mussone 著、*L'Eucaristia nel codice di diritto canonico ─ Commento ai cann. 897-958 ─*（LEV, 2002）の 81-83 頁、さらに Periodica 96（2007）3-58 頁に掲載されている論文、R. L. Burke, *Canon 915 : The discipline regarding persevering in manifest grave sin* を参照。

〔E〕注（102）

贖罪的刑罰においては、一定の行動の禁止あるいは命令、権限や権利、任務や資格の剥奪、特に重大な犯罪に関しては、聖職者の身分からの追放といった終身的なものもあります。しかしそれらでさえも、決して当事者を永遠の罰として教会の外に放逐するためのものではなく、真に回心へと招き、正義の回復、躓きの修復といった償いを果たして、一キリスト信者として真っ当な生活を送り、救いの恵みに与れるように矯正するものだと言えます。

〔F〕注（115）、（117）

本項で扱っている叙階に対する不適格および単純障害は、いずれも秘跡そのものを無効とする障害（impedimentum dirimens）ではありません。教会法第 1044 条第 1 項および第 2 項によれば、叙階不適格および叙階に対する障害がありながら授けられた叙階の秘跡は、有効ではありますが不適法とされます。なお叙階の無効は、それらとは異なる要因によって宣言されます。これについては、教会法第 1708-1712 条の叙階無効訴訟ならびに *Regole procedurali per la dichiarazione di*

nullità dell'ordinazione（*AAS* 94［2002］292-300）を参照してください。
叙階の無効訴訟は、管轄権を持つローマ控訴院によってのみ扱われま
すが、手続きは所属する教区や修道会によって開始されます。審理の
主な焦点として注目されるのは、洗礼の秘跡の無効、叙階の秘跡を受
ける際の外的・内的強制の有無、受階者の未成熟ならびに職務に対す
る無理解、責任遂行能力の欠如、さらに聖職を望む恒常的な意志の
欠如などです（Rota Romana, *Corso di prassi canonica super rato et non
consummato et nullitatis sacrae ordinationis*, 2013-2014 でのローマ控訴院
長官 P. V. Pinto 師による説明）。

〔G〕注（118）
　本文にある通り、教会の古い伝統に従って東方カトリック諸教会
では、今でも妻帯者の司祭叙階は有効かつ適法です。しかしラテン教
会においては、12 世紀の第一ラテラノ公会議でそれが禁止されて以
来、使徒座の許可がない限り叙階の秘跡は有効であっても不適法とな
り叙階権の行使が禁じられています。司祭の独身制が使徒時代の伝統
に由来するとする歴史的考察については、Christian Cochini, *Apostolic
origins of priestly celibacy*（Ignatius Press, 1990）を参照。現在は、カ
トリック教会に帰属を願う英国国教会に属する妻帯聖職者が、同属人
区のカトリックの司祭として叙階される場合など、特別な場合に限っ
て使徒座（教理省）は、妻帯者の叙階を許可しています。これについ
ては、教理省の *Complementary Norms for the Apostolic Constitution
Anglicanorum coetibus*（2019 年 3 月 19 日改訂版）を参照してください。
しかしこれとは逆に、司祭になってからの婚姻は、ラテン教会、東方
諸教会問わず伝統的に認められていません（cf. can. 1087 CIC'83; can. 804
CCEO）。ちなみに東方教会の中には、妻帯聖職者が民法上離婚した場合、
聖務を続けることが許されないといった規律も存在します。

付　録

『いつ、どのように内赦院に請願すべきか』[1]
（使徒座に留保された事案の解決法）

推薦者のことば

　ここに、使徒座裁判所内赦院（Paenitentiaria Apostolica）に奉職する司祭 カルロス・エンシナ・コンメンツ（Carlos Encina Commentz）師が執筆した短いながらも大変重要な小著 *Quando e come ricorrere alla Penitenzieria Apostolica* を皆様に紹介できることを大変喜ばしく思います。

　内赦院は、非常に長い歴史をもっているにもかかわらず、教会の中であまりよく知られてはいません。その大きな理由としては、内赦院が、ゆるしの秘跡に関する良心の問題を取り扱うという特質をもっていることが考えられます。

　司祭や司祭叙階の準備をしている者が、重要なゆるしの秘跡の職務を行うために、つまり彼らが多くの魂の傷に神のいつくしみとしての香油を注ぐ効果的な道具となるために、このような本質的かつ実践的な手引きが手元にあることは非常に有益です。

　「いつくしみの裁判所　Tribunal misericordiae」と呼ばれる内赦院は、12世紀末にまでさかのぼるローマ教皇庁で最も古い歴史を持つ教会裁判所で、現存する教皇庁裁判所の中では最初に設立された組織です[2]。なぜなら内赦院がその対象として直に扱ってきたものが、キ

---

(1)　Carlos Encina Commentz, *Quando e come ricorrere alla Penitenzieria Apostolica*, LEV 2015.

(2)　［訳者注］もちろんローマ控訴院や使徒座署名院の前身と言えるような裁判

リストの教会と同じ本質を有する事柄だからです。つまりそれは、あらゆる悔悛者が、たとえ自分が犯した罪や犯罪がいかなるものであっても、天の御父の懐に再び抱かれ、聖化され、再び恩恵の状態に戻ることができるよう主にその身を委ねることだからです。言い換えれば、内赦院の働きとは、罪に傷ついた魂の癒しを助け、罪人がそれまでの生き方を変えること、つまり悔悛者が、神のゆるしといつくしみをその身に受け、神への信頼と希望に満たされて、新たに人生を歩み始めることができるように導くことなのです。ここにおいて、まさに真の正義とは、神のいつくしみにおいてこそ、その存在意義の頂点を見出すものだと言えます。

　著者は、簡潔で誰にでも理解しやすい言葉で、この裁判所の特質を神のいつくしみの道具として提示しています。すなわち内赦院が、日々、物静かで慎み深い任務として使徒座に託された重大な良心の問題をどのように扱い、解決に導いているかということを解説しているのです。

　私たちの弁護者であるいつくしみの聖母が、内赦院の働きを教会の司牧的活動が正しく果たされるように導き、悔悛者の心をふさわしく悔い改めへと向かわせ、すべての聴罪司祭が善き牧者と同じ心で人々を愛することができるように助けてくださいますように。

　　　　　　　　　　　　　　内赦院長枢機卿　マウロ・ピアチェンツァ

組織は、内赦院が出現した時代に教皇庁に存在していました。たとえば教皇庁一般聴取官、官房付聴取官およびその弁護人、ローマ教会付訴訟代理人、司法マレスカルクス、教皇庁内刑事事件上訴判事ならびに同民事事件上訴判事がそれに当たります。しかし組織の名称や構成、機能という点で最も古くから存在するものは内赦院です。詳しくは、藤崎衛著『中世教皇庁の成立と展開』(2013年、八坂書房)、89-111頁、および129-153頁を参照。

ローマにて
2015 年 6 月 12 日
イエスの聖心の祝日に

はじめに

　内赦院とは何か、その管轄権はどこまで及ぶのか、それゆえ、いつ、何を、どのように内赦院に請願すべきなのか、そのような疑問に答えることのできる人は、今日、司祭においても、信徒においてもあまり多くはいないと思われます。そのため、教会法の専門家ではない読者にも内赦院とその働きを十分に理解してもらうため、私は簡潔でわかりやすい一問一答形式で本書を作成しました。皆様にまず知っておいていただきたいのは、この裁判所はローマ教皇庁の中でも最も古く、魂の救い（salus animarum）に直接関連した任務を果たしてきたということです[1]。

　ではなぜ、内赦院とその働きはあまり知られていないのでしょうか？

　これは簡単に答えられる質問ではありませんが、おそらく一般に教会法の知識がよく知られていないこと、またローマ教皇庁の管轄権に関する情報が不足していることもその原因ではないかと思われます。

　1960年代、70年代には、教会法に対する評価はあまり芳しいものではなく、antigiuridismo（反法律主義）と称せられる教会法を否定的に捉える風潮が広く見られました。こうした思潮の中では、教会法は教会の本質と矛盾するものと捉えられ、「いつくしみと愛」に反する

（1）［訳者注］現在、ローマ教皇庁内にある四つの使徒座裁判所、すなわちPaenitentiaria Apostolica（内赦院）、Signatura Apostolica（使徒座署名院）、Rota Romana（ローマ控訴院）、Congregatio pro Doctrina Fidei（教理省）の中で最初［12世紀］に記録に見られるのが内赦院です。12世紀にはその前身の制度が認められ、13世紀には内赦院長官（paenitentiarius maior）を筆頭に内赦院聴罪師（paenitentiarii minores）およびその他の役人によって構成されるようになりました。詳しくは、藤崎衛著『中世教皇庁の成立と展開』（2013年、八坂書房）129-153頁を参照。

もの、「非司牧的」なものと考えられていました。この「反法律主義的」な考え方によれば、法律は世俗社会特有のものであり、教会の本質にあるものと矛盾するがゆえに、教会にとっては福音と「愛の法」さえあればそれで十分であると主張されました。しかし長い歴史と経験に基づく教会法を軽視し拒絶する前に、まずその本質を理解しようとすることこそ、より正しい態度と言えるのではないでしょうか。

教会法は、教会の経験に基づく規則の単なる寄せ集めではありません。それ以上のものです。教会法のより適切な定義は、「教会における正しい事柄」です。つまり教会法とは、信者個人に関わるすべてであり、信者各自が正当に他者から認められ、返され、与えられるべき事柄を意味します。そもそも正義とは、まさに各人が自分の受けるべきものを実際に与えられること[2]にあるので、法が存在することによって、より確実に正義の実行が可能になるのです。

また教会法が、単に法律に「似たもの」、類比的な意味での法律と思われるようなものではなく正真正銘の法律であることは明らかです。教会法は、民法や訴訟法と同等のもの、つまりすべての信者にとっての信仰生活の規範そのものです。そして教会法の持つ特殊性は、あくまで付随的なものであり、それは法律としての真の本性を変えるものではないのです。

I. 内赦院、その組織と管轄権

1. 内赦院とは？

内赦院は使徒座裁判所の一機関で、内的法廷（forum internum）[3]、

---

(2) ［訳者注］ローマ法の正義の概念suum cuique（各人に各人のものを）のこと。
(3) ［訳者注］補注Aを参照。

すなわち神と個々の信者との関係を管轄する裁判所であり、赦免や免除、恩典を付与したり、婚姻の補正や刑罰の軽減を認めたり、償いを課したりします[(4)]。またこれまで免償の付与を行ってきました。

2. 内赦院はどのように組織されていますか？

内赦院の長を務めるのは、内赦院長枢機卿（cardinalis paenitentiarius maior）です。より複雑な事案では、高位聖職者による内赦院評議会が院長を補佐します。この高位聖職者の中には、裁判所のまとめ役と円滑な運営を任されている院長代理（regens）[(5)]がおり、内赦院長が不在の時は、彼がその職務を代行します。高位聖職者で構成される評議会には、神学者と教会法学者も参加します。この裁判所の裁判官を務める聖職者たちは、内赦院長の下で院長代理が司会を務める審査会議に毎日出席します。そこで彼らはさまざまな事案に対する解決策を提案し、内赦院長から承諾を受けて署名をもらいます。

3. 内赦院長枢機卿の役目とは？

この教皇庁裁判所のすべての職権（attributio）は内赦院長に集約されていますが、提起される良心の問題の対象範囲があまりにも広いため、内赦院長の職権をここですべて列挙することは困難です。しかし教皇は、内赦院長に内的法廷における「鍵の力」（potestas clavium）

（4）［訳者注］教皇ヨハネ・パウロ 2 世、使徒憲章『パストル・ボヌス *Pastor Bonus*』（1988 年 6 月 28 日）117-120 項を参照。内赦院が取り扱ってきた事項については次の文献を参照。K. Salonen, L. Schmugge, *A Sip from the "Well of Grace": Medieval Texts from the Apostolic Penitentiary* (Studies in Medieval and Early Modern Canon Law, vol. 7), 2008, Catholic University of America Press, pp. 17-68.

（5）［訳者注］院長代理と訳した regens は、本来、摂政ないし組織の管理運営の指揮を執る人物、執政官を指します。

と呼ばれる権能を与えていると言えます。しかし内赦院長は、その職務を遂行するためには、必ず内赦院を構成する協力者に相談する必要があります。

内赦院長は、ローマの四大総大司教座聖堂（Quattuor baslicae patriarchales Urbis）⁽⁶⁾ で奉仕にあたる聴罪司祭たち（paenitentiarii minores）を任命し、彼らに特別な権限を付与する管轄権（competentia）を持ちます。

内赦院長のもう一つの役目は、裁判所の公文書や決定書、書簡に署名することです。

内赦院長の任務は、魂の霊的善に関わる重要なものであるため、使徒座が空位の時でもその職務は継続されます。緊急を要する場合、裁判所は、教皇選挙（conclave）の最中でも内赦院長に書類を届けることができます。

II. 内赦院が管轄する犯罪行為

4. 内的法廷において内赦院が特別に管轄する教会法上の犯罪行為とは？

現在、内赦院の管轄範疇にある教会法上の犯罪行為としては主に次の五つが挙げられます⁽⁷⁾。

---

(6) ［訳者注］Quattuor basilicae papales（四つの教皇バジリカ）とも言い、サン・ジョヴァンニ・イン・ラテラノ大聖堂（ローマの司教座）、サン・ピエトロ大聖堂、サン・パウロ・フォーリ・レ・ムーラ大聖堂、サンタ・マリア・マッジョーレ大聖堂を指します。

(7) ［訳者注］この他に特別法によって新たに規定が設けられている場合もあります。たとえば教皇選挙の秘密を漏洩させること（cf. *UDG*, n. 58）、女性を叙階しようと試みることならびに女性が叙階を受けようと試みること（cf. *SST*, art. 5, n. 1）も使徒座に留保された伴事的破門制裁の対象とされています。なお

- 聖体に対する冒瀆（cf. can. 1367）
- 秘跡的告白の秘密（秘跡的封印）[8] を守る義務の直接侵犯（cf. can. 1388 §1）
- 神の十戒の中の第六戒に反する共犯者の赦免（cf. can. 1378 §1）
- ローマ教皇に対する暴力（cf. can. 1370 §1）
- 教皇の指令なしの司教叙階（cf. can. 1382）

　これらの犯罪を犯した者は、事実そのものによって自動的に破門制裁（excommunicatio）を受けることになります[9]。つまりこの制裁は、既遂の事実そのものによって自動的に科され、使徒座のみがこれを解く、あるいは赦免を与えることができるのです。こうした使徒座に留保された犯罪は、公に知られていない場合に限って内的法廷において内赦院が管轄しますが、問題が公に知られている場合は、外的法廷において使徒座の各管轄機関で扱われることになります。

　なおカトリック東方諸教会に所属する信者に関しては、使徒座に留保された罪とは次の二つとされています。

- 秘跡的告白の秘密を守る義務の直接侵犯（cf. can. 728 §1 CCEO）

現行法においては、女性を聖職者に叙階することそのものは違法であるだけでなく無効とされています。詳しくは付録3の表Aを参照。また今後の法改正で『教会法典』における伴事的破門制裁の増減も見込まれます。

　(8)［訳者注］原語は sigillum sacramentale です。これは2019年12月17日付の教皇の答書（Rescriptum ex audientia Ss.mi: *Rescritto del Santo Padre Francesco con cui si promulga l'Istruzione Sulla riservatezza delle cause*）で聖職者による未成年者への性的虐待の事案について撤廃された「教皇機密　secretum pontificium」と呼ばれる守秘義務とは異なります。教理省『信仰に反する犯罪およびより重大な犯罪に関する規則』（2010年5月21日改訂版）の第30条（『聖職者の違法行為と身分の喪失』［2017年、教友社］248頁）および教会法第471条第2号を参照。

　(9)［訳者注］これを伴事的破門制裁（excommunicatio latae sententiae）と言います。

・神の十戒の中の第六戒に反する共犯者の赦免（cf. can. 728 §1 CCEO）

5. 聖体に対する冒瀆とは？

　聖体に対する冒瀆とは、至高の善である方、何にもまして愛すべき
御方、万物の創造者である主なる神を直接侮辱する最も重大な犯罪で
す。それは神を冒瀆する目的、迷信的行為の目的、汚辱目的で不正に
聖体を持ち去り保持すること、あるいは聖体に対して、故意に侮辱的
な行為を独りで、または公然と人前で行うことを指します。

6. 秘跡的告白の秘密を守る義務の直接侵犯とは？

　これは、聴罪司祭のみが犯す可能性のある犯罪です。仮にある状況
下でゆるしの秘跡で告白をした人の罪を赦免する前であっても、この
ような行為は罰せられます。秘跡的告白の秘密を守る義務の直接侵犯
とは、聴罪司祭がゆるしの秘跡に訪れた人の身元や告白の内容を故意
に言葉あるいは何らかの手段を用いて明かすことです[10]。この行為が
伴事的破門制裁の対象となっているのは、重大な罪を犯した信者がゆ
るしを得るための唯一の方法であるゆるしの秘跡の尊厳を守るためで
す。

7. 神の十戒の中の第六戒に反する共犯者の赦免とは？

　貞潔に反する罪を合意の下で犯した共犯者を意図的に赦免した聴罪
司祭が、この犯罪に問われます[11]。死の危険にある場合を除いて、こ
のような共犯者の赦免は無効であり、かつ伴事的破門制裁の対象とな

　（10）［訳者注］教会法第1388条第1項には「秘跡的告白の内容を間接的に侵犯
する者は、犯罪の軽重に応じて処罰されなければならない」と規定されています。
　（11）［訳者注］第六戒に反する罪の共犯者は、年齢、性別、既婚・未婚を問い
ません。またこの罪は性交渉だけでなく、あらゆる淫行がその対象とされます。

ります。たとえ共犯者への赦免が、聖職者が叙階を受ける前に犯した罪に関するものを対象としていても、貞潔に反する罪はすべて犯罪行為の対象となります。教会はこれに対して罰を下すことによって、ゆるしの秘跡の尊厳を守り、罪を犯した人が正しく回心することを求めます。当然、この犯罪が成立するためには、聴罪司祭は赦免しようとしている相手が、共犯者であると認識していなければなりません。聴罪司祭がゆるしの秘跡に訪れた人物が共犯者であると認識していなければ、聴罪司祭はこの犯罪を犯したことにはなりません。共犯者が聴罪司祭と貞潔に反する罪を犯したことを別の聴罪司祭にすでに告白してゆるしを得ていたために、その罪をあえて告白しないのであれば、この犯罪は成立しません。

8. 共犯者から共に犯した罪のゆるしを求められた場合、聴罪司祭はどのように対応すべきですか？

聴罪司祭が自身の共犯者に与える罪の赦免は無効であり（cf. can. 977）、それをすれば聴罪司祭自身がさらに重大な罪を犯すことになるので、赦免は不可能であることを相手に率直に伝えなければなりません。

9. 聴罪司祭が、貞潔に反する罪を犯した共犯者をゆるした瞬間に、伴事的破門制裁が科せられるということを認識していなかった場合、どうなるのですか？

この場合、聴罪司祭が規則を知らなかったからといって、処罰が科せられないということはありません。ゆるしの秘跡を授けることができる聴罪司祭は、この秘跡に関して教会が定めた規範を熟知していな

ければならないからです⁽¹²⁾。

10. ローマ教皇に対する暴力とは？

この犯罪が実際に行われることは滅多にありません。これは命を奪う、または何らかの危害を加える目的でローマ教皇に暴行を加えることを指します。

11. 教皇の指令なしの司教叙階とは？

この犯罪が行われることも稀です。それは、教皇から必要な承認を得ずに、誰かを司教に叙階することを指します。この教皇の許可なく司教叙階を行うという犯罪を犯す可能性があるのは、唯一カトリックの司教のみです⁽¹³⁾。そのような司教叙階は有効ではあっても不適法とみなされます。

12. これらの犯罪に対して教会法はどのような制裁を定めていますか？

これまでに述べてきた犯罪には、それが実行された瞬間に破門制裁が自動的（latae sententiae）に科されます。この制裁には、教会法（刑事訴訟法）に基づいた司法手続きによる判決も、行政手続きによる決定も必要ありません。

（12）［訳者注］告白を聴く権限は、適性を認められた司祭にのみ付与されなければならないと定められています（cf. cann. 969, 970）。そのため不適格と判断された場合、その権限は剥奪されなければなりません。

（13）［訳者注］司教叙階に必要な2人の共同聖別司教も教皇の指令がないことを知りながら意図的に共同司式をした場合、共犯者として同じ刑罰に服することになります。司教叙階を受けた者に対する処分も同様です。ただし叙階の秘跡そのものは無効とはなりません。

13. 破門制裁はどのような効果をもたらしますか？

破門制裁を受けると次のことが禁じられます。

・ミサまたはその他のすべての典礼、祭儀に奉仕者として参与すること

・秘跡または準秘跡を挙行すること、および秘跡を受領すること[14]

・教会の職務、奉仕職に就くこと、また教会の統治の役務を行うこと（cf. can. 1331 §1）

14. カトリック教会はなぜ、特定の犯罪を教会法に基づいて罰するのですか？

教会法に制裁に関する規定が存在することで、教会において公正さが守られるからです。さらに教会法に定められた制裁には、罪人を矯正したり、償いを課したり、犯罪を予防したりする目的もあります。教会にとって信者の権利は非常に重要であり、それゆえ教会はさまざまな手段を用いてそれを保護しようとしているのです。その一つが教会法の制裁です。

15. 教会法の処罰の対象になるのは誰ですか？

原則として、罰則が定められている法律・命令の外的違反を、悪意をもって、または過失によって犯したすべての信者（cf. can. 1321 §1）が処罰の対象となりますが、刑事責任が免除される場合（cf. can. 1323）、あるいは軽減される場合（cf. can. 1324）も存在します。また、通常、理性の働きを欠いている者は、教会法上の犯罪を犯す能力がないとみなされます（cf. can. 1322）。

（14）［訳者注］文字通り、ミサや共同体の祭儀などに参加する、あるいは準秘跡を受けることはこれに該当しません。なお祭儀への参列の禁止は裁治権者の命令または他の刑罰によって科されます（cf. can. 1722）。

16. 未成年者は処罰の対象になりますか？

教会法の処罰の対象となるのは、16歳以上の者に限られます（cf. can. 1323, 1°）。16歳未満の者は、重大な犯罪を犯したとしても法律上処罰の対象にはなりません[15]。

17. 破門制裁が使徒座に「留保」されているとは、どういう意味ですか？

それは、使徒座のみがその刑罰を赦免できるという意味です。この事案に関する内的法廷での管轄機関は内赦院裁判所です。特定の犯罪が「留保」されるのは、権威主義的な考え方に基づいているからではなく、それが特に重大な事案であるがゆえに、特別慎重に扱う必要があると教会が考えているからです。それと同時に、そうした留保には、抑止という意味合いも含まれています。

18. 破門された者の刑罰はいつ赦免が可能になりますか？

破門制裁は、信者を更正させるための薬としての効果（改善策）を意図した処罰であるため、信者が自分の犯した罪を悔い改めた時にはゆるされなければなりません。その場合、基本的に不服従つまり反抗的な態度があるかどうかを検証することが必要となります。「不服従」とは、罪を犯した者が教会とその奉仕者に対して反抗的な態度を取り続けていることを指します。改善策として罰を与える一番の目的は、罪を犯した者のそういった反抗的な態度を改めさせ、その者を回心さ

（15）［訳者注］なお16歳以上18歳未満の犯行者は刑罰を免れませんが、法律または命令の所定の刑罰は軽減されるか、代わりとして償いが課せられなければなりません。またその場合、伴事的刑罰には拘束されず、他の刑罰や司牧的措置が適用されます（cf. can. 1324 §3）。

せることにあります。そのため、期間を定めてこの刑罰を与えること
も、一司祭の判断のみで赦免することもできないのです。しかし反抗
的な態度がなくなれば、信者は破門制裁から解放される権利を得るの
で、聴罪司祭は赦免を拒否することはできません（cf. can. 1358 §1）。

19. 破門制裁を受けた者は罪のゆるしを得ることができますか？

いいえ。破門制裁を受けた者は秘跡を受けることが禁じられている
ため、秘跡的赦免を得ることはできません。罪のゆるしを受けるため
には、その前にまず破門制裁を解いてもらい、それから罪のゆるしを
受けることになります[(16)]。

20. 破門制裁を解くことができるのは誰ですか？

教会法によってその権限が与えられた教会の権威者（管轄機関）、
またはその権威者から適切な委任を受けた者だけです。使徒座に留保
された前述の犯罪による破門制裁の場合、それらが秘密の事案であり、
外的法廷で宣告されていなければ内赦院の管轄になります。

21. 破門制裁が外的法廷で宣告された場合、内赦院はその制裁を解くことができますか？

いいえ。内赦院は内的法廷を司る機関であるため、破門制裁が外的
法廷で宣告された場合は、それに関わることはできません。その場合、
破門が解かれるためには、その管轄権を持つ関係機関に請願しなけれ
ばなりません[(17)]。

---

(16) ［訳者注］補注 B を参照。

(17) ［訳者注］たとえば、教会法第 1364 条（背教、離教、異端）、第 1367 条（聖
体の冒瀆）、第 1378 条第 1 項（第六戒の共犯者の赦免）、第 1388 条第 1 項（秘跡
的告白の守秘義務の直接侵犯）、*SST* art. 5（女性に対して叙階の秘跡を試みるこ

22. 法的処罰はなぜ外的法廷で宣告されるのですか？

　信者の躓きの石となり、信者に害悪を与えることを防ぐため、管轄機関は、ある人物が破門となったことを公に宣告することがあります。これは「破門制裁の宣告」と呼ばれ、結果として法律上破門となった者の状況をいっそう厳しいものとすることにつながります[18]。たとえば刑罰の赦免が内的法廷の管轄範疇ではなくなるため、外的法廷で公に赦免を得ることが必要となります[19]。これが、内的法廷に関わる事案が外的法廷に移される数少ないケースの一つです。

23. 告白者が使徒座、または地区裁治権者に留保された制裁を受ける場合、聴罪司祭はその者に対してどのような行動を取るべきですか？

　このような場合、聴罪司祭は告白者にとって最も霊的によい方法を次の三つの中から選ぶことになります。

　ⓐ制裁が地区裁治権者に留保されている場合、聴罪司祭は、告白者が希望するのであれば、制裁を赦免する権限を持つ教区聴罪司祭（paenitentiarius dioecesanus seu cathedralis, cf. can. 508)[20] に罪の告白

と）の犯罪の外的法廷での措置は教理省に審理が留保されています。

　(18)［訳者注］破門が外的に宣告されるか判決を下された場合、被破門者が行う統治行為は無効となり、公の典礼行為と特権の享受の禁止、地位および職務の無効化、およびすでに得ていた尊位、職務、すべての任務からもたらされる収益は年金も含めて自身のものとすることはできません（cf. can. 1331 §2）。

　(19)［訳者注］教会法上の制裁は、通常、犯罪がその管轄機関に訴えられ、外的法廷で刑事訴訟法に基づいて科されます。事案が内的法廷から外的法廷に移された場合、解決も内赦院ではなくそれぞれの管轄機関の権限となります。

　(20)［訳者注］これは paenitentiarius canonicus すなわちゆるしの秘跡の祭式

をするよう伝えます。告白者が教区聴罪司祭のもとに行くことを望まない場合、問題解決のために聴罪司祭は次の二つの方法のいずれかを選ぶことができます。

　ⓑ聴罪司祭は、告白者に、関係者（告白者および共犯者）の実名を伏せて、制裁を赦免する権限を持つ管轄機関に赦免を願うことを伝えます。この場合、告白者は、制裁の赦免および罪のゆるしを得るために、また赦免の権限を聴罪司祭に与えた管轄機関が定めた償いの指示を受けるために、再び聴罪司祭のもとを訪れなければなりません。この場合、聴罪司祭は速やかに制裁の赦免が留保されている管轄機関と連絡を取り、赦免の許可を求めて告白者が果たすべき償いの指示を仰がなければなりません。使徒座に留保された前述の諸事案に関しては、聴罪司祭は内赦院に問い合わせる必要があります。

　ⓒ告白者が、聴罪司祭が赦免の許可を得るまでの間、重大な罪を犯したまま秘跡を受けられないことを苦痛と感じ、なおかつ自身が犯した罪を心から悔いている場合、聴罪司祭は教会法第1357条の規定に従ってその者の制裁を解いて罪をゆるし、数週間後[21]、都合のつく時に、再び聴罪司祭のもとを訪れて償いの方法について指示を受けるように命じることができます。この場合、聴罪司祭は制裁を解くことのできる管轄機関に通知して30日以内に償いの指示を仰がなければなりません[22]。

者と同等の権限を付与された教区聴罪司祭のことで、いわば内的法廷の司教代理とも言えます。そのため教区聴罪司祭は、総代理、司教代理、法務代理とは異なる司祭を選ぶべきであると内赦院は教えています。

（21）［訳者注］目安は約1か月後です。

（22）［訳者注］もし告白者が意図的に30日以内に再び聴罪司祭のもとを訪れず、赦免を受けない場合は、再び懲戒罰に服することになります。

24. 聴罪司祭が教会法第 1357 条に規定された権限を用いるのは良いことですか？

はい。これは確かに良いことです。聴罪司祭は、赦免の許可を得るまでの間、秘跡を受けることができない告白者に助言することによって、その者を指導し、（霊的に）苦しい状況から救い出すことができるからです。良い聴罪司祭なら、告白者にできるだけ早く制裁を解かれ罪をゆるしてもらいたい、聖体を拝領したい（また他の秘跡の恵みを受けたい）という気持ちを起こさせるよう働きかけなければなりません。

25. 内赦院に請願する場合、どのような手続きが必要ですか？

赦免を請願するためには特別な手続きは必要ありません。聴罪司祭は、告白者の氏名や告白者が特定されるような情報を一切明記しない簡単な手紙（できればタイプされたものが望ましい）を内赦院に送付し、赦免の許可を求めるか、教会法第 1357 条によって、すでに告白者を赦免したことを報告します。この手紙の中で聴罪司祭は、犯罪が行われた経緯や、犯罪の軽重を左右する事情（年齢や生活環境など）を正確かつ簡潔に説明しなければなりません。

26. 聖体に対する冒瀆に関して請願書を作成する場合、どのような事柄を記載する必要がありますか？

聖体に対する冒瀆の事案では、請願書に下記の内容を明記する必要があります。

・告白者のおおよその年齢と精神状態
・犯罪が行われた時期
・犯罪が行われた回数
・犯罪が行われた方法

・聖体に対する冒瀆に至った動機

・犯罪が単独で行われたのか、それとも複数で行われたのか

・告白者がカルト教団などに唆されて罪を犯したのか、もしそうであれば、そのカルト教団との関係を完全に断っているか

27. 秘跡的告白の秘密を守る義務の直接侵犯に関しては、どのような事柄を請願書に記載する必要がありますか？

この事案に関しては、以下の内容を明記する必要があります。

・告白者のおおよその年齢

・犯罪が行われた時期

・犯罪が行われた回数

・犯罪が行われた状況

・犯罪が意図的に行われたのか、それとも意図せず偶発的に起きてしまったのか

・秘密を暴露された者が損害を被ったか

・告白者が普段、秘密を守るべく慎重な態度をとっているか

28. 神の十戒の中の第六戒に反する共犯者に赦免を与えた事案に関して、赦免のための請願書にはどのような事柄を記載する必要がありますか？

神の十戒の中の第六戒に反する共犯者の赦免に関しては、以下の内容を明記する必要があります。

・告白者のおおよその年齢

・共犯者のおおよその年齢

・共犯者の性別

・共犯者が未婚者か、既婚者か、修道者か、聖職者か

・共犯者が赦免された回数

・共犯者が最後に赦免された時期

・告白者が共犯者との罪深い関係を断ち切っているか

・告白者が聖職者としてふさわしい生き方をしているか、たとえば日々のミサ、教会の祈りなどを行っているか

29. なぜこれらの情報をすべて明記しなければならないのですか？

それは、請願書にこれらの情報をすべて記載することで、内赦院がその事案についてより正しい判断を下せるようになるからです。そして、告白者に課すべき償いを決めたり、聴罪司祭が付与された権限によって赦免を与えたりすることができる期間を定めることに役立ちます。これらの情報に基づいて、内赦院は赦免を受ける告白者に適切な指示（cf. can. 1357 §2）を与えることができるのです。

30. ファックスやインターネットで請願することはできますか？

請願書の内容は秘跡的告白の秘密を守る必要があることから、インターネット（Eメールなど）やファックスといった情報通信手段を用いることはできません。手紙は、信者の良心の問題の秘密性を守るための最適な手段です。

31. 内赦院への手紙は何語で書くべきですか？

この裁判所に手紙を出す際は、どんな言語で書いてもかまいません。しかし、裁判官の手間をとらせず、速やかに回答を得られるようにするためには、次の言語を使用することが望ましいです。ラテン語、イタリア語、英語、ドイツ語、フランス語、スペイン語、ポルトガル語、ポーランド語。

32. 内赦院宛ての封筒に書く宛先は？

次の住所を使用してください。

Penitenzieria Apostolica, 00120 Città del Vaticano [23]

33. 内赦院に請願する場合、費用は発生しますか？

内赦院への請願は完全に無料となっています。寄付もお断りしています[24]。

34. 内赦院からの回答はどのくらいの時間がかかりますか？

内赦院は、請願書を受け取ってから24時間以内に回答できるよう努力しています。実際問題として、聴罪司祭のもとに返事が届く時間は、各国の郵便事情によって異なります。

35. 聴罪司祭は、赦免を求めてきた告白者に内赦院からの回答をどのように伝えるべきでしょうか？

最適な方法は、改めてゆるしの秘跡の機会を設けて、内赦院の回答を伝えることです。聴罪司祭は告白者と再び会うためにお互いに都合のつく日時を決めます。告白者は、顔を見せなくてもよいという匿名性の権利を持つため、仕切りのある告解室で聴罪司祭と会うこともで

---

(23)［訳者注］可能であれば聴罪司祭本人が直接ローマの内赦院の事務所（Penitenzieria Apostolica, 00120 Città del Vaticano = Palazzo della Cancelleria, Piazza della Cancelleria 1, Roma 00186, Italia）を訪ねてもかまいません。また手紙の宛名については特に決まりがなく、単に内赦院、または内赦院長、院長代理（regens）宛てでもかまいません。なお手紙の送付は、司祭個人あるいは教区事務局、また教皇庁大使館などを通じても行うことができます。

(24)［訳者注］「ただで受けたのだから、ただで与えなさい」（マタ10・8）という福音の言葉に基づいて、仮に金品が送られた場合、内赦院は可能な限りそのすべてを返還するようにしています。

きます。告白者に内赦院からの回答と文書番号（プロトコルナンバー）を伝えた後、聴罪司祭は内赦院からの手紙を速やかに破棄しなければなりません。告白者は、再び内赦院に問い合わせをする場合、裁判所がその案件を識別できるように、その文書番号を控えて保管しておくとよいでしょう。

36. 内赦院からの答書は基本的にどういった内容のものですか？

　内赦院からの答書の内容は、通常は、教会法第1357条に示されている精神的に切迫した事態においてすでに与えられた赦免の承認です。告白者が赦免を付与されていない場合は、内赦院は使徒座の権威によって悔い改めている告白者を破門制裁から解く権限を聴罪司祭に与えます[25]。

　さらに内赦院は答書の中で、告白者が果たすべき償いを課し、聴罪司祭が告白者に対してどのように対処すべきか指示を与えます。

37. 聴罪司祭が告白者に再び会えなくなった場合はどうなりますか？

　告白者が遠方に住んでいるなどの理由で、赦免の権限が付与された聴罪司祭のもとを再び訪れることができない場合もあります。このような時、告白者は自分の住所を聴罪司祭に伝えなければなりません。聴罪司祭は、内赦院からの回答の概要を、秘密厳守で告白者に手紙で

（25）［訳者注］赦免の権限を与えられた聴罪司祭は、次の定句によって破門制裁を解き、ゆるしの秘跡を行います。Potestate mihi concessa, ego te absolvo vinculo excommunicationis, in nomine Patris, et Filii, + et Spiritus Sancti. Amen.（私に与えられた権能によって、＋父と子と聖霊の御名において、私はあなたに科せられた破門制裁を解きます。アーメン。）ラテン語規範版『ゆるしの秘跡の儀式書　*Ordo Paenitentiae*』の Appendix I (editio typica, Typis Polyglottis Vaticanis 1974) を参照。

伝えることができます。たとえば「赦免の恵みをいただきました。告白者は3か月の間、週に2回ロザリオの祈りを唱えるようにとのことです」という具合に。

III. 不適格（irregularitas）

38. 不適格とは何ですか？

「不適格」（irregularitas）とは、持続的な性格を持つ教会法上の障害を意味します。これが権限を持つ機関によって免除されない限り、聖職志願者は叙階の秘跡を適法に受けることができませんし、すでに叙階されている者は叙階によって与えられた権限を正当に行使することができません。罪を犯したことで不適格と判断される場合もありますが、叙階不適格者とされることそのものは教会法上の刑罰ではありません。また、たとえ犯した犯罪や罪のすべてがゆるされたとしても、免除を受けるまでは「不適格」のままであるということもあり得ます。「不適格」は、聖職の品位や聖職者の尊厳を守るために教会によって設けられたものと言えます。不適格そのものは刑罰の性格をもたないので、不適格であることを当人が知らなかったからと言って免除の対象にはなりません（cf. can. 1045）。

39. 内赦院は「不適格」を免除することができますか？

叙階の秘跡を授かる上での障害や、叙階によって与えられた権限の行使の妨げとなる不適格の理由が公にされていない場合、内赦院はそれを免除することができます。内赦院には、内的法廷において使徒座に留保されている不適格、特に殺人を犯した者または殺人に関わった

者、堕胎を実行したか積極的に協力した者[26] に生じる障害（cf. cann. 1041, 4°, 1044 §1, 3°）を免除する権限があります。ただし、すべての不適格が教皇庁に留保されているわけではなく、教区司教の権限で免除され得るものも多くあります。しかし信者は、いつでも内赦院に請願することができます。

40. 内赦院に不適格の免除を願うにはどうしたらよいですか？

不適格の免除に際しては、まず不適格者の聴罪司祭もしくは霊的指導司祭が内赦院に請願の手紙を書き送ります。請願書には、対象となる人の氏名を伏せて不適格となっている事情を明記しなければなりません。もし不適格者が聖職志願者であれば、聴罪司祭もしくは霊的指導司祭は、その人物が叙階を受けるのにふさわしいかどうかを判断する必要があります。不適格者がすでに聖職に就いている場合は、その人物の悔悛の事実とその後の生活態度について記述することが重要です。

41. 聖なる叙階の候補者が、堕胎（人工妊娠中絶）に加担したことにより不適格となった場合、不適格の免除の請願書にはどのような情報が含まれていなければなりませんか？

聖なる叙階の候補者については、聴罪司祭または霊的指導者は内赦院に以下の内容を通知しなければなりません。

・堕胎に加担したのはいつか、それは何回行われたか

・どのようにこの犯罪に加担したか

---

(26)［訳者注］堕胎罪に問われるのは、当該人物のみならず、それを指示した人物、強制した人物、堕胎を実行した医師、また犯罪の実行に不可欠だった人物、たとえば麻酔医や看護師らも共犯者として、その全員が伴事的破門制裁の対象とされます（cf. can. 1329）。

・その胎児の父親であるかどうか

・自らの行いを悔い改めているかどうか

・叙階の秘跡を受けるのに適していると判断されるかどうか

　なお神学生については、通常、人工妊娠中絶への加担が神学校入学以前に行われた場合に限って不適格の免除が与えられます。この免除の申請は助祭叙階予定日の数か月前に送付される必要があります。

42. すでに叙階を受けた者が、堕胎に加担したことで不適格とされた場合、その免除の請願書にはどのような情報が含まれていなければなりませんか?

　すでに叙階を受けた者の不適格性については、聴罪司祭または霊的指導者は以下の情報を内赦院に通知しなければなりません。

・堕胎に加担したのはいつか、それは何回行われたか

・どのようにこの犯罪に加担したのか

・その胎児の父親であるかどうか

・自らの行いを悔い改めているか、堕胎を行った女性との関係を絶っているか

43. 不適格はなぜ「内的法廷」で扱われるのですか?　ゆるしの秘跡の場以外でも不適格の免除を願うことはできますか?

　不適格の理由は、秘密とされるべき場合もあるので、内的法廷で扱われることが望ましいと言えます。指導司祭との対話の中で自身の不適格に気づいた人は、ゆるしの秘跡で告白しなくても不適格の免除を申請することができます。その際には、秘跡外の内的法廷において請願することができます。もちろんそこでも秘密は守られます。

44. 不適格者が叙階を受けてしまうとどうなるのですか？

不適格が免除されないまま聖職志願者が叙階を受け、すぐに裁治権者や内赦院に請願することができない場合、さらにその人の評判を損なう危険性が高い場合には、叙階によって与えられた権限を行使することができます。しかし、その人の聴罪司祭もしくは霊的指導司祭は、できるだけ早く権限を有する機関に免除を願わなければなりません（cf. can. 1048）。

45. 聖職志願者が不適格を有する場合、いつ内赦院に免除を願えばよいですか？

聖職志願者の不適格の免除に関しては、通常、その人の叙階が決まった時点で請願書を提出します。請願書には志願者の聖職への適性についても記載されなければなりません。内赦院は、聴罪司祭もしくは霊的指導司祭のもとに回答が数日以内に届くようにできるだけ速やかに請願書を審査する手続きをします[27]。

IV. 婚姻の根本的補正（sanatio in radice）[28]

46. 内赦院は教会法上無効な婚姻を過去にさかのぼって有効なもの

（27）［訳者注］不適格の免除は、次の定句をもって行います。Potestate mihi concessa, ego dispenso te super irregularitate in quam incurristi, in nomine Patris, et Filii, + et Spiritus Sancti. Amen. （私に与えられた権能により、＋父と子と聖霊の御名において、私はあなたの不適格を免除します。アーメン。）ラテン語規範版『ゆるしの秘跡の儀式書 *Ordo Paenitentiae*』の Appendix I（editio typica, Typis Polyglottis Vaticanis 1974）を参照。

（28）［訳者注］根本的補正（sanatio in radice）は、根本的有効化と呼ばれていますが、字義的には根元的修正とも訳せるもので、教会法上無効な婚姻を事後的に婚姻当初から有効なものとすることです。

とすること（根本的補正）ができますか？

　教会法の規定に従わずに結ばれた婚姻関係を正当な理由に基づいて有効なものとすることがよいと判断された場合、内赦院は過去にさかのぼってその婚姻を有効化すること（sanare in radice）ができます。たとえば、誰もが有効だと思っている婚姻が実は教会法上無効であったという場合、それを過去にさかのぼって有効化することを公表するのは望ましいことではありません。婚姻を有効化するためには、当事者に婚姻状態を継続する強い望みがあり、一緒に生活し続ける当事者の意志が必要不可欠です。通常、過去にさかのぼって婚姻を有効なものとする権限を持つのは教区司教ですが、正当な理由があれば使徒座にも請願することができます（cf. can. 1161 §1）[29]。

47. 無効な婚姻の根本的補正はどのように請願したらよいですか？

　根本的補正の請願も他と同様に書面で行います。この恩典を求めて内赦院に問い合わせを行う司祭は、以下の内容を通知する必要があります。

・婚姻が無効であることをどのように知ったか

・婚姻の無効原因

・この恩典の付与を内的法廷に求める理由

（29）［訳者注］ただし、これは重大な理由があって通常の単純有効化（convalidatio simplex）が適用できないか、大きな困難が生じる場合に限られます。たとえば、配偶者が教会法が定める方式での婚姻の有効化を望まない場合、あるいは婚姻に立ち会った司祭が委任状を受けていなかったことから婚姻が無効であるような場合などが挙げられます。本文で述べられている通り民法上のみの婚姻にも根本的補正は適用されます。ただし前婚の絆による障害などの神法上の障害がある場合は根本的補正はできません。この場合、たとえば前婚の配偶者の死亡などで神法上の障害がなくなったとしても、根本的補正は使徒座に留保されます（cf. cann. 1161, 1165）。その際、内的法廷での申請も可能です。

・根本的補正を求めるのは婚姻当事者の一方のみか、それとも双方か

・婚姻当事者の一方のみが有効化を求める場合、もう一方の当事者はそのことを了承しているか

48. 婚姻の根本的補正を請願する際には、両方の当事者がそのことを認識していなければいけませんか？

　必ずしもそうでありません。過去にさかのぼって内的法廷において婚姻を有効なものとするためには、両方の当事者がそろって請願することも、一方の当事者が相手に知らせることなく請願することも可能です。内赦院からの答書で現在まで無効である婚姻の有効化を通知された司祭は、その答書に当事者双方の名前を書き加え、教区事務局の機密文書庫に保管します。有効化を申請した人は、将来、過去にさかのぼって婚姻を有効化したことを確認する必要が出てきた場合に備えて、その答書の文書番号を控えておくことが大切です。しかし司祭がゆるしの秘跡において婚姻が無効であることを知らされて、この手続きを行った場合、内赦院からの答書は、その内容と文書番号が告白者に伝えられた後、速やかに破棄されなければなりません。

V. ミサの挙行義務

49. 内赦院には、ミサの挙行義務に関する権限が委ねられていますか？

　司祭はミサを司式して欲しいという依頼を受け、そのための奉納金を受け取った場合、自らそれを行うか、あるいは別の司祭に委任して必ず遂行しなければなりません。司祭が多数の依頼を受け、何らかの理由でミサをすべて挙行できない場合、聴罪司祭を通じてミサの挙行

回数を減らしてもらうよう内赦院に願うことができます。

50. 内赦院は教会の法人や組織に委ねられたミサの挙行義務を免除することができますか？

教会の法人や組織、たとえば神学校や教区本部がミサの挙行義務を負った場合、内赦院はその義務を免除することができません。内赦院が司祭の名誉を守るためにミサの挙行義務を免除できるのは、司祭が個人としてその義務を負った場合だけだからです。教会の法人や組織の負う義務は外的法廷で扱われる問題なので、使徒座（通常は聖職者省）に免除を願わなければなりません（cf. can. 1308）。

51. 依頼されたミサを挙行できなかったことを司祭から告げられた場合、聴罪司祭はどのように対応すべきでしょうか？

奉納金を受け取った後で引き受けたミサを挙行できなくなった場合[30]、司祭は聴罪司祭を通じてミサの挙行義務の免除を願うことができます。聴罪司祭は、その旨を手紙で内赦院に伝えなければなりませんが、その際、告白者の氏名は明記せず、次の事柄を記載します。

・挙行できなかったミサの数
・司祭のおおよその年齢
・義務を果たせなかった理由と受け取った奉納金の額とその使い道
・司祭の健康状態、および司祭が自分で、または他の司祭の協力を得て挙行可能なミサの回数

内赦院は請願書の内容を審査した後、司祭が挙行できなかったミサの回数を減らし、引き受けたミサのうち数件のみを挙行するか、も

---

(30)［訳者注］補注 C を参照。

しくは他の司祭に挙行するように手配する義務を課します。挙行されなかった残りのミサは、「教会が蓄積してきた宝」(thesaurus Ecclesiae)(31)によって果たされたとみなされます。内赦院長は、教皇との謁見の際にミサの挙行義務が免除された事例を報告します(32)。

VI. その他の事案

52. 倫理あるいは教会法に関する質問を内赦院に提出することはできますか？

　教会の倫理や法律に関する疑問を持つ信者や聖職者は、内赦院に尋ねる前に、教会の権威ある人物が書いた書物（教皇の文書や教皇庁文書など）を参照するか、教会から認められた専門家（神学者や教会法学者たち）の見解を聞くなどして、疑問を解消するよう努力しなければなりません。しかし司祭が聖職者としての任務を果たす中で、複雑な事例に遭遇することがあれば、倫理や教会法に関する具体的な疑問を、関係者の名前などを伏せて内赦院に尋ねることができます。非常に複雑な問題の場合、内赦院は専門家の意見を聞き、そうした事例に対してどのように対処すべきかを指示します(33)。

（31）［原注］「教会が蓄積してきた宝」(thesaurus Ecclesiæ) とは、教会が所有する有形財産の合計ではなく、神の前で主イエス・キリストが示した無限で尽きることのない宝である贖罪、聖なる功徳、さらには聖母マリアとすべての聖人が神にささげた宝である祈りや善行によって得られた功徳などを意味します（教皇パウロ6世、使徒憲章『インドゥルジェンチアールム・ドクトリーナ *Indulgentiarum Doctrina*』で引用されている教皇クレメンス6世の聖年の大勅書『ウニジェニトゥス・デイ・フィリウス *Unigenitus Dei Filius*』を参照）。

（32）［訳者注］これは「教会が蓄積してきた宝」によるミサ挙行義務の免除の権限が、唯一教皇に留保されているという理由に基づきます。

（33）［訳者注］たとえば、秘密を守る条件で司祭が相談を受け、その場では回答できないような個人の倫理的生活に関する問題について他者に尋ねたり公の調

VII. 東方教会の信者について

53. 東方教会の信者に対して伴事的な懲戒罰は適用されますか？

　カトリック東方典礼[34]の信者は（当然、ラテン典礼の司祭からゆるしの秘跡を受けることができるのですが）、ラテン典礼の制裁規定に服する者ではないことを明確にしておくことが必要です。とりわけ伴事的な懲戒罰（poena latae sententiae）が適用されないことに注意すべきです。なぜなら東方教会は、ラテン教会の伝統的な法制度とは異なり、判決によって科される刑罰（poena ferendae sententiae）のみを認めているからです。しかし1991年10月に発効した『カトリック東方教会法典』（CCEO）では、東方教会の信者は、本来伴事的な懲戒罰を受けないことを確認しつつ、二つの特定の罪については、いかなる聴罪司祭もそれを赦免することができない使徒座に留保されたものと規定しました。使徒座に留保された罪とは、東方教会法第728条第1項第1号および2号に規定され、内赦院の管轄事項とされています。具体的には、ゆるしの秘跡の秘跡的封印（告白の秘密を守る義務）の直接的侵犯と貞潔に反する罪の共犯者の赦免がこれに当たります。

54. 東方教会法において罪の留保が失効するのはどのような時です

査をしたりすることによって守秘義務を冒す危険を伴う場合、司祭は内赦院に手紙を送って問い合わせることができます。なお本文の解説ならびに付録3の表Dに慎重な判断を要するいくつかの事例をまとめているので参照してください。

　（34）［訳者注］東方典礼、東方教会の〇〇典礼と一般に訳される場合の「典礼」の原語は ritus で、固有の伝統に基づく祭儀や礼拝様式を指す言葉です。一方で、いわゆるミサなどを指す「典礼」の原語は liturgia です。日本では同じ「典礼」という言葉が訳語に使われてきたのでその慣習に従いましたが、そもそも原語が違うように、当然、その言葉の意味も違うので混同しないよう注意が必要です。

か？

　この点に関しては、告白者が病気のため家から外出することができない場合、または告白者が重大な困難なくしては教会の管轄機関に赦免の権限を求めることができないと聴罪司祭が賢明に判断した場合、あるいは聴罪司祭が秘跡的封印を危険に晒すことなく教会の管轄機関に赦免の権限を求めることができない場合には留保が失効するということをしっかりと認識しておく必要があります（cf. can. 729, 1°, 2° CCEO）。

55. 東方教会法では貞潔の罪の共犯者の赦免は有効ですか？

　貞潔の罪を共に犯した者の赦免は、ラテン教会と同じく死の危険のある場合を除いて、東方教会法第730条に定められているように東方教会の信者に対しても無効とされています。

56. 留保された罪の赦免に関する個別の状況にはどのようなものがありますか？

　先述の留保された罪に関して、以下のような状況を想定することができます。

　ⓐ告白者が東方典礼の聖職者で、聴罪司祭も同じ典礼に属する場合──この場合は単純に東方教会法第728条の規定を適用して内赦院への請願が必要となります。

　ⓑ告白者が東方典礼の聖職者で、聴罪司祭がラテン典礼に属する場合──この場合、告白者は東方教会法に従う者であるため破門制裁が科されることはありません。一方、聴罪司祭はラテン典礼に属するため、理論的には（ラテン教会の破門制裁とは状況が異なるため）留保された罪の告白に関して何の権限の制約もないのですが、いずれにせよ留保された罪に関する法律の意図に基づいて罪

の赦免を行うために内赦院へ訴願する必要があります。ただし
54項で述べた通り、東方教会法第729条の規定に従ってその留保
の効果を欠く場合には赦免が可能となります。

57. 使徒座に留保された懲戒罰を受けたラテン典礼の信者に対して、東方典礼の聴罪司祭はどのように対応すべきですか？

告白者が使徒座に留保された懲戒罰を受けているラテン典礼の信者
で、聴罪司祭が東方典礼に属する場合、教会法第1357条に従って懲
戒罰を赦免することができます。ただしその場合、必ず内赦院へ訴願
する義務を有します。あるいは、先に該当犯罪に関する一切の事項を
書面に列挙したうえで、それらに関して内赦院に訴願を行い、懲戒罰
の赦免の権限を求めることもできます（23項を参照）。

58. 東方教会の信者は、内的法廷に係るその他すべての事項について、どのように内赦院に請願したら良いですか？

東方教会のすべての信者は、内的法廷におけるその他の管轄事項の
すべて（根本的補正、免除の付与、単純有効化、疑問の解消など）につ
いて、自由に内赦院に請願することができますし、またそうしなけれ
ばなりません。請願の方法およびその内容いずれに関しても、これま
でラテン教会の信者に対して述べたのと同じことが類推適用されます。

VIII. 免償[35]

59. 内赦院は免償を与えることができますか？

内赦院は、ローマ教皇庁の中で免償を付与する管轄権を持つ唯一の

---

(35)［訳者注］補注Dおよび本書の免償の項目を参照。

機関です⁽³⁶⁾。

60. 免償はどのような方法で請願できますか？

免償の請願は、請願の理由を明記して、通常手紙もしくはファックスで提出します。請願書を作成したのが地区裁治権者本人でない場合、教区司教もしくは所属する教区本部の承認が送付の際に必要とされます。

61. 免償はどのような場合に請願することができますか？

請願が可能な事情はさまざまです。一例を挙げると教区、小教区、指定巡礼所の記念日、司祭叙階の記念の年（50年、25年など）に際して、または新司祭の初ミサに、あるいは修道会や国際的な団体においても同様に適用できます。

62. 請願はいつ行ったらよいですか？

免償に関する通達が希望する期日に間に合うよう発送されるために、請願に際しては日程的に十分余裕をもって書類を送付することが望ましいです。

63. 免償は現代においても実施されていますか？

もちろんです。免償は私たちの主イエス・キリストそして聖なるおとめマリアおよび諸聖人の功徳という宝の山（thesauri）に基づいて実施されます。近年、免償の申請件数は顕著に増加しており、2014年だけでもその数は1,101件に上っています。

---

(36)［訳者注］教皇ヨハネ・パウロ2世、使徒憲章『パストル・ボヌス *Pastor Bonus*』、117項参照。

おわりに

　以上の質問と解答を読んで、聴罪司祭と告白者に奉仕する組織である内赦院について、ある程度ご理解いただけたのではないかと思います。内赦院が「いつくしみの裁判所」（Tribunal misericordiae）とも呼ばれているのは、永遠の救いを得られない状況にある信者のために、神と教会と和解できるよう手助けするのが内赦院の主な任務だからです。そのため内赦院は、外的法廷が行うような方法で権限を行使することはありませんし、個人の匿名性は徹底して守ります。そこには利益を守ろうとする関係者間の争いは存在しません。内赦院は、信者が他の信者の不正を罰してもらうために訴えを起こす裁判所ではないのです。

　教会に内的法廷が存在することには計り知れない価値があるのですが、神の道を知らない人々には、それがしばしば理解されないこともあります。内的法廷は魂の救いに直接関わっており、その存在によって信者は自らの名声を損なうことなく、神に立ち帰って新たに生活を始めることができるのです。「すべての人についてあらゆることを知る権利」を持ち得る人間などどこにもいないのです。人の犯した過ちを公表することで、かえって特定の個人や共同体に悪影響を及ぼしてしまう可能性もあり得ます。

　良い羊飼い、つまり迷い出た羊を探し求める者は、内的法廷を大いに敬い、毅然として守っていかなくてはなりません。それは「悪を隠す」ことではなく、神の救いの計画に協力することなのです。この世の旅路を終えた時、すべての者は等しく神の前で裁かれます。神の裁きは完全で、間違いはありません。そこには、いつくしみと正義という神的な属性が不思議なほど調和して存在します。私たちは、主イエ

スの「言っておくが、このように、悔い改める一人の罪人については、悔い改める必要のない九十九人の正しい人についてよりも大きな喜びが天にある」（ルカ 15・7）という言葉を忘れてはならないのです。

内赦院法務官カルロス・エンシナ・コンメンツ

補注

〔A〕 注（3）

内的法廷（forum internum）は、「良心の法廷」とも言われ、個人の良心に起因または関連する事柄、行動とその結果全般に及びます。本来人間の行動（単なる「人間の行為」ではなく「人間的な行為」）は、すべて良心に基づいてなされるもので、それは超自然的な意味において功徳または罪科として人の救いと関係しています。それゆえ些細なことを除けば、人間の倫理的生活全体が内的法廷の課題になり得るのです。たとえば内的法廷は次の事柄を扱います。ゆるしの秘跡において告白された罪、公でない伴事的な制裁や不適格、叙階や婚姻の障害、また秘跡の無効性を確信させるか有効性について疑念を引き起こす事柄や状況がありながら客観的な証拠がないもの、個人が持つ疑念、心理的悪癖、病的恐怖など表に出されることがなく第三者に知られたくない自らの精神状態、習慣、心理的・倫理的傾向、特定の人の倫理的生活に関わる問題などです。

〔B〕 注（16）

通常、聴罪司祭は、権限を有する機関からこれらの犯罪を赦免する権限を与えてもらい、被破門者が破門制裁を解かれる条件を満たしていることを確かめた上で、次の定句によってまず破門制裁を解いた後にゆるしの秘跡を行います。

Potestate mihi concessa, ego te absolvo vincula excommunicationis, in nomine Patris, et Filii, + et Spiritus Sancti. Amen.
私に与えられた権能によって、父と子と聖霊の御名において　＋私はあなたに科せられた破門制裁を解きます。アーメン。

なお聴罪司祭が、ゆるしの秘跡の場で懲戒罰を直接赦免する権限が与えられている場合は、ゆるしの秘跡の赦免の定句をもって懲戒罰と罪の赦免とを同時に行うことができます。ラテン語規範版『ゆるしの秘跡の儀式書　*Ordo Paenitentiae*』の Appendix I（editio typica, Typis Polyglottis Vaticanis, 1974）を参照。

〔C〕　注（30）

　教会法第953条に定められているように、司祭は1年以内に挙行することができない数のミサの依頼を受けてはいけません。これはシモニア（聖職売買の犯罪）と関係しており、この規定に違反すると司祭は教会法第1385条により懲戒罰あるいは他の適当な刑罰を科されることになります。また原則として司祭は一つの意向につき1回のミサを挙行しなければなりません。なお司祭のミサの挙行可能回数は、主の降誕や特別に法が規定する場合を除いて、平日は1日1回が原則ですが、地区裁治権者は司祭の不足を理由に平日に2回まで、主日および守るべき祝日には3回までミサの挙行を許可することができます（cf. can. 905）。それ以上の回数のミサの挙行許可は使徒座に留保されています（宣教地では福音宣教省に請願する必要があります）。なお複数の意向を1回のミサでまとめて捧げるいわゆる意向合併ミサ（Missa collectiva）については、聖職者省の『ミサ奉納金に関する教令』（Decretum, *Mos Iugiter*［1991年2月22日］, in *AAS* 83［1991］443-446）に規定されている通り、まずミサの依頼者に他の意向と合併してミサを挙行してよいかを確認し、その日時を依頼者に通知したうえで行わなければいけません。また1週間に2回を超える意向合併ミサの挙行は許されていません。また意向合併ミサを挙行した場合、同一のミサで司祭が受け取ることができる奉納金は一つだけに限られます

（can. 951）。なお依頼を受けて1年以内に挙行することができなかったミサに関しては、通常、挙行義務を負う者が自己の裁治権者へそれを引き渡さなければなりません（cf. can. 956）。

　原則として死者のためのミサを含む特定の意向のミサは、典礼規則上、主日や祭日のミサ、聖週間と聖なる過越の3日間の祭儀と併せて挙行できないことを念頭に置いておく必要があります（ラテン語規範版［第3版］、『ローマ・ミサ典礼書の総則（暫定版）』380-381項参照）。主日、祭日のミサは、司教、主任司祭など教会共同体の統治の任務を委ねられた者にとっては、「自己に委ねられた民のためのミサ」（Missa pro populo）として捧げられなければならず、降誕祭を除いてこれらのミサへの奉納金は自己のものとして収受することはできません。

　近年、日本の教会の一部において、11月の特定の主日のミサを「死者のための追悼ミサ」と称して奉納金を集めて一つのミサの中で多くの死者の名前を呼び上げる（それで追悼したことにする、奉納金もすべて一度のミサで司祭の自由裁量にする）という特異な実践例が見られます。こうした実践は、ある種の司牧的配慮として考案されたものかもしれませんが、まずもって上述した教会の原則に照らして適法でないことは明らかです。加えて日本の教会全体においても、こうした実践は決して一般的なものとしては認められておらず、異なる認識を持つ司祭や修道者、信徒の間で混乱を生じさせていることからも適当なものであるとは言えません。

〔D〕　注（35）

　免償とは「罪科としてはすでに赦免された罪に対する有限の罰の神の前における免除」であって、「信者は、教会が求める一定の条件を果たすとき、これを自分のために、また死者のために、教会の奉仕職を通して獲得できる」（CCE 1471）とされています。教会法は、第

993 条で「免償は、罰からの解放が部分的であるか全体的であるかによって、部分免償と全免償とに分けられる」、第 996 条第 1 項で「免償を受けるためには、受洗者であること、破門制裁を受けていないこと、少なくとも規定の行為の終了時に恩恵の状態にあることが必要である」、第 995 条第 1 項で「教会の最高権威者の他に免償を与えることができるのは、法によってその権限を認められる者、またはローマ教皇によってその権限を付与された者のみである」と定めています。これに関する内赦院の『免償の手引き *Enchiridion indulgentiarum*』(Manulae delle Indulgenze norme e concessioni) によると、たとえば「教区司教は、年に 3 回、自らが司式する祝祭日のミサの終わりに司教儀式書に規定された式文を用いて使徒的祝福とともに全免償を与えること」ができます。また部分免償はいつでも回数を問わず授けることができるとされています (*Ibid.,* norme n. 7)。この他に、たとえば「新司祭は、一番初めに挙行するミサにおいて全免償を会衆に授けることができる」(*Ibid.,* n. 27) という規定もあります。詳しくは本文の免償の項目を参照してください。過去に聖年などに際して内赦院を介して公的に免償を付与する教令が出されている場合を除いて、個別の事案に関して免償の付与を希望する場合、個別に内赦院に問い合わせる必要があります。

　また臨終の床にある人に対しては、主任司祭は使徒的祝福と共に全免償を与えることができます (cf. can. 530, 3°)。臨終に際して司祭の臨席が得られない場合には、教会そのものが信者に免償を与えます (*Enchiridion Indulgentiarum,* 12 項)。このような状況で使徒的祝福と全免償を授ける際は、できれば十字架を手にして次の定句を用います。

Ego, facultate mihi ab Apostolica Sede tributa indulgentiam plenariam et remissionem omnium peccatorum tibi concedo (et benedico te), in nomine Patris, et Filii, + et Spiritus Sancti. Amen.

　私は、使徒座によって私に与えられた権限により、+父と子と聖霊の御名において、あなたのすべての罪をゆるし全免償を授け（あなたを祝福し）ます。アーメン。

　あるいは次のような祈りもあります。

Per sacrosancta humanae reparationis mysteria, remittat tibi omnipotens Deus omnes praesentis et futurae vitae poenas, paradisiportas aperiat et ad gaudia te sempiterna perducat. Amen. Benedicat te omnipotens Deus, Pater, et Filius, + et Spiristus Sanctus. Amen.

　人類を再生する聖なる神秘によって、全能の神が、現在未来の生に関わるすべての罪をあなたから取り去り、天の門を開いて永遠の喜びに導いてくださいますように。全能の神、+父と子と聖霊が、あなたを祝福してくださいますように。アーメン。

　ラテン語規範版の『病者の塗油』の儀式書 *Ordo Unctionis infirmorum eorumque pastoralis curae*（Typis Polyglottis Vaticanis, 1972）の 106 番を参照してください。

使徒座裁判所内赦院

通達

『現在のパンデミックの状況下におけるゆるしの秘跡に関して』

（2020年3月20日公布）

「私はいつも、あなたがたとともにいる」（マタ 28・20）

　現在の深刻な状況に際して、ゆるしの秘跡の緊急性とその重要な位置づけについて、信徒のためだけでなく、秘跡を挙行するために呼び集められた聖職者にとっても、詳細な説明をするとともに、十分考察することが必要不可欠とされています。

　新型コロナウイルス感染症（Covid-19）の流行中においても、ゆるしの秘跡は普遍的な（東方・西方の）教会の法と *Ordo Paenitentiae*（ラテン語規範版『ゆるしの秘跡の儀式書』）の規定に従って執り行われるものです。

　通常この秘跡は、個別告白をもって行われますが（cf. can. 960）、個別告白を事前に行っていない多数の人に対する赦免（一般赦免）については、切迫した死の危険が認められる場合や、一人ひとりの悔悛者の告白を個別に聞く時間がない状況でない限り、これを与えることはできません（cf. can. 961 §1）。これに加えて、一般赦免は、重大な必要性がある場合（cf. can. 961 §1, °2）に限って付与されるものですが、その実施の判断は教区司教の権限に委ねられています。その際、教区司教は、司教協議会の他の構成員とともに合意した規準に照らしてこれを判断することになります（cf. can. 455 §2）。この赦免が有効とな

るためには、それぞれの悔悛者の秘跡の誓約（votum sacramenti）す
なわち、その時点では司祭に個別に告白することができない重大な罪
を、しかるべき時には個別告白する決心が必要です（cf. can. 962 §1）。

　当内赦院は、特に感染症の被害が大きい地域においては、事態の収
束が見られるまでの間は、先述の教会法第961条第2項に規定されて
いる（一般赦免が与えられる）重大な必要性がある状況が発生してい
るものと考えます。

　その他の詳細に関して、法の施行は教区司教の判断に委ねられ
ていますが、そうした場合でも、最高の法である魂の救い（salus
animarum）を常に念頭に置かなければなりません（cf. can. 1752）。

　予期せずして複数の信者に同時に赦免を与える必要が生じた場合、
司祭は直ちに、それが困難な場合にはできる限り早い段階で、教区司
教にその旨を連絡するよう求められています（*Ordo Paenitentiae*, 32 項
参照）。

　現在のパンデミック、つまり感染症の世界的流行のもたらす緊急事
態において、教区司教は、司祭および悔悛者に対して、ゆるしの秘跡
を個別に執り行う場合の注意事項について特別な指示を与える権限を
有しています。具体的には、屋外の風通しの良い場所で告白を行うこ
と、適切な距離を保つこと、マスクを着用することなどが挙げられま
す。ただし、そうした場合であっても、告白の秘密を守るための監視
と、慎重な秘跡の執行に最大限の注意を払わなければなりません。

　また教区司教は、自身の管轄区域において、感染拡大の程度に基づ
いて、現状が多数の人に対する赦免を適正に行うことのできる重大な
必要性が認められる事態に該当するか否かを決定する権限を有してい
ます。たとえば、ウイルスに感染し、死の危険に直面した信者が搬入
される病院の入口において、十分な注意を払いつつ、赦免が信者に聞
き届けられるよう可能な範囲で拡声器などを使用して秘跡を行う状況

などが考えられます。

また必要に応じて、保健当局と合意の上で、「臨時の病院付司祭（チャプレン）」のグループを結成する必要性と妥当性を検討するように求められます。この司祭のグループは、主にボランティアによって構成されることも考えられ、感染防止のための規則を順守したうえで、患者と臨終にある人々に必要な霊的支えとなることを目的とするものです。

赦免を受けることができず悲嘆の中にある信者にあっては、神の深い愛から生じる完全な痛悔の念は、それが心からゆるしを願う気持ち（その時点で信者が表現し得る最善の心）の表れであり、告白の誓約（votum confessionis）を伴うものであれば、つまり事態が改善され可能になり次第、速やかにゆるしの秘跡を受けることを固く決心する場合、死に至る罪も含めて罪のゆるしが与えられるということを覚えておいていただきたいと思います（CCE 1452）。

特に、参列者不在の中でも司祭が日々ミサを執り行うことにおいて、聖徒の交わりの力を体感し、十字架につけられ復活された主に誓いと祈りを捧げるといった事態は、これまでに教会が経験して来なかったことです。

善き母としての教会は、いつくしみ深い母であり病者の助け手である聖なるおとめマリアと、その夫であり常に世界における教会の歩みの守護者である聖ヨセフの執り成しを祈り、人類がこの災禍から解放されるよう主に祈願します。

今、人類に向けて繰り返し告げられる主の御言葉に注意深く耳を傾ける中で、聖マリアと聖ヨセフの取り次ぎにより、私たちに大いなるゆるしと救いの恵みがもたらされますように。

「静まれ。私こそ神であると悟れ」（詩 46・11）。

「私はいつも、あなたがたとともにいる」（マタ 28・20）。

ローマにて

使徒座内赦院裁判所より

2020 年 3 月 19 日

普遍教会の守護者幸いなるおとめマリアの夫である聖ヨセフの祭日に

内赦院長枢機卿　マウロ・ピアチェンツァ

内赦院長代理　クリストフ・ニキル

付録2－②

使徒座裁判所内赦院
教令
『現在のパンデミック状況下における信者への特別免償の
付与に関して』
（2020 年 3 月 20 日公布）

Covid-19、いわゆる「新型コロナウイルス感染症」に苦しんでいる信
者、その医療従事者、家族、彼らのために祈りを捧げる人も含めたす
べての人々に対する特別免償の恩恵の付与

「希望をもって喜び、苦難を耐え忍び、たゆまず祈りなさい」（ロマ
12・12）。かつて聖パウロによってローマの教会に宛てられたこの言
葉は、教会の歴史を通して、あらゆる苦しみ、病気や災害に直面する
信者たちの識別を基礎づけるものとして響いています。
　全人類は今、目に見えない病気の進行の脅威に晒されています。こ
の病気は、私たち全員の生活に否応なしに侵入し大きな影響をもたら
すものとなっています。全人類が置かれている現在の状況において、
日を追うごとに新たに不安を掻き立てる恐怖と不確かな事柄、そして
とりわけ身体的かつ精神的苦悩の蔓延という側面が色濃くなってきて
います。
　教会は、神である師の例に倣って、病者の支えとなることを常に重
要視してきました。教皇聖ヨハネ・パウロ 2 世が示された通り、人間
の苦悩には二つの側面があると言えます。「苦しみには、真に超自然
的にして同時に人間的な意味があります。超自然的というのは、苦し

256

みは世界の贖いの神的秘義に根ざしているからであり、同時に人間的というのは、その苦しみの中で、人間は自分の人間性、その尊厳、また自分の使命などを発見するからです」（使徒的書簡『サルヴィフィチ・ドローリス』31項）。

教皇フランシスコも、先日来、人々へのいつくしみに満ちた寄り添いを表明され、新型コロナウイルス感染症患者のために祈り続けるよう求められました。

新型コロナウイルス感染症（Covid-19）によって苦しむすべての人が、この苦しみの神秘のなかで、「キリストの贖いの苦悩と同じ苦しみ」（同30）を再発見できるように、主キリストの御言葉を拠り所とし、現在流行中の感染症に関して、信仰心をもって熟考し、個々人が回心の精神を生きるべき時であるとして、使徒座内赦院は教皇の権威により（ex auctoritate Summi Pontificis）、以下の規定に従って免償の恩恵を授けることとします。

新型コロナウイルスによって苦しんでいる、保健当局の規定により病院もしくは自宅に隔離されている信者に対して、以下の条件のもと全免償を付与します。

それは、自らの霊魂からあらゆる罪を遠ざけ、何らかの通信手段を用いて、ミサ聖祭、聖なるロザリオの朗誦、敬虔なる十字架の道行きやその他の形態の主への献身を行うこと、あるいは最小限の要件として、敬虔な心で信仰宣言、主の祈り、そして聖なるおとめマリアへの祈りの朗誦に霊的に参加し、これを神への信仰と隣人へのいつくしみと愛をもって行うこと。かつ状況が可能になり次第、通常の要件とされる、ゆるしの秘跡、聖体、教皇の意向に従う祈りを捧げることを果たす意思を有していることです。

医療従事者、（患者の）家族、その他の関係者は、善きサマリア人の模範に倣い、自らも感染の脅威に晒されながら、贖い主の言葉に

従って新型コロナウイルス感染症患者の看護を行っています。「友のために自分の命を捨てること、これ以上に大きな愛はない」（ヨハ15・13）のです。これらの人々は、同じ条件のもとで全免償の恩恵を受けることができます。

　さらに内赦院は、今回の感染症の世界的流行に際して、感染の終息と、これに苦しむ人々への慰め、そして主が自らのもとへ呼び寄せられた人々の永遠の救いを全能の神に祈願するために、聖体訪問、聖体礼拝、最低30分間聖書を読むこと、聖なるロザリオの朗誦、敬虔なる十字架の道行きの実践、神のいつくしみに対する祈りの花束（chaplet）の朗誦のいずれかを行った信者に対しても、上述の同じ要件において全免償を積極的に付与します。

　病者の塗油や臨終の聖体拝領（viaticum）を受けることのできない人々のために祈りを捧げ、聖徒の交わりの力により、すべての人を神の慈悲に委ねてきた教会は、これまで臨終にある信者が赦免を受けるにふさわしい心構えを持ち、生涯を通して何らかの祈りを唱えることを常としていた場合、その信者に対して全免償を授けてきました（この場合、免償を得るための通常の三つの必要条件とされる行為は教会が代理します）。なお当該免償を受けるためには、十字架のキリスト像もしくは十字架が用いられることが推奨されています（『免償の手引き *Enchiridion indulgentiarum*』12項参照）。

　神と教会の母であり病者の助け手、キリスト信者の支えである私たちの保護者聖なるおとめマリアが、この感染症の災禍を退け、私たちの救いと成聖のために必要なあらゆる天の恵みをもたらし苦難の中にある人類をお救いくださいますように。

　なお本教令はこれに反するいかなる規定が存在する場合も有効とされます。

ローマにて
使徒座内赦院裁判所より
2020 年 3 月 19 日
内赦院長枢機卿　マウロ・ピアチェンツァ
内赦院長代理　クリストフ・ニキル

表A. 伴事的な懲戒罰

①伴事的破門制裁（excommunicatio latae sententiae）

教会法条文	犯罪事情	刑罰	使徒座への留保
1364 §1	信仰の背棄、異端、または離教[(1)]の犯罪を犯した者	伴事的破門制裁	（教理省で審理）
1367	聖体を冒瀆的に扱った者、もしくは汚聖を目的に持ち去った者	伴事的破門制裁 聖職者の場合は聖職者身分からの追放を含む他の刑罰によって処罰され得る	使徒座に留保
1370 §1	ローマ教皇に対して暴力をふるった者	伴事的破門制裁 聖職者の場合は聖職者身分からの追放を含む他の刑罰によっても処罰され得る	使徒座に留保
1378	神の十戒のなかの第六戒に反する共犯者の赦免を試みた司祭 ＊赦免そのものも無効	伴事的破門制裁	使徒座に留保
※2008年1月25日の教理省の教令	女性に対して叙階の秘跡を試みた者および叙階を受けようとした女性	伴事的破門制裁 聖職者が叙階を試みた場合、聖職者の身分からの追放もあり得る	使徒座に留保
1382	ローマ教皇の指令のない司教叙階における叙階者ならびに受階者[(2)]	伴事的破門制裁	使徒座に留保
1388 §1	秘跡的告白の秘密[(3)]を順守する義務を直接的に侵犯した聴罪司祭	伴事的破門制裁	使徒座に留保

（1）受洗後、神的かつカトリックの信仰をもって信ずべきある真理を執拗に否定するか、またはその真理について執拗な疑いを抱くことを異端と言い、キリスト教信仰を全面的に放棄することを背教と言う。ローマ教皇への服従を拒否し、または教皇に服属する教会の成員との交わりを拒否することを離教と言う（can. 751）。

（2）共同聖別司教も共犯の罪に問われ、同じ制裁を受けることになります。

1398	堕胎（既遂の場合[4]、かつ教会法第1324条1項に該当しない場合[5]）	伴事的破門制裁	
UDG, n. 58	教皇選挙[6]の奉仕者が直接的・間接的に秘密を漏洩させた場合	伴事的破門制裁	使徒座に留保
UDG, n. 78	教皇選挙において聖職売買[7]を行った者、依頼者ならびに受領者	伴事的破門制裁	
UDG, n. 80	たとえ単なる希望であったとしても、いかなる世俗の権力からの拒否権や候補者への異議申し立ての行使について選挙者全員に、または選挙者個人に対して、書かれたものによるか口頭によるか、また直接的か個人的または間接的かを問わず、教皇選挙前・選挙期間中に伝達すること。	伴事的破門制裁	
UDG, n. 81	有権枢機卿が強制的に特定の人に投票させる、あるいはそれを控えさせる義務を負わせるなどあらゆる形の駆け引き、協定、約束などを行うこと。ただし、これは使徒座空位期間に教皇選挙に関する意見交換を禁じるものではない。	伴事的破門制裁	

（3）原語は sigillum sacramentale です。

（4）堕胎の定義は、「受精後のいかなる時期であれ、手段を問わず胎児を意図的に殺すこと」とされています（AAS 80 [1988] 1818）。そのため、受胎が早期に確知された後、薬物による人工流産などの手段を用いることもこの犯罪に該当します。またこの罪に問われるのは、胎児の死亡を直接目的としている場合のみです。すなわち、堕胎を望んだ当人、強制したあるいは勧めた人物、実行した医師や麻酔師、看護婦など犯罪遂行に不可欠な人全員が共犯者としてこの罪に問われます（cf. can. 1329）。

（5）たとえば、堕胎を行った女性が18歳未満であった、あるいは強度の恐怖に強いられていた場合は伴事的刑罰に該当しません。

（6）コンクラーベ（conclave）。

（7）シモニア（simonia）。

②伴事的禁止制裁（interdictus latae sententiae）

教会法条文	犯罪事情	刑　罰	使徒座への留保
1370 §2	司教に対して（物理的に）暴力を加えた者	伴事的禁止制裁 聖職者の場合は伴事的聖職停止制裁も科せられる	
1378 §2, 1°	司祭叙階を受けていない者にしてミサを試みた者	伴事的禁止制裁 聖職者の場合は伴事的聖職停止制裁が科せられる	
1378 §2, 2°	秘跡的赦免を有効に授ける権限がないにもかかわらず、それを試みた者、もしくは秘跡上の告白を単に聞いた者	伴事的禁止制裁 聖職者の場合は伴事的聖職停止制裁が科せられる	
1390 §1	ゆるしの秘跡の挙行において、またはその機会に、またはその口実で、ゆるしの秘跡を受ける者を第六戒の罪に誘惑したとして、聴罪司祭を教会の上長に偽って告訴する者	伴事的禁止制裁 聖職者の場合は伴事的聖職停止制裁も科せられる	
1394 §2	単に国家法上の婚姻であってもそれを試みた終生誓願立修道者	伴事的禁止制裁 および修道会からの除名（can. 694）	

③伴事的聖職停止制裁（suspensio latae sententiae）

※これは聖職者にのみ科せられる

教会法条文	犯罪事情	刑　罰	使徒座への留保
1370 §2	司教に対して（物理的に）暴力を加えた者	伴事的禁止制裁 聖職者の場合、伴事的聖職停止制裁も科せられる	

1378 §2, 1°	司祭叙階を受けていない者にしてミサを試みた者	伴事的聖職停止制裁 伴事的禁止制裁も科せられる	
1378 §2, 2°	秘跡的赦免を有効に授ける権限がないにもかかわらず、それを試みた者、もしくは秘跡上の告白を単に聞いた者	伴事的聖職停止制裁 伴事的禁止制裁も科せられる	
1383	適法な叙階委託書なしに自己の従属者でないものを叙階した司教	叙階した司教は1年間叙階の秘跡の禁止、受階者は聖職停止制裁を受ける	
1390 §1	聴罪司祭を、第六戒に反する罪に誘惑したとして、教会の上長に偽って告訴する者	伴事的聖職停止制裁 伴事的禁止制裁も科せられる	
1394 §1	単に国家法上の婚姻であってもそれを試みた聖職者	伴事的聖職停止制裁 教会職からの罷免（can. 194）	

　※伴事的ではないものの必ず禁止制裁が科せられる犯罪として、使徒座や裁治権者への不従順の教唆ないし敵意や憎悪の扇動（can. 1373）、教会に敵対する陰謀を企てる集団の結成・指導（can. 1374）、聖職・聖物売買による秘跡の執行または領受（can. 1380）があります。また聖職売買の犯罪には必ず聖職停止制裁が科せられ、通訳など第三者として知り得た秘跡的告白の秘密を曝露する犯罪（can. 1388 §2）に対しては状況次第で破門制裁が科せられることが法律に定められています。

表B. 叙階に対する不適格および単純障害

①叙階に対する不適格

教会法 条文	不適格事情	使徒座への留保	付加条件
1041, 1°	専門家[8] の意見を徴して叙階による奉仕職を適正に遂行する能力に欠けると判断されるある種の精神病または他の精神的欠陥を有する者		特に障害事情が永久のものでない場合、各裁治権者に留保
1041, 2°	信仰の背棄、異端、または離教の犯罪を犯した者	犯罪が公の場合、使徒座に留保される（1047 §2, 1°）	
1041, 3°	婚姻の絆、聖なる叙階、または貞潔の公的終生誓願により婚姻締結を禁じられている者にして国家法上だけであっても婚姻を試みた者あるいは有効な婚姻に結ばれている女性もしくは誓願によって拘束されている女性と同上の行為をした者	犯罪が公の場合、使徒座に留保される（1047 §2, 1°）	
1041, 4°	故意に殺人を犯した者、または堕胎を実行した者、ならびにそれらのすべての積極的協力者	公の場合も秘密の場合も使徒座に留保される（1047 §2, 2°）	
1041, 5°	自分自身または他人に故意にひどい切断傷を与えた者、もしくは自殺を試みた者	事案が裁判で扱われる場合、使徒座に留保される（1047 §2, 1°）	
1041, 6°	司教叙階、司祭職階を受けていないにもかかわらず、司教または司祭に留保されている叙階権に基づく行為をなした者、宣告されたかまたは科せられた教会法上の刑罰をもって禁じられているにもかかわらず同上の行為を行った者	事案が裁判で扱われる場合、使徒座に留保される（1047 §2, 1°）	

---

(8) この専門家は複数でなければいけません。

②叙階に対する単純障害

教会法条文	障害事情	使徒座への留保	付加条件
1042, 1°	妻帯者	使徒座に留保 （1047 §2, 3°）	ただし終身助祭候補の場合を除く
1042, 2°	教会法第285条および第286条の規定により聖職者に禁止されており、かつ報告の義務を伴う職務または管理職に従事する者		当該職務または管理職を辞任し、報告を完了し自由となった後はこの限りでない
1042, 3°	新しく洗礼を受けた者		裁治権者が試験した上で十分な資格を有すると判断する場合はこの限りでない

表C. 叙階権の行使に対する不適格および単純障害

①叙階権の行使に対する不適格

教会法 条文	不適格事情	使徒座への留保	付加条件
1044 §1, 1°	叙階障害に妨げられていながら不適法に叙階された者	事案が裁判で扱われる場合、使徒座に留保される（1047 §1）	
1044 §1, 2°	信仰の背棄、異端、または離教の犯罪を犯した者（犯罪が公に知られている場合）	事案が裁判で扱われる場合、使徒座に留保される（1047 §1）	
1044 §1, 3°	婚姻の絆、聖なる叙階、または貞潔の公的終生誓願により婚姻締結を禁じられている者にして国家法上だけであっても婚姻を試みた者、あるいは有効な婚姻に結ばれている女性もしくは誓願によって拘束されている女性と同上の行為をした者	犯罪が公の場合、使徒座に留保される（1047 §2, 1°）	
1044 §1, 3°	故意に殺人を犯した者、または堕胎を実行した者、ならびにそれらのすべての積極的協力者	公の場合も秘密の場合も使徒座に留保される（1047 §2, 2°）	教会法第1397条により犯罪の重さに応じて第1336条所定の剥奪および禁止の贖罪的刑罰を受けるただし教会法第1370条所定の人に対する殺人は同条の定める刑罰によって処罰される

266

1044 §1, 3°	自分自身または他人に故意にひどい切断傷を与えた者、もしくは自殺を試みた者	事案が裁判で扱われる場合、使徒座に留保される（1047 §1）	
1044 §1, 3°	司教叙階、司祭職階を受けていないにもかかわらず、司教または司祭に留保されている叙階権に基づく行為をなした者、宣告されたまたは科せられた教会法上の刑罰をもって禁じられているにもかかわらず同上の行為を行った者	事案が裁判で扱われる場合、使徒座に留保される（1047 §1）	

②叙階権の行使に対する単純障害

教会法条文	障害事情	使徒座への留保	付加条件
1044 §2, 1°	叙階障害に拘束されていながら不適法に叙階された者		
1044 §2, 2°	専門家[9]の意見を徴して叙階による奉仕職を適正に遂行する能力に欠けると判断されるある種の精神病または他の精神的欠陥を有する者		裁治権者が禁止を取り消すまで（1044 §2, 2°）

---

(9) この専門家は複数です。

表D．措置が使徒座に留保される重大な犯罪 ⁽¹⁰⁾

① 下記の犯罪行為は、教会が特に重大な犯罪と位置づけていることから、通常その審理ならびに裁定は、外的法廷においては教理省に留保されています。そのため、犯罪が内的法廷において扱われる場合には、慎重かつ適切な司牧的対応が求められます。なお外的法廷におけるこれらの犯罪の刑事上の訴追権は20年の時効をもって消滅します（cf. can. 1362）が、教理省は事案ごとに時効を撤廃することもできます。

教会法条文	犯罪事情	刑罰	備考
1364 §1 *SST* art. 2	信仰の背棄、異端、または離教の犯罪を犯すこと	伴事的破門制裁	教会職からの罷免（194）、修道会からの除名（694）
1367 *SST* art. 3 §1, 1°	聖体を冒瀆的に扱った者、もしくは汚聖を目的に持ち去ること	伴事的破門制裁 聖職者の場合は聖職者の身分からの追放を含む他の刑罰によって処罰され得る	使徒座に留保
1378 §2, 1° *SST* art. 3 §1, 2°	司祭叙階を受けていない者にしてミサを試みること	伴事的禁止制裁 聖職者の場合は伴事的聖職停止制裁が科せられる	
1379 *SST* art. 3 §1, 3°	司祭がミサを偽装することすなわち教会の求める通り適切にミサを挙行しようという意向を持たず単に形だけのミサを行うこと	適切な刑罰によって処罰されなければならない	

（10）教皇ヨハネ・パウロ2世、自発教令『諸秘跡の聖性の保護 *Sacramentorum sanctitatis tutela*』（*SST*）と併せて公布された教理省の *Normae de gravioribus delictis*（2010年5月21日）に規定されています。詳しくは『聖職者の違法行為と身分の喪失』の233-249頁を参照。

908/ 1365 *SST* art. 3 §1, 4°	カトリック教会と完全な交わりを有しない教会、教会的共同体の司祭、奉仕者と共に聖職者がミサを共同司式（聖変化）すること、また彼らの祭儀（聖餐式）において同様の行為を行うこと	適切な刑罰によって処罰されなければならない	
927 *SST* art. 3 §2	ミサにおいて一形色のみ、あるいはミサ以外の機会に両形色を（汚聖を目的として）聖別すること	適切な刑罰によって処罰されなければならない	
1378 §1 *SST* art. 4 §1, 1°	神の十戒のなかの第六戒に反する共犯者の赦免を行うこと ＊赦免そのものも無効	伴事的破門制裁	使徒座に留保
1378 §1, 2° *SST* art. 4 §1, 2°	秘跡的赦免を有効に授ける権限がないにもかかわらず、それを試みる者、もしくは秘跡上の告白を単に聞くこと	伴事的禁止制裁 聖職者の場合は伴事的聖職停止制裁が科せられる	
1379 *SST* art. 4 §1, 3°	ゆるしの秘跡を偽装すること	適切な刑罰によって処罰されなければならない	
1387 *SST* art. 4 §1, 4° *VELM*, art. 1	いかなる仕方であれ、ゆるしの秘跡の執行において、あるいはその機会に、あるいはその口実で、聴罪司祭が、ゆるしの秘跡を受ける者を自身と第六戒に反する罪を犯すように誘惑すること[11]	犯罪の重さに応じて、職務の停止・禁止・剥奪をもって処分されなければならない 犯罪の重さによって聖職者の身分からの追放の処罰を受けなければならない	
1388 §1 *SST* art. 4 §1, 5°	聴罪司祭が秘跡的告白の秘密（sigillum sacramentale）を順守する義務を直接的に犯すこと	伴事的破門制裁	使徒座に留保

（11）ゆるしの秘跡における第六戒の罪への誘惑は言葉だけでなく身体的な接触など、他のしぐさによるものも含まれます。仮にそれが未成年に対して行われれば、児童への性的暴力の犯罪（*SST* art. 6 §1, 1°）に問われます。なお司祭が第三者と第六戒に反する罪に告白者を誘惑する場合、使徒座の管轄機関と共に地区裁治権者は審理を勧めなければなりません。教皇フランシスコの自発教令形式による使徒的書簡『あなたがたは世の光である　*Vos estis lux mundi*』（2019年5月7日）第1条参照。

1388 §1 *SST* art. 4 §1, 5°	聴罪司祭が秘跡的告白の秘密（sigillum sacramentale）を順守する義務を間接的に犯すこと	犯罪の重さに応じて処罰される	
983 §2/1388 §2 ＊1988年9月23日の教理省の教令(12) *SST* art. 4 §2	ゆるしの秘跡の告白を何らかの方法で録音し、その録音物によって、あるいは他の情報伝達手段を用いて、ゆるしの秘跡における聴罪司祭および告白者の言葉を、悪意をもって公に流布させること	（伴事的破門制裁）犯罪の重さに応じて処罰され、聖職者の場合は聖職者の身分からの追放もあり得る	
＊2008年1月25日の教理省の教令 *SST* art. 5	女性に対して叙階の秘跡を試みることおよび叙階を受けようとすること	伴事的破門制裁 聖職者が叙階を試みた場合、聖職者の身分からの追放もあり得る	使徒座に留保
1395 §2 *SST* art. 6 §1, 1°	18歳未満の未成年に対して、もしくは常に理性の働きが完全でない者に対して、聖職者が第六戒に反する罪を犯すこと(13)	犯罪の重さに応じて処罰される。聖職者の身分からの追放もあり得る	
SST art. 6 §1, 2°	手段、方法のいかんを問わず、自己の性的欲求を満たす目的から18歳未満の児童ポルノを聖職者が取得・保持・流布させること	犯罪の重さに応じて処罰される。聖職者の身分からの追放もあり得る	2019年12月3日改訂

---

(12) 1988年の教理省の教令（*AAS* 70［1988］1367）では伴事的破門制裁とされていましたが、現在は訴訟手続きによる科刑に変更されています。B. F. Pighin, *Diritto Penale Canonico*, Marcianum Press 2016, pp. 456-460 および Massimo del Pozzo, Joaquín Llobell, Jesus Miñambres 共同編集による *Norme procedurali canoniche*, Coletti a San Pietro 2013, p. 638 を参照。実際、この犯罪が内的法廷で扱われる状況は考えにくいでしょう。

(13) いわゆる聖職者の児童への性的虐待はこれに該当します。なお現在教会法第1395条第2項は *SST* art. 6 §1, 1°の規定に従って解釈されます。

②　以下の犯罪行為は、近年、教会が特に重大な犯罪と位置づけているもので、通常その審理ならびに裁定は、外的法廷においては事情に応じて管轄権を有する各使徒座の機関（教理省、東方教会省、司教省、福音宣教省、聖職者省、奉献・使徒的生活会省）に留保されています。

CUMA art. 1	1）司教職位ならびに同等の立場にある者、および聖座法の修道会、使徒的生活の会の上級上長が、自己の怠りによって個人や共同体に対して重大な物理的、倫理的、霊的な被害ならびに財産上の損害を与えた場合 2）同上の教会権威者が、自身の責任ではないとしても、自らが担う司牧的任務に求められる相応の配慮を重大に欠く場合 3）未成年者（18歳未満）ならびに成年弱者に対する虐待の事案に関して適切な配慮を重大に欠く場合	犯罪の重さによっては職務を解任される	
VELM art. 1-a	神の十戒の第六戒に反する犯罪のうち、聖職者あるいは奉献生活の会または使徒的生活の会の会員が、①暴力または脅迫、権威の濫用により他者（年齢性別を問わず）に性的行為を行うように、もしくは受けるように強要した場合　②（相手の性別に関係なく）未成年者（18歳未満）あるいは成年弱者と性的行為を行った場合　③データ通信を用いた場合も含めて、児童ポルノ素材の制作、公開、所持、頒布を行った場合、さらには未成年者または成年弱者に対して、ポルノ公然陳列に参加するよう募集するか誘導した場合	犯罪の重さに応じて処分される 聖職者の身分からの追放もあり得る	

VELM art. 1-b	各裁治権者、司教、総大司教、教皇使節、枢機卿が、上記の犯罪について、作為・不作為を問わず、聖職者または修道者に対して行われる行政的あるいは刑事的な市民法または教会法上の調査に干渉したか、これを意図的に回避・隠蔽した場合	犯罪の重さに応じて処分される聖職者の身分からの追放もあり得る	

編訳者あとがき

　本書は、2015 年の秋に教友社から刊行した『ゆるしの秘跡と内的法廷　使徒座に留保された事案の解決法』の改訂版です。初版本は、2011 年にバチカン出版局（Libreria Editrice Vaticana）から刊行された内赦院の法務官カルロス・エンシナ・コンメンツ（Carlos Encina Commentz）の *Quando e come ricorrere alla Penitenzieria Apostolica* の全訳とその解説から構成されていました。

　その後、2015 年の冬には教理省の『教理省に留保された重大な犯罪に関する規則』（2010 年）を考慮したコンメンツ師の原書の改訂第 2 版が出版されました。2016 年には不適法な婚姻状態にある信者に対する新たな司牧指針を示したことでも知られる教皇フランシスコの使徒的勧告『愛のよろこび *Amoris laetitia*』、続いて「いつくしみの特別聖年」に際して聴罪司祭の権限の拡大を定めた使徒的書簡『あわれみあるかたと、あわれな女 *Misericordia et misera*』、また重大な犯罪に関する裁治権者の責任を問う自発教令『コメ・ウーナ・マードレ・アマレーヴォレ　*Come una madre amarevole*』が発表、公布されました。

　さらに 2017 年には、2016 年の「いつくしみの特別聖年」において教皇フランシスコによってゆるしの秘跡に関する規則が改正されたことを受けて、内赦院からゆるしの秘跡に関する手引書 *La festa del perdono con Papa Francesco, sussidio per la Confessione e le Indulgenze*（LEV）が刊行されました。また 2019 年に内赦院長枢機卿からゆるしの秘跡を含む内的法廷の機密性を再確認するための通達『内的法廷の重要性と不可侵である秘跡的封印について　*Nota della Penitenzieria Apostolica sull'importanza del foro interno e l'inviolabilità del sigillo sacramentale*』（本書冒頭）が出され、同年の終わりには自発教令『あなたがたは世の光である *Vos estis lux mundi*』が公布されました。この最後の自発教令の規定に合わせて、教理省の『教理省に留保された重大な犯罪に関する規則』の内容を一部変更する教皇の答書が出されました（2019年12月3日）。さらに教理省は、『聖職者による未成年者への性的虐待事案における手続きに関する手引書 *Vademecum su alcuni punti di procedura nel trattamento dei casi di abuso sessuale di minori commessi da chierici*』（2020年7月16日）において聖職者の性的虐待に関する内的法廷の司牧方針に関する指示を示しました。

　こうした近年の教皇の教え、一連の教会の規則の改正や指針の公布に伴って、早急に初版本を改訂して最新の教会の法規範および教会の教導と整合性を持った内的法廷の資料として新たに提供し直す必要性を感じ、全面的な改訂版の刊行を計画しました。

　そもそもゆるしの秘跡は、信仰者が教会の救いの業である諸秘跡を通して霊的な助けを適切に受けることができるようになるために必要とされている秘跡であり、それだけ信仰生活にとって重要な位置づけがなされている秘跡です。信者が諸秘跡の恵みを豊かに（妨げなく）受け取るためには恩恵の状態にあることが古くから求められており、そのために欠かすことのできないのがゆるしの秘跡なのです。恩恵の状態にないまま秘跡を受けた場合、伝統的に、秘跡は有効であっても十全にその効果に与れない（obex gratiae）とされています。それは単に教義的、形式的、法的問題ではなく、その人自身と主なる神との関わりの状態についての本質的な問題なのです。教皇フランシスコも、ゆるしの秘跡は聖体の秘跡に次いでキリストに近づくことができる重要な秘跡であると強調しています。しかし教会生活の現実を見るとき、

この秘跡の重要性があまり理解されていないように思えることが多々あります。

　日本の教会において、この秘跡については、これまで秘跡神学や典礼、倫理神学といった観点からの説明はしばしばなされてきましたが、司牧者がこの秘跡の実践に臨む際には、教会法、中でも制裁（刑罰）に関する厳密な規定に従う必要があることから、時にその判断が難しく、この分野の専門家の少ない地域においては、この秘跡に関する説明、情報が不十分であったことも事実です。いずれにしても、このような情報不足、勉強不足からくる無理解や誤解、誤用は、教会生活におけるゆるしの秘跡の役割とその重要性、またこの秘跡の持つ真の豊かな霊的恩恵から信者を遠ざけることに繋がっていたことは確かでしょう。そのように、この秘跡の重要さを認識できていないという状態は、教会におけるいつくしみ深い神との交流、真の信仰の喜びの体験の欠如をもたらし、さらには福音宣教への熱意を衰退させることにもつながっていると言えます。

　そこで特にゆるしの秘跡の役務者が、内的法廷における司牧者の役割とその重要性とをよりよく理解できるように、特に教会法的な側面からの具体的な説明を行うことが必要であると感じていたことから、初版本においては、私がかつてローマで教会法を学んだ知識と経験から、その中でも特に 2014 年に内赦院で行われた内的法廷に関する集中講座（XXV Corso sul foro interno, 24-28 marzo 2014）の経験に基づいた解説を付しました。この解説は、内赦院が教える内的法廷における司牧実践上の注意点、特殊なケースにおける司牧の指針、教会法の制裁およびその内的法廷での取り扱いについて、また叙階に関する不適格と単純障害、叙階権の行使についての不適格および障害について扱っていました。そして最後に、付録としてゆるしの秘跡の実践に関連する諸規則、教会法上の制裁や不適格などを項目別に整理した

表を掲載していました。こうした初版本の解説は、内的法廷に関する一連の内赦院の講義の中でも、特に内赦院長代理のクリストフ・ニキル神父（Regens, S. R. Mons. Krzysztof Nykiel）をはじめとする内赦院の高位聖職者による講義に基づいていました。これらの内赦院の内的法廷の講座の講義内容のいくつかは、その後バチカン出版局（LEV）から *Ascoltare con il cuore di Dio nell'esercizio del ministero della Riconciliazione*（2017 年）、そして *Il Sacramento della Misericordia, accogliere con l'amore di Dio*（2019 年）として刊行されました。またその他の講義内容については、現在も内赦院のホームページ（http://www.penitenzieria.va）で確認できるようになっています。

　こうして改訂版である本書では、初版本刊行後に内赦院から出された諸教令、教皇庁の諸文書、自発教令や使徒的勧告に基づいて、さらに歴史的に重要と思われる教父たちの知見も参考にし、初版本の解説を全面的に加筆修正して、これを本書の内容の中心としました。

　本書には、付録として上記のコンメンツ師のマニュアルの改訂版『いつ、どのように内赦院に請願すべきか』を収録しました。また2020 年 3 月 20 日に公布された使徒座裁判所内赦院の通達『現在のパンデミックの状況下におけるゆるしの秘跡に関して』と教令『現在のパンデミック状況下における信者への特別免償の付与に関して』を参考資料として収録しました。世界規模での新型ウイルス感染症の拡大という異常事態において、貴重な教会の救いの手段にどのように与ることができるのかといった課題をめぐって、こうした資料は示唆に富むものと思われます。

　さらに本書の刊行に際しては、内容に誤りのないよう正確を期すために、内赦院に直接問い合わせを行いました。これを日本の司祭、信徒のみなさんと分かちあえるのは、大変有益かつ貴重なことだと感じています。

　なお本書の中で示されている全免償を付与する際の定句や懲戒罰の赦免および不適格の免除の定句、またいくつかの聴罪司祭の祈りの文言については、原文のラテン語に「私訳」を付してあります。ただこれらの訳文は、日本司教協議会が公認したものではないので、公式訳が発表されるまでは、あくまでもラテン語原文ないし他の言語ですでに使徒座から公認されたものが正文とされます。その他の専門用語についても、日本の教会において公式の訳語が未だ決定されていないものもあり、本書で用いた訳語は、あくまで参考であることにご留意ください。

　初版本は、聴罪司祭として奉仕にあたる司牧者向けの内容でしたが、改訂版である本書は、信徒の方々にとっても内的法廷とゆるしの秘跡、免償の実践について、特にゆるしの秘跡に臨む際の姿勢についても理解を深めることができる資料として編集しました。

　教会がある種の規範を明確に定めているということは、決して規則で人々を縛ることを教会が望んでいるからではなく、人々をより的確に魂の救いへと秩序づける教会固有の目的を果たすため、主の御心に従って歩めるよう助けるためであるということを、本書をお読みになられた皆様にご理解いただけたら幸いです。信仰を生きるとは、世俗がそうであるところの何をしてもよいという生き方とは決定的に異なります。それは、神とその教会の導きに従って生きること、それが救いの道と信じ、それに信頼して人生を歩む決断に他ならないのです。

　最後に、本書所載の諸資料の翻訳に多大なご協力をいただいた、信徒で教会史研究家の髙久充氏に心から感謝申し上げます。彼の古典語をはじめとする言語能力や教会の歴史に関する見識、研究者としての経験に基づいた助言がなければ、本書をこのような形で刊行することは非常に困難でした。また今回、このような専門書の出版を快く引き受けてくださり、編集、刊行にいたるまで大変お世話になった教友社

の阿部川直樹氏をはじめ出版関係者の皆様に厚く御礼申し上げます。

　本書が、日本における司祭の生涯養成、また神学生養成、また信徒の信仰養成において、ゆるしの秘跡や免償の制度といった内的法廷のもつ価値をより深く理解するための一助となることを願っています。

2020 年秋

東京にて

田中　昇

●編訳者略歴

田中　昇（たなか　のぼる）

1999 年、早稲田大学理工学部卒業（応用化学専攻）
2001 年、早稲田大学大学院理工学研究科修了（応用化学専攻）
2001 年から 2004 年まで、三菱化学（株）において医薬品の研究開発に従事
2010 年、日本カトリック神学院を卒業、東京教区司祭として叙階される
2011 年、ローマ留学、教皇庁立ウルバノ大学より神学学士号（S.T.B.）を取得
2013 年、ローマ控訴院裁判所のディプロマ「婚姻解消訴訟および叙階無効宣言訴訟」
　を取得、使徒座裁判所内赦院の「内的法廷講座」（第 25 期）修了
2014 年、教皇庁聖職者省の「教会法実務コース」（2013-2014 年）修了、教皇庁立ウ
　ルバノ大学において教会法修士・教授資格（J.C.L.）を取得、東京管区教会裁判所
　法務官となる

現在、カトリック北町教会主任司祭
上智大学神学部、同大学院神学研究科、南山大学人文学部キリスト教学科（在名古屋
　教皇庁認可神学部）の非常勤講師、東京カトリック神学院講師、アメリカ教会法学
　会（CLSA）会員

［訳書］
R・E・ブラウン『ヨハネ共同体の神学とその史的変遷──イエスに愛された弟子の共
　同体の軌跡』（湯浅俊治監訳、2008 年、教友社）
R・E・ブラウン『解説「ヨハネ福音書とヨハネの手紙」』（湯浅俊治監訳、2008 年、
　教友社）
G・ラヴァージ『出会い ― L'incontro ― 祈りにおける神との再会』（髙久充監修、
　2014 年、フリープレス）
M・ヒーリー『カトリック聖書注解　マルコによる福音書』（湯浅俊治監訳、2014 年、
　サンパウロ）
C・E・コンメンツ『ゆるしの秘跡と内的法廷　使徒座に留保された事案の解決法』
　（2015 年、教友社）
ローマ控訴院『自発教令「寛容な裁判官、主イエス」適用のための手引き』（濱田了、
　髙久充共訳、2016 年、教友社）
L・サバレーゼ『解説・教会法　信仰を豊かに生きるために』（2018 年、フリープレス）
『ミサ聖祭　聖書にもとづくことばと所作の意味』（エドワード・スリ、湯浅俊治共著、
　2020 年、フリープレス）
［編訳書］
『教会法神学論集　教会法から見直すカトリック生活』（2019 年、教友社）
『カトリック教会の婚姻無効訴訟──ローマ控訴院の判例とその適用』（ダニエル・オ
　ロスコ、髙久充共訳、2020 年、教友社）
［著書］
『カトリック教会における婚姻──司牧の課題と指針』（2017 年、教友社）
『聖職者の違法行為と身分の喪失──その類型と手続き規則』（2017 年、教友社）

Nihil obstat, Tokyo,
Bartholomaeus Yasuaki INAGAWA, vicarius
generalis,
Censor deputatus, Curiae archidioecesanae
Tokiensis

IMPRIMATUR, Tokyo,
Tarcisius Isao KIKUCHI, Archiepiscopus
Tokiensis
Die 3 mensis Decembris anni 2020
Prot. N. 4 / 2020 L

ゆるしの秘跡と内的法廷　　免償を含む実践上の課題と指針

発行日………2021 年 2 月 15 日　改訂新版

編訳者………田 中　　昇
発行者………阿部川直樹
発行所………有限会社 教友社
　　　　　　　275-0017 千葉県習志野市藤崎 6-15-14
　　　　　　　TEL047（403）4818　FAX047（403）4819
　　　　　　　URL http://www.kyoyusha.com
印刷所………モリモト印刷株式会社
©2021, Noboru Tanaka　Printed in Japan
ISBN978-4-907991-67-8 C3016

落丁・乱丁はお取り替えします